U0927875

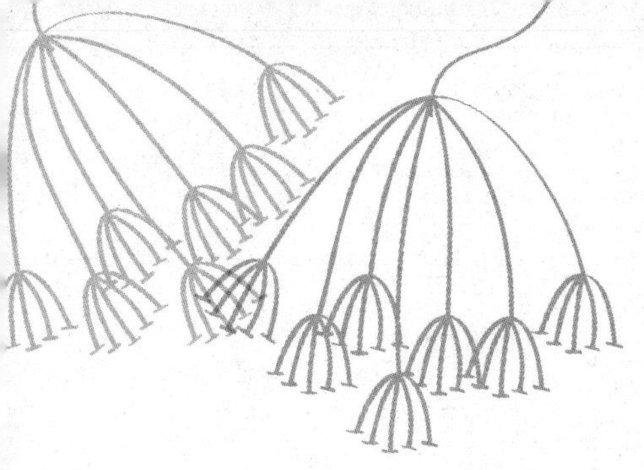

跨境民族教育研究

钟海青◇等著

华东师范大学出版社

目　录

前　言

跨境民族是人类社会十分普遍的现象。跨境民族研究以当今世界上较为普遍存在的跨境民族现象作为主要研究对象，对跨境民族进行概括性和一般性的研究，从而揭示跨境民族形成、发展的一般规律和基本的属性特征，以及促进跨境民族发展的途径。跨境民族研究不仅是当代民族问题中的热点之一，也是发展21世纪周边睦邻友好关系的一个重要领域。

跨境民族地区是一个国家较为特殊的管辖区域，对于维护国家边境稳定、国土安全、社会和谐具有十分重要的战略意义。中国共与14个国家接壤，陆地边境线约有22 800公里，这些边境地区大多是少数民族的聚居地区，其中有31个少数民族是跨境民族。

跨境民族教育是我国民族教育事业的重要组成部分，兼有教育工作和民族工作的双重属性。作为一种特殊的教育现象，跨境民族教育除了具有与一般教育相同的规律和特点外，还具有自身的规律性和特殊性，这种特殊性主要是由跨境民族工作的长期性、复杂性、重要性和跨境民族历史、文化、语言、宗教、居住地域的特殊性赋予的。加快甚至优先促进跨境民族教育的发展，不仅关系到跨境民族地区经济社会的发展，而且直接对外反映我国的民族政策，关系祖国统一和边疆稳定，关系全国教育发展大局，对于巩固国家统一和民族团结，促进各民族共同繁荣，具有极其重要的战略意义与现实价值。研究跨境民族教育现象，揭示跨境民族教育的发展规律和特殊性，对于指导跨境民族地区教育实践活动，促进边境民族地区教育发展与改革，缩小边境地区与内地的教育差距，维护祖国统一和边疆稳定，具有十分重要的现实意义。

以上认识是我们在2011年完成《守望边疆教育：广西边境民族地区教育质量保障与特色发展研究》书稿过程中逐步感受到的。该书由人民出版社出版后，我们意识到跨境民族教育是一个极具国家战略价值的重要课题，有必要进一步深入研究和探索。因此，我们向全国教育科学规划领导小组办公室申报了课题“跨境民族教育研究”，该课题被列为国家社会科学基金“十二五”规划2011年度教育学一般课题。课题立项获准之后，我们即认真制订了课题实施方案，进一步明确了本课题的核心概念、国内外研究现状、选题意义和研究价值，以及本课题的研究内容、研究方法、组织分工、实施步骤、经费分配、预期成果等，并于2011年10月组织开题，确定了课题研究的内容与重心、各阶段研究任务、经费分配与使用状况以及预期的最终研究成果。

根据“跨境民族教育研究”课题实施方案，我们认真开展各项研究工作，先后多次深入广西、云南边境地区进行田野调查，通过观察、访谈、座谈、文献收集、数据采集、典型调查与抽样调查等形式，取得了大量的第一手研究资料，对跨境民族教育实践有了更直接的感性认识，与边境地区教育工作者和师生建立了深厚的感情，并增强了我们研究跨境民族教育的历史责任感和使命感。在田野调查的基础上，我们将理论分析与实证研究相结合，综合运用教育学、教育人类学、民族学、政策学、政治学、社会学等多学科的理论与方法，以广西、云南跨境民族教育为个案，立足于跨境民族教育实际，对中国跨境民族教育发展取得的成绩和基本经验进行理性总结，剖析当前跨境民族教育面临的问题及其原因，理清跨境民族教育发展的整体理路，提出具有操作性的跨境民族教育发展策略，从而形成了本研究成果。

本书是一部理论研究与实证研究相结合的著作，也是我国出版的第一本系统研究跨境民族教育的理论著作，具有重要的理论意义和实践价值，它的出版不仅有利于推动民族教育理论创新，丰富我国教育的理论园地，而且对于促进跨境民族教育发展具有重大的现实意义。

第一章　总论

作为一种特殊的教育现象，跨境民族教育具有与普通国民教育相同的规律和特点，但也具有自身的发展规律和特殊性，这种特殊性主要是由跨境民族工作的长期性、复杂性、重要性和跨境民族历史、文化、语言、宗教、居住地域的特殊性赋予的。

一、跨境民族教育概述

研究跨境民族教育，首先要弄清什么是跨境民族。为此，我们应首先从跨境民族与相关概念入手，然后进一步阐明跨境民族教育这一概念的含义和范畴。

（一）跨境民族

跨境民族是民族共同体和国家共同体相互交错的一种现象。据有关资料统计，目前世界上有 3 000 多个民族，分布在约 200 多个国家和地区。由于历史的原因或国家领土的变更，长期生活在传统聚居地的同一民族被国界分隔，形成跨居两个或两个以上国家的同一跨境民族。[①] 对于这种特殊族体的称谓，我国学术界还存在分歧，主要有"跨境民族"、"跨界民族"、"跨国民族"等几种不同的称谓。称谓的不同，反映了我们对这一特殊族体的科学概念尚未完全厘清，还存在着不尽相同的理解。因此，厘清这些术语的使用及其与跨境民族的关系，对于我们理解跨境民族是十分必要的。

较早提出和使用"跨境民族"这一称谓的学者是范宏贵先生。1982 年范宏贵在《我国壮族与越南岱族、侬族的古今关系》中明确使用了"跨境民族"这一词语。[②] 姜永

---

① 何跃. 云南与周边国家跨境民族教育研究现状述评[J]. 学术探索，2009(6)：128—134.

② 范宏贵. 我国壮族与越南岱族、侬族的古今关系[A]. 范宏贵，顾有识. 壮族论稿[C]. 南宁：广西人民出版社，1989：160—175.

兴对“跨境民族”作了如下定义:“同一民族分别居住在国境线两侧系称跨境民族。”[①]胡起望在《跨境民族探讨》一文中对跨境民族的解析在学术界颇具代表性,他认为:“跨境民族就是分别在两个或两个以上的国家里长期居住,但又保留了原来共同的某些民族特色,彼此有着同一民族的认同感的民族。他们虽然长期分居于不同国家,受当地主体民族或其他民族的不同影响,在语言、服饰、物质文化与精神文化等各方面有了不同程度的变化,但是在他们传统文化的底层,以及日常生活的深处,与原来的民族传统有着千丝万缕的关系。”[②]柳翔浩认为:“跨境民族是指跨国境线分居在不同国家的同一民族。具体是指原来聚居于一处的同一民族,因现代民族国家国境线的人为划分而分居于毗邻国家国境线两边或靠近国境线附近的民族。”[③]曹萌则认为,“跨境民族”与“跨界民族”没有区别,二者的内涵基本相同,即“跨境民族是指相邻国家间跨国境而居的同一民族,亦称跨界民族或跨国界民族”[④]。持类似观点的还有申旭、刘稚等学者。

“跨界民族”这一称谓始于20世纪80年代。金春子和王建民认为:“跨界民族是指由于长期的历史发展而形成的,分别在两个或多个国家中居住的同一民族。事实上,跨界民族或跨境民族的涵义是基本相同的,前者为边界两侧,后者为边境内外,从总的概念来说并无二致。重要的是,不论称之为跨界民族或者跨境民族,其异不在于界或者境。冠以跨界或者跨境,着重点是这些民族在分布上的特点,以及与分布于内地民族之间的不同特点和差别。”[⑤]曹兴认为:“跨界民族是那些原来民族和其传统聚居地都被分割在不同国家内而在地域相连并拥有民族聚居地的民族。跨界民族和跨境民族的根本区别不是跨界而居,而是主动跨境还是被动跨界的区别。跨界民族是被动(被不同国家政治力量)分割的结果,跨境民族是主动临时性的移民或长期移民的产物。跨界民族问题是原来同一民族及其聚居地被国家政治分割的外在动力与民族传统文化的感召力及民族自身利益的驱动等内在动力交互作用的结果。这两种社会力量相互作用的结果就造成了跨界民族问题和跨境民族问题。”[⑥]持“跨界民族”称谓的典型代表是葛公尚。他认为:“就字面意义而言,跨界民族应当包括一切因政治疆界与民族分布不相吻合而跨界居住的民族。但政治人类学范畴的跨界民族的定义却没有

① 姜永兴.我国南方的跨境民族研究[J].广东民族学院学报(社会科学版),1988(1):31—37.

② 胡起望.跨境民族探讨[J].中南民族学院学报(哲学社会科学版),1994(4):49—53.

③ 柳翔浩.和合视域下跨境民族地区中学生国家认同教育研究[D].重庆:西南大学,2013:7.

④ 曹萌.东北跨境民族文化传承研究及其战略实施[J].民族教育研究,2013(6):116—120.

⑤ 金春子,王建民.中国跨界民族[M].北京:民族出版社,1994:11.

⑥ 曹兴.跨界民族问题及其对地缘政治的影响[J].民族研究,1999(6):7—8.

这么宽泛，它应该限定于那些因传统聚居地被现代政治疆界分隔而居住于毗邻国家的民族。"[①]"跨界民族具备两个必不可少的特征，一是原生形态民族本身为政治边界所分隔，二是该民族的传统聚居地为政治疆界所分割。换言之，原生形态的民族在相邻的国家间跨国界而居，地理分布是连成一片的，是具有不同国籍的同一个民族。"[②]

主张使用"跨国民族"这一称谓的有马曼丽、周建新等学者。马曼丽在其1995年出版的《中亚研究——中亚与中国同源跨国民族卷》一书中首次提出了"跨国民族"这一概念。她为"跨国民族"下了这样的定义："'跨国民族'是对跨居两国或两国以上（无论是相邻国两侧的，还是远离边境的）、基本保持原民族认同的、相同渊源的人们群体的指称。"[③]她认为"跨境"和"跨界"都是指跨越两国边境线而居的同一民族，而现实情况是大多数跨国民族不仅毗邻两国边境，还存在跨越不相邻的国度或跨越数国甚至远隔重洋的同一民族，因此使用"跨国民族"更能尽量涵盖该范畴的多种现象。

综上所述，我们可以看出，不同的学者因其着眼点不同而采用了"跨境民族"、"跨界民族"、"跨国民族"等不同的概念。无论是称之为"跨境民族"，还是称之为"跨界民族"、"跨国民族"，尽管其概念的内涵有所不同，但它们都有一个共同点，即研究的对象都分布在不同的国家。基于这样的认识，我们认为，跨界民族就是同一民族跨国界线分居在不同的国家，而跨境民族和跨国民族是一个比跨界民族更宽泛的概念，跨界民族只是跨境民族或跨国民族的一部分。三者之间的关系如下图所示：

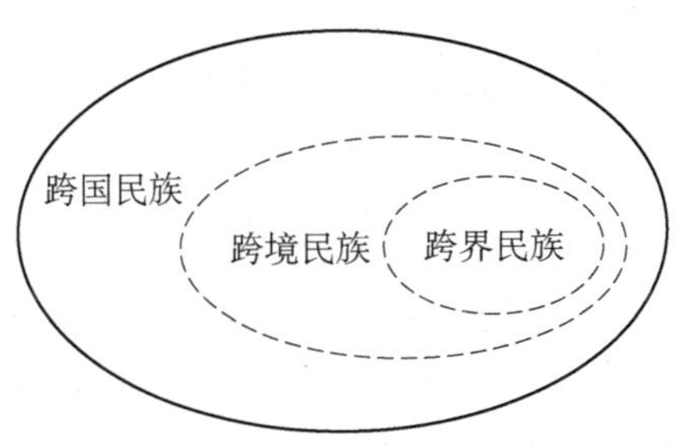

（跨国民族、跨境民族和跨界民族的关系）

基于上述理解，本书认为，跨境民族是指跨国境线分别居住在不同国家的同一民族。

---

① 葛公尚. 当代政治与民族问题[M]. 北京：中央民族大学出版社，1995：178.

② 葛公尚. 试析跨界民族的相关理论问题[J]. 民族研究，1999(6)：1—5、109.

③ 马曼丽. 中亚研究——中亚与中国同源跨国民族卷[M]. 北京：民族出版社，1995：33.

（二）跨境民族教育

什么是教育？教育学家一般认为，教育是一种有目的地培养人的社会活动，可分为广义和狭义两种。广义的教育是指增进人们的知识和技能、影响人们的思想观念的活动，包括社会教育、学校教育、家庭教育；狭义的教育主要指学校教育，是教育者根据一定的社会要求，有目的、有计划、有组织地对受教育者的身心施加影响，期望他们发生某种变化的活动。[①] 本书中的教育专指学校教育。

何谓民族教育？哈经雄和滕星认为，民族教育可分为广义和狭义两种。广义的民族教育是指对作为有着共同文化的民族或共同文化群体的民族集团进行的文化传承和培养该民族或民族集团的成员的社会活动。其目的在于，一方面适应现代主流社会，以求得个人更好的生存与发展；另一方面继承和发扬本民族或本民族集团的优秀传统文化遗产。狭义的民族教育又称少数民族教育，指的是对在一个多民族国家中人口居于少数的民族的成员实施的复合民族教育，即多元文化教育。多元文化教育的目的是，一方面帮助少数民族成员提高适应现代主流社会的能力，以求得个人的最大限度的发展；另一方面继承和发扬少数民族的优秀传统文化遗产，丰富人类文化宝库，为人类作出应有的贡献。[②] 本书中的民族教育将使用狭义的民族教育这一定义。

那么，什么是跨境民族教育呢？本书认为，跨境民族教育一是指跨境民族地区的教育，教育的地理空间是跨境民族地区。何谓跨境民族地区？有学者认为，跨境民族地区是指跨境民族聚居的边境地区，具体是指沿边境线两侧、居住地以跨境民族为主要族种的区域。[③] 本书中的跨境民族地区专指紧靠国境线的中国国内边境地区。因而，跨境民族地区的教育实际上是指中国边境地区的教育，既包括跨境民族学生的教育，也包括非跨境民族学生的教育。在非跨境民族学生中，既有其他少数民族学生，也有汉族学生。二是指对跨境民族学生所实行的教育，这类跨境民族学生跨国境线分别居住在不同国家。

二、跨境民族教育研究的意义

我国是一个拥有漫长边境线的国家，有30多个民族与国外同一民族跨境而居。开展跨境民族教育研究，对于提升跨境民族教育发展规律的认识，深化跨境民族教育

---

① 袁振国.当代教育学[M].北京：教育科学出版社，1999：2.

② 哈经雄，滕星.民族教育学通论[M].北京：教育科学出版社，2001：8—9.

③ 柳翔浩.和合视域下跨境民族地区中学生国家认同教育研究[D].重庆：西南大学，2013：7.

理论和实践研究，促进跨境民族地区的教育改革和发展，缩小边境地区与内地的教育差距，传承跨境民族文化，提升国门教育形象，扩大与周边国家的教育合作与交流，维护祖国统一和边疆地区的安全稳定等具有十分重要的政治与现实意义。

(一) 促进跨境民族地区的教育改革与发展

我国内陆边境线长约 22 800 公里，东起辽宁省丹东市的鸭绿江口，西迄广西壮族自治区防城港市的北部湾畔，沿线分布着内蒙古、新疆、西藏、广西 4 个自治区和黑龙江、吉林、辽宁、云南、甘肃 5 个省的 135 个县(旗)、市(市辖区)。中国漫长的边境线上居住着 30 多个跨境少数民族，占我国少数民族总数的 3/5 左右①。这些跨境民族分布在祖国的东北、西北、西南和东南等边境地区。我国边境县总面积 140 多万平方公里，约占全国总面积的 15%；边境县总人口约 2 400 万，约占全国人口的 1.79%。②

随着西部大开发以及"兴边富民"等政策的落实，我国跨境民族地区的经济社会水平较以前有了很大发展。但是，与内地尤其是东部发达地区相比，跨境民族地区的经济社会发展仍处于相对落后的状态，一些跨境民族甚至仍处于绝对贫困线之下，许多地区也仍是国家级贫困地区。如，"据第五次全国人口普查资料，全国共有景颇人口 13.21 万人，云南德宏境内 12.9 万人，陇川县境内 4.7 万人，其中居住在边境一线的有 7 121 人。景颇族整体处于贫困状态，为国家民委认定的六个特困少数民族之一"③。再看世居着壮族、苗族、瑶族、彝族、傣族、仡佬族、蒙古族的云南省文山州，2003 年，文山县 25 万农民中有 12 万贫困人口(人均收入在 924 元/年以下为相对贫困人口，665 元/年以下为绝对贫困人口)；2005 年，全县农村收入 5.04 亿元，农民人均收入 1 320 元，根据 665 元/年的绝对贫困人口标准计算，全县有 4.6 万绝对贫困人口。④ 云南普洱市 2006 年统计数据表明：2005 年底普洱市有 100 万人还没有解决温饱问题，其中绝对贫困人口 60 万人，低收入人口 40 万人。2006 年普洱市西盟县地方财政一般预算收入完成 919 万元，远远低于财政支出(173 367 万元)的水平；孟连县地方财政一般预算收入为3 060 万元，财政自给率为 16.3%，无法保证正常的工作运转；澜沧拉祜族自治县财政收入 6 369 万元，而财政支出为 4.96 亿元。⑤ 云南临江市双江县布朗族 2005

① 格桑顿珠. 云南边境民族地区发展与稳定初探[J]. 中国民族，2002(2)：65—67.

② 苏德，陈中永. 中国边境民族教育论[M]. 北京：中央民族大学出版社，2012：1.

③ 马光秋，何庆国，方瑞龙. 景颇族教育、观念与经济发展：对边区跨境特困少数民族的调查[J]. 贵州社会科学，2011(3)：69—74.

④ 文山州年鉴编辑委员会. 文山州年鉴(2004)[M]. 潞西：德宏民族出版社，2004.

⑤ 和少英. 云南跨境民族文化初探[M]. 北京：中国社会科学出版社，2011：169—17.

年人均纯收入只有571元,人均占有粮308公斤。[①] 经济是教育发展的基础,经济增长的质量与效果从根本上制约着教育的投入,影响着教育的协调发展。受社会经济发展长期落后因素的制约,跨境民族地区的教育发展水平远远落后于内地,存在着许多问题与挑战。跨境民族地区教育是我国教育事业的重要组成部分,兼有教育工作和民族工作的双重属性。作为一种特殊的教育现象,跨境民族地区教育除了具有与一般教育相同的规律和特点外,还具有自身的特殊性。这种特殊性主要是由边境地区民族工作的长期性、复杂性、重要性和少数民族历史、文化、语言、宗教、居住地域的特殊性赋予的。[②] 教育公平是社会公平的基石。研究我国跨境民族教育的现状,揭示跨境民族教育发展中的矛盾和规律,有助于指导跨境民族地区的教育实践活动,加快跨境民族地区的教育改革与发展,缩小边境地区与内地的教育差距,是促进国家教育均衡发展,推进教育公平,构建和谐社会的内在需求。

(二) 促进民族文化与现代文化的有机结合

文化是民族凝聚力和创造力的重要源泉,越来越成为综合国力竞争的重要因素。"教育是文化传递的一种动因,而文化则为教育提供一种外围环境,同时又构成教育内容的重要部分。"[③]与内地学校的现代教育相比,跨境民族教育体现出更多的少数民族传统教育特征。例如,主要分布在新疆南部克孜勒苏柯尔克孜自治州的柯尔克孜族,"尽管现代教育在柯尔克孜族教育体系中占有很重要的地位,但在传承柯尔克孜族传统文化的过程中,以弘扬和传承传统文化为主的家庭教育、村社教育等传统教育,仍起着重要的作用,并与现代化学校形成一个互动的循环系统,二者共同促进村民文化素质的提升和村落社会的发展。传统的家庭教育以及村社教育所采取的实践形式和潜移默化式的教育也正是现行学校教育较为缺乏的"[④]。除了教育形式体现出少数民族的传统教育特征之外,在选择教育内容、教育方式等方面,跨境民族教育也体现出鲜明的少数民族特色。丰富的民族文化特征和民族文化内涵是跨境民族教育的一个基本特色,维护、传承民族文化,使民族群众达到对本民族文化的文化自觉是跨境民族教育的一个神圣使命。

---

① 和少英.云南跨境民族文化初探[M].北京:中国社会科学出版社,2011:241.

② 钟海青,高枫.守望边疆教育:广西边境民族地区教育质量保障与特色发展研究[M].北京:人民出版社,2011:1.

③ 周南照.教育与文化的互动及其在经济发展和人的发展中的作用:亚洲的一种观点[A].见联合国教科文组织,学习:内在的财富[R].北京:教育科学出版社,1998:232.

④ 高源.柯尔克孜(吉尔吉斯)跨国民族社会文化变迁研究[D].兰州:兰州大学,2006.

居住在边境地区的跨境民族，在长期的生活与发展过程中，形成、积淀、发展了丰富的地方性民族文化。作为一种特殊的教育类型，跨境民族教育的特殊价值在于，为地方民族文化与现代文化的交汇、交流、交融提供了一种特殊的教育场域。地方性民族文化与现代文化的这种交汇、交流与交融，一方面极大丰富了跨境民族教育的重要内容，另一方面也推动了跨境民族教育不断向前发展。事实上，边境民族地区的许多民族学校都力图将民族文化有机地融合在以现代文化为特征的现代学校之中，例如云南省陇川县"部分小学将傣族的葫芦丝音乐引入音乐课堂；在中小学课间操的编排上，没有机械地操作全国统一的广播体操，而是将当地的一些民族舞蹈融入课间操，如将傣族舞蹈、傈僳族舞蹈和基诺族舞蹈编入课间操。陇川县教育局歌舞团还专门制作《景颇族课间操》，将景颇族的音乐元素和舞蹈动作融入课间操，在以景颇族为主的学校中实施"。[①] 跨境民族教育通过自身的教育选择功能及其特殊的聚合功能，实现了对地方性民族文化的选择性扬弃以及与现代文化的有机结合。

（三）促进与周边国家的教育合作和交流

我国陆地上有 2 万多公里的边界与他国接壤，周边国家有近 30 个，其中与我国直接接壤的国家就有 14 个。我国的陆路边境地区绝大部分都居住着跨境民族。在东北方向上，我国与朝鲜、俄罗斯、蒙古国三国之间，存在着朝鲜族、赫哲族、鄂伦春族、鄂温克族、俄罗斯族和蒙古族等 6 个跨境民族；在西北方向上，我国的新疆地区与蒙古国、俄罗斯、哈萨克斯坦、吉尔吉斯斯坦、塔吉克斯坦、阿富汗、巴基斯坦和印度等八国间，存在着蒙古族、俄罗斯族、哈萨克族、维吾尔族、塔塔尔族、柯尔克孜族、塔吉克族、藏族等 8 个跨境民族；在西南方向上，我国与阿富汗、巴基斯坦、印度、尼泊尔、不丹等五国间，存在着塔吉克族、藏族、珞巴族、门巴族等 4 个跨境民族；在东南方向上，我国与缅甸、老挝、越南三国间存在门巴族、傣族、彝族、哈尼族、景颇族、傈僳族、拉祜族、佤族、德昂族、怒族、布朗族、独龙族、阿昌族、壮族、布依族、瑶族、京族等 17 个跨境民族。我国的 31 个跨境民族中，有的是跨两国而居，有的是跨三国而居，还有的是跨四国而居的族体。[②]

在全球化的背景之下，各国的政治、经济、社会发展均有赖于其国际关系的发展，尤其有赖于与周边国家的互利共赢关系的建立。[③] 根据地缘政治和经济的"边际效

① 苏德，陈中永. 中国边境民族教育论[M]. 北京：中央民族大学出版社，2012：189.

② 栗献忠. 跨境民族问题与边疆安全刍议[J]. 学术论坛，2009(3)：57—60.

③ 张秀琴，何天淳. 东亚峰会框架下的高等教育合作[M]. 昆明：云南大学出版社，2011：253.

应”理论，两个地缘相近的国家，如果相互友好则带来的利益比之较远的国家会倍增；相反，如果两个国家相互敌对则带来的灾难也会倍增。建立在地缘经济和地缘政治基础之上的区域教育合作与交流，由于地理位置相邻、经济发展接近、文化形态相似，使相互间的交易成本降低。全球各地区重视通过利用语言、地域、历史、文化上的联系，推动区域内各国教育的交流与合作，以此服务于国家政治与经济利益。寻求与周边国家的教育合作成为许多国家的战略选择。①

跨境民族教育有助于促进文化的交流与融合。加强与周边国家的教育交流与合作，相互学习借鉴、取长补短，是我国跨境民族教育发展的一种重要趋势。与内地相比，跨境民族地区和跨境民族地区学校，非常善于利用区位优势和地理优势，积极与周边国家和地区，特别是邻近国家的学校开展教育的合作与交流，并取得了明显的成效。例如，广西边境地区比较重视与越南边境学校间的交流，一些学校充分利用中越边境两国居民在经济社会生活中的相互联系、相互渗透、积极往来的有利时空，积极创造机会，主动开展两国间区域性的校际交流。如中国广西的凭祥市积极推动当地学校与越南边境学校间的交流活动：越南谅山市教育局、谅山省各普通中学校长先后三次到凭祥市开展教育交流活动；凭祥市也积极组织教育考察团到谅山市开展教育交流活动，并于2009年成功举办中国凭祥—越南谅山基础教育改革与发展论坛。目前，凭祥市高中、初中、小学和幼儿园各有一所学校与谅山市对应学校结成了中越友好学校。另外，凭祥市学校还通过与越南学生开展“中越青少年手拉手共同净化社会文化环境宣誓暨销毁非法出版物”、“中越青少年禁毒防艾教育基地揭牌暨携手禁毒防艾共创平安边境”等活动，加强双方学生间的交流。与此同时，凭祥市的中等职业技术学校也与越南境内职业技术学院积极开展互派教师和留学生的交流与合作。又如，2005年在广西龙州县建立的“龙州胡志明展馆”，是中越两国目前唯一集中反映中越传统友谊的专题展馆。截至2009年底，展馆共接待前来参观的越南青少年6万多人。而依托展馆挂牌成立的“中越青少年友好教育基地”，是中越青少年经常性交流的重要平台。②

（四）有助于国门教育形象的提升

跨境民族地区的教育发展，意指边境民族地区的教育发展水平，也意味着一国的经济社会文化和政治文明的发展水平，更彰显边境地区国与国之间的横向对比。跨境

① 陈泽明. 区域合作通论：理论·战略·行动[M]. 上海：复旦大学出版社，2005：50.
② 欧阳常青. 广西边境地区教育特色发展探究[J]. 边疆经济与文化，2011(4)：58—61.

民族地区与国境线相连的特点，决定了跨境民族教育既具有重要的教育战略意义，更具有很高的国家认同(包括内部认同和外部认同)价值，表征为一种“国门教育形象”。对外影响的国际性是跨境民族教育最基本的特征，也是跨境民族教育区别于一般民族教育的重要标志。跨境民族教育有其明显的国际竞争特点。这种竞争不同于内地教育以文化软实力为代表的一种隐性、柔和且指向弥散的间接性竞争。跨境民族教育所体现出来的是一种外显、激烈、指向明确的直接性竞争。我国的周边国家，如越南、老挝、缅甸等国，出于维护本国利益的考虑，出台实施了比中国更为优惠的边境教育民族政策，以加强其境内跨境民族教育的工作。特别是越南政府，一改其以往排斥跨境民族教育的做法，采取了诸多有力措施，积极推动边境教育发展，大大改善了越南的形象和地位。例如，越南对边境一线边民和少数民族的子女的义务教育采取特殊优惠政策：中小学生实行全免费入学，全免学杂费、书费和学习用品费，全免伙食和食宿费，免费统一发放日常生活用品(包括被服、校服、鞋、帽和生活用具)。中小学实行全免费医疗，学生到医院看病和治疗费用，一律由政府统一支付。中学升大学降低录取分数线。实行师范毕业生毕业后一律到边境地区支教三年的制度。实行给在边境地区落户的教师免费提供住房的优惠政策。[①] 越南政府的这些政策不仅使本国边民得到了实惠和帮助，也对云南和广西的中国边民产生了较大吸引力，导致中国不少边民迁居越南，有些学生到越南读书，一些代课教师也跑到越南任教，并且其收入比中国高出四五倍。[②] 边境线上的教育竞争，要求我们深入研究跨境民族教育，大力改善边境国门学校的办学条件，努力提升边境国门教育的质量，以树立更加良好的国际形象，增加我国的国际影响力，确保广大边民形成国家自豪感和优越感。[③]

(五) 维护祖国统一与边疆的安全稳定

世界观、人生观和价值观制约着人们的思想和行为。跨境民族地区往往是宗教活动较为盛行的地方。境外民族分裂分子和国际反华势力常常把民族和宗教问题作为“西化”和“分化”我国的突破口；国内民族分裂分子也常常蓄意挑起民族宗教事端，向广大教众宣扬所谓的“教徒破坏论”、“民族独立论”等，借此开展危害国家安全与稳定

---

① 玉时阶. 跨境瑶族研究：中越跨境瑶族经济与文化交流国际学术研讨会论文集[C]. 北京：民族出版社，2011：79.

② 伊鸿伟. 边境线上的教育竞争[J]. 南风窗，2003(11)：50—52.

③ 钟海青，高枫. 守望边疆教育：广西边境民族地区教育质量保障与特色发展研究[M]. 北京：人民出版社，2011，28.

的活动，企图破坏民族团结和国家统一。坚固的国防不仅需要强大的军事武装，更需要广大边民自觉主动的维护与支持。①

跨境民族地区特殊的地理位置以及浑厚的民族文化或宗教文化背景，使得跨境民族对“国家”这宏观、抽象的概念感知甚少。一般来说，除非是非常特殊的活动，跨境民族成员很少能感受到“国家”所带来的强烈情感与体验。因而，一些跨境民族常常有民族认同高于或强于国家认同的情形。如，“滇越边民远离国家权力中心，对他们来说，国家是一个极抽象的概念。传统节日或祭祖敬宗等传统活动期间，滇越边民互相走往和相帮现象普遍，民族认同强于国家认同”②。此外，当前不同民族之间存在的事实上的不平等，很容易成为一些民族进行社会动员的契机（境外敌对势力往往利用这种事实上的民族不平等，进行民族动员等渗透活动）。近年来由于国家对农村和民族地区教育投入不大以及公民意识、国家认同教育的弱化，使得一些跨境民族强化了对宗教以及他国的认同，而弱化了其本应有的国家认同。

一般说来，作为一种心理层面的东西，认同的形成、稳定及巩固在个体的早期过程中容易形成；而成年之后，由于世界观的形成，人很难再产生对于比较抽象、宏观的概念的认同，国家这种抽象的概念更是如此。“教育具有复杂的民族主义情结，学校教育是形成民族的最有力的武器（霍布斯鲍姆）。它不仅是训练有能力爱国士兵的途径，也为实现塑造新的民族认同感或独特的民族文化的民族主义愿望开辟了渠道。学校最适合用于推广民族语言、普及民族文化、塑造最受统治集团或支配集团欢迎的民族形象。”③或换言之，“教育产生着身份，或者至少制造着身份认同”④。与内地的教育相比，跨境民族教育的政治功能与政治意义——跨境民族的国家认同感的培育——更为鲜明，也更为重要。跨境民族教育有利于增进跨境民族的国家认同和文化认同，形成民族认同与国家认同相互联系的机制。学校是系统、全面开展国家认同、民族认同的主要阵地。跨境民族教育能提供国家认同和民族认同教育的途径，使跨境民族的民族认同与国家认同有效结合起来，以实现民族认同与国家认同的共生共赢，维护国家的统一和边疆的稳定。同时，在学校中加强民族团结教育，可以进一步促使民族理论和

① 钟海青，高枫．守望边疆教育：广西边境民族地区教育质量保障与特色发展研究[M]．北京：人民出版社，2011：22.

② 谷家荣．记忆、身份与认同：滇越跨境民族心理调查[J]．吉首大学学报（社会科学版），2010(4)：68—71.

③ [英]安迪·格林．教育与国家形成：英、法、美教育体系起源之比较[M]．王寿华，译．北京：教育科学出版社，2004：20.

④ [法]阿尔弗雷德·格罗塞．身份认同的困境[M]．王鲲，译．北京：社会科学文献出版社，2010：47.

民族政策、国家法律法规进课堂、进教材、进头脑，帮助边民更为深入地了解国家相关的民族政策和宗教政策，引导广大师生牢固树立马克思主义祖国观、民族观、宗教观，不断夯实各民族大团结的基础，增强中华民族凝聚力。[①] 此外，跨境民族教育还可以培养跨境民族学生的非传统安全意识，特别是文化安全意识，使他们自觉抵制境外的宗教渗透和文化渗透；特别是面对边境地区复杂的国际形势，培养跨境民族学生远离毒品和各种跨境犯罪的意识，从小肩负起边疆安全的责任。[②]

三、跨境民族教育研究的现状

（一）国内外相关研究现状

从国外研究看，欧美发达国家对跨境民族教育的研究起步较早；而在大多数发展中国家，尤其是中国和东盟国家对跨境民族教育的研究起步较晚。2008 年 12 月在昆明举行的“第二届中国西部国际农村教育与农村发展论坛”开启了中国西部与发展中国家跨境民族教育研究的序幕。在论坛上，越南中央教科所、少数民族教育研究中心的 DaoThi Hong Minh 女士作了“提高越南边境地区少数民族教育质量的解决方法”的发言，老挝妇女、少数民族和残疾人教育促进发展中心主任 Yangxia Lee 女士作了“老挝的跨境地区少数民族教育”的发言，泰国教育部总督学 Sombat Suwanpitak 先生作了“山区部落的社区学习中心：提高生活质量、促进少数民族发展的创新性战略”的发言，泰国教育部非正规教育办公室的 Srisawang Leowarin 女士作了“泰国少数民族地区的非正规教育”的发言。[③]

国内对跨境民族教育的研究主要集中在以下几个方面：

1. 对跨境民族教育现状与发展的研究

跨境民族教育现状与发展问题是学者们研究的重点。瑰乔认为，我国跨境民族教育具有国际性、边远性、分散性、封闭性、不平衡性、低层次性、复杂性和综合性的基本特点。[④] 王锡宏从宏观层面分析了我国跨境民族教育的主要成就及特点，在探析跨境民族教育与内地教育差距及其原因的基础上，提出了发展跨境民族教育的对策，并从

---

① 钟海青，高枫. 守望边疆教育：广西边境民族地区教育质量保障与特色发展研究[M]. 北京：人民出版社，2011：22.

② 何跃，高红. 论云南跨境民族教育的软实力[J]. 云南民族大学学报（哲学社会科学版），2012(6)：126—131.

③ 何跃. 云南与周边国家跨境民族教育研究现状述评[J]. 学术探索，2009(6)：128—134.

④ 瑰乔. 边境民族教育基本特点浅论[J]. 民族教育研究，1990(1)：74—79.

中观层面对广西、西藏、新疆、内蒙古 4 个自治区和黑龙江、云南、吉林 3 个省跨境民族教育的现状、问题和发展对策进行了研究。① 何荣对近代中俄哈萨克跨境民族的教育发展状况进行了研究。② 昆波拉提对伊犁哈萨克自治州与延边朝鲜自治州的两个跨境民族——哈萨克族与朝鲜族的教育进行了比较研究。③ 钟海青和高枫等采取理论分析和实证研究的方法，立足于跨境民族地区教育的特殊性，对广西跨境民族地区教育发展取得的成绩和基本经验进行了理性总结，剖析了当前广西跨境民族地区教育面临的问题及其原因，以跨境民族地区教育质量保障与特色发展为核心，创新性地提出了具有可操作性的广西跨境民族地区教育发展的有效策略。④ 李怀宇在分析云南跨境民族教育发展的现状、存在的问题及原因的基础上，对云南跨境民族教育的发展提出了有针对性与可操作性的建议。⑤

随着跨境民族教育实践的不断深入，学者们逐渐把关注的焦点转向跨境民族基础教育，并取得了可喜的成果，为我们今后进一步开展跨境民族教育研究奠定了良好的基础。比如，苏德和陈中永等在实证研究的基础上，从边境省区民族教育与旗（县）民族教育中观、微观两个层面对跨境民族基础教育的现状、问题和对策进行了探索，出版了具有重要借鉴意义和参考价值的《中国边境民族教育论》。⑥ 达万吉和青克尔对新疆跨境民族基础教育的功能及发展对策进行了研究，认为新疆跨境民族基础教育具有引导少数民族成员社会化、维系国家安全与社会稳定大局、促进民族经济发展、建立多元和谐文化环境的功能，要提高对边境少数民族基础教育的战略认识，增强对边境少数民族基础教育的扶持力度，积极稳妥地开展双语教育，开发和实施边境地区特色课程，促进少数民族地区基础教育信息化，以加快新疆跨境民族基础教育发展。⑦ 范庆迎以边境县那坡县为个案，对改革开放以来广西边境地区的基础教育进行了研究。⑧ 王光荣以广西那坡水弄苗寨为个案，在分析边境民族教育瓶颈的基础上，提出了发展

---

① 王锡宏. 中国边境民族教育[M]. 北京：中央民族学院出版社，1990.

② 何荣. 试论近代中俄哈萨克跨境民族教育发展[J]. 新疆地方志，2007(1)：46—50.

③ 昆波拉提. 论伊犁哈萨克自治州与延边朝鲜自治州民族教育的几个问题[D]. 乌鲁木齐：新疆大学，2004.

④ 钟海青，高枫. 守望边疆教育：广西边境民族地区教育质量保障与特色发展研究[M]. 北京：人民出版社，2011.

⑤ 李怀宇. 云南边境地区少数民族教育的困惑与反思[J]. 民族教育研究，2004(6)：5—9.

⑥ 苏德，陈中永. 中国边境民族教育论[M]. 北京：中央民族大学出版社，2012.

⑦ 达万吉，青克尔. 新疆边境少数民族基础教育功能及发展对策研究[J]. 民族教育研究，2012(5)：73—76.

⑧ 范庆迎. 改革开放以来广西边境地区基础教育研究：以那坡县为个案研究[D]. 桂林：广西师范大学，2012.

边境民族教育的有效对策。[①] 王枬和柳谦等对广西和云南的边境国门学校发展问题进行了研究。[②] 文薇和高志明对中缅边境地区少数民族双语教育的成效进行了研究。[③] 何艳以云南文山州为例，分析了影响云南跨境民族地区基础教育发展的现实因素、体制因素、主观因素和区位因素。[④] 王国强对云南跨境民族地区基础教育及边境学校教育发展的现状和问题进行了研究，探索了国家文化安全视野下云南跨境民族教育发展的战略抉择。[⑤⑥]

2. 对跨境民族国家认同教育的研究

跨境民族的国家认同教育对多民族国家的稳固和发展有着积极的作用。李萍认为，新时期对跨境民族进行国家认同教育是促进跨境民族“和平跨居”，建设“和谐边疆”，防止“西化”、“分化”和反分裂斗争的需要，在对跨境民族进行国家认同教育的现实基础上提出了开展国家认同教育的方式和途径。[⑦] 甘开鹏和杨媛妮等对跨境民族中学生的民族认同状态进行了研究。[⑧] 原源和范庆江等人对“三语背景”下云南跨境民族学生的国家认同与民族认同问题进行了研究，认为云南跨境民族学生的国家认同和民族认同总体上都处于“比较认同”的水平，且都存在着性别、地州、学历差异。[⑨] 刘芳和李劲松认为，义务教育中的课程、教师、校园文化因素，对跨境民族学生的国家认同有着重要影响。[⑩] 柳翔浩采用问卷调查、深度访谈和实地观察等研究方法对具有跨境民族典型区位特征的云南德宏地区中学生的国家认同现状进行了实地调查，探究了跨境民族地区中学生出现认同危机的深层原因，提出了以和合哲学为统领，构建家庭、

---

① 王光荣. 边境民族教育的瓶颈与对策：广西那坡水弄苗寨教育状况的调查与思考[J]. 广西师范学院学报(哲学社会科学版)，2005(4)：16—21.

② 王枬，柳谦. 边境国门学校研究：以广西、云南为例[M]. 桂林：广西师范大学出版社，2013.

③ 文薇，高志明. 对中缅边境地区少数民族双语教育成效调查研究的思考[J]. 保山学院学报，2010(4)：57—60.

④ 何艳. 试析跨境民族地区发展基础教育的制约因素：以文山州为例[J]. 中山大学学报论丛，2006(4)：154—157.

⑤ 王国强. 云南边境民族地区基础教育的现状及思考[J]. 河北师范大学学报(教育科学版)，2009(5)：71—74.

⑥ 王国强. 云南边境地区学校教育与国家文化安全[M]. 昆明：云南大学出版社，2013.

⑦ 李萍. 新时期我国跨界民族国家认同及其教育研究[D]. 武汉：中南民族大学，2012.

⑧ 甘开鹏，杨媛妮，王秋. 跨境民族中学生的民族认同心理研究：基于云南西盟县佤族的实证调查[J]. 科学·经济·社会，2012(4)：66—71.

⑨ 原源，范庆江，原一川. “三语背景”下云南跨境民族学生国家认同与民族认同研究[J]. 学术探索，2014(6)：105—110.

⑩ 刘芳，李劲松. 义务教育对跨境民族学生国家认同的影响研究[J]. 学术探索，2013(4)：140—144.

学校、社会三维一体的和合教育网络体系，以实现跨境民族地区中学生国家认同教育的和谐共生。① 王珏在分析德宏地区边境学校"中国认同"教育的实施现状及存在问题的基础上，提出了发展学生"中国认同"意识的策略。② 王志刚和安晓平认为，公民意识教育是实现跨境民族学生民族认同和国家认同有机统一的粘合剂。③ 谷禾和谭庆莉则认为，加强跨境民族的国家身份认同要从学校教育、语言文化教育和政治思想教育等三个层面着手。④

3. 对中国与周边国家跨境民族教育的比较研究

周边国家跨境民族教育的快速发展，对我国跨境民族教育的发展产生着重要的影响。杨丽对我国新疆阿勒泰地区与哈萨克斯坦的跨境民族教育进行了比较研究，提出了加强我国跨境民族教育的建议。⑤ 萨如拉探究了中蒙跨境民族教育发展的历史演变，对两国跨境民族基础教育进行了比较研究，在分析蒙古国基础教育发展成功经验与不足的基础上，提出了加快我国内蒙古自治区基础教育发展的建议。⑥ 陶天麟对中国与越南、缅甸、老挝周边三国的边境民族教育政策进行了比较研究。⑦ 韦福安从建设现代民族国家的视域，对中越两国跨境民族基础教育的发展政策、本土教师的培养模式和激励机制、少数族群地区中小学使用教育语言的政策影响跨境民族青少年价值观等进行了比较研究。⑧ 何艳对中越跨境民族地区中小学教育管理的现状进行了比较研究，分析了中越跨境民族地区在教育管理体制、教育经费、教育管理干部队伍建设等方面存在的问题及成因；在借鉴越南跨境民族地区中小学教育管理改革经验的基础上，提出了提高我国云南省文山州中小学教育管理有效性的对策。⑨

---

① 柳翔浩. 和合视域下跨境民族地区中学生国家认同教育研究[D]. 重庆：西南大学，2013.

② 王珏. 德宏边境学校"中国认同"教育发展问题及策略研究[D]. 重庆：西南大学，2014.

③ 王志刚，安晓平. 现代文化引领下新疆跨界民族大学生的公民意识教育研究[J]. 教育与职业，2013(24)：41—43.

④ 谷禾，谭庆莉. 学校教育与云南跨境民族身份认同的塑造[J]. 云南社会科学，2008(1)：81—85.

⑤ 杨丽. 我国跨境民族教育研究：以新疆阿勒泰地区哈萨克族为例[D]. 武汉：中南民族大学，2012.

⑥ 萨如拉. 中蒙跨境民族基础教育历史与现状研究[D]. 北京：中央民族大学，2012.

⑦ 陶天麟. 中国云南省与周边国家边境民族教育政策的比较研究[A]. 见李云芳，徐忠祥. 云南民族教育改革与发展研究[C]. 昆明：云南民族出版社，2005：21—35.

⑧ 韦福安. 中越边境跨界民族基础教育的比较研究：从现代民族国家建设视域的考察[J]. 广西师范大学学报(哲学社会科学版)，2013(3)：167—171.

⑨ 何艳. 云南省文山州跨境民族地区中小学教育管理问题初探：与越南的比较研究[D]. 昆明：云南师范大学，2006.

4. 对跨境民族教育文化交流的研究

随着经济全球化与区域化所带来的日益频繁的多元文化的交流与合作，学者们开始重视开展跨境民族教育文化交流研究。杨丽对新疆阿勒泰地区的跨境民族哈萨克族子女到哈萨克斯坦接受跨境教育的成因进行了研究。[①] 蔡文伯和王朋岗在对新疆边境线区域义务教育学生跨境就学现状与原因进行现实分析的基础上，提出了解决新疆边境线区域义务教育学生跨境就学的对策。[②] 伊继东[③]、冯用军[④]、刘稚[⑤]、何跃[⑥]等学者则聚焦于中国与东南亚的跨境民族教育文化交流研究。王国强在分析越南、老挝、缅甸与中国教育交流与合作的现状、问题及原因的基础上，提出了云南边境教育对外交流合作的战略措施。[⑦] 付耀华从协同发展论的视角出发，分析了云南与周边国家在跨境民族教育合作中存在的问题，并提出了云南与周边国家跨境民族教育合作的有效路径。[⑧] 吕隽指出，当前我国云南德宏傣族景颇族自治州与缅甸北部跨境民族的教育交流呈现双向性流动，但主要是向德宏州境内流动的特点。[⑨] 何青颖和刘寒雁分析了当前云南境内跨境民族外籍学生的教育现状，指出优惠的教育政策、周边国家相对薄弱的教育条件、华裔外籍学生对国内教育有很强的信赖感等因素促使跨境民族外籍学生选择到中国读书。[⑩] 孟玲丽对云南西双版纳傣族自治州内跨境民族的跨境就学方式、特点及成因进行了研究，分析了当前西双版纳傣族自治州跨境民族跨境就学的困境与机遇。[⑪]

（二）本书的特点

综上所述，目前学界关于跨境民族教育的研究方兴未艾，中外学者从各自不同的视角、用不同的方法对跨境民族教育作了许多相关研究。特别是 20 世纪 90 年代以

① 杨丽. 我国跨境民族教育研究：以新疆阿勒泰地区哈萨克族为例[D]. 武汉：中南民族大学，2012.

② 蔡文伯，王朋岗. 新疆边境线区域义务教育学生跨境就学问题现状与对策[J]. 乌鲁木齐职业大学学报，2009(1)：86—89.

③ 伊继东. 面向东南亚培养具有国际视野的创新型人才[J]. 中国高教研究，2009(6)：66—67、82.

④ 冯用军. 云南面向东盟高等教育国际化战略中的前期研究[J]. 东南亚纵横，2008(3)：71—74.

⑤ 刘稚. 全球化区域化下的云南—东盟高等教育合作论略[J]. 学术探索，2009(3)：130—133.

⑥ 何跃. 云南省与周边国家跨境民族教育的兴起与发展[J]. 东南亚纵横，2010(6)：40—44.

⑦ 王国强. 云南边境地区教育交流合作的战略分析[J]. 保山学院学报，2012(2)：92—96.

⑧ 付耀华. 协同发展论视域下云南跨境民族教育路径探究[J]. 曲靖师范学院学报，2013(3)：97—101.

⑨ 吕隽. 德宏傣族景颇族自治州跨境民族教育研究[D]. 昆明：云南师范大学，2008.

⑩ 何青颖，刘寒雁. 云南跨境民族外籍学生教育现状分析[J]. 云南农业大学学报（社会科学版），2013(1)：77—82.

⑪ 孟玲丽. 西双版纳傣族自治州跨界民族的跨界教育研究[D]. 昆明：云南师范大学，2007.

来，一些学者对中国跨境民族地区的教育问题进行了探索和研究，发表和出版过不少论文和著作，并从不同侧面反映了跨境民族地区教育的基本特点与基本事实，这些都有一定的启示意义和借鉴价值。但这些研究的方法还比较单一，研究视野也不够开阔，对跨境民族教育缺乏全面、系统的多学科观照，其深度、广度都有待进一步加强。如今，跨境民族地区的教育发展面临着新的挑战和新的机遇，特别是“一带一路”战略的实施将促进中国中西部地区和沿边地区对外开放，为沿线国家和地区带去新的合作机遇和发展前景。跨境民族教育实践的深入发展，迫切需要全新的研究成果来回应这一伟大的时代。

本书注重理论联系实际，注意多学科协作，采用实地调查法、跨文化比较研究法、跨学科综合研究法及数理统计法等，以中国跨境民族地区为切入点，基于中国跨境民族地区教育发展现状、学校布局、学校管理、跨文化教育，以及对当地社会经济发展生态等的田野调查、解读和逻辑分析，全面、系统、深入地研究跨境民族地区的教育问题，以指导跨境民族地区教育开展新一轮的改革，促进跨境民族地区实现新一轮的发展，把我们的边境建设得更加富裕和谐，把我们的国门建设得更加强大。

四、本书概说

本书以田野调查为基础，以文献研究和逻辑分析为支持，综合运用教育学、教育人类学、民族学、政策学、政治学、社会学等多学科的理论和方法，立足于中国跨境民族教育实际，开展综合研究。近年来，课题组成员先后赴广西、云南等边境民族地区进行实地调查，针对跨境民族教育中的重大问题抽取典型边境县进行研究，并深入边境民族地区学校，通过问卷调查、参与观察、深度访谈等方法开展个案研究，从微观层面切实了解西南边境民族地区教育的现状和内部存在的问题。基于获得的翔实可靠的第一手材料，课题组成员采取个案研究与总体研究、对比研究与集合研究相结合的方法，分专题对跨境民族教育进行全方位研究，形成阶段性成果。在理论分析和实证研究的基础上，经过进一步整理、分析、概括、提升，形成最终研究成果，即本书。

本书在结构上共分为十一章，分别从宏观、中观、微观三个层面对跨境民族教育的现状、问题进行系统研究和全面总结，在此基础上提出有针对性的对策和建议。宏观研究主要是从总体上对我国跨境民族教育的现状、存在问题及发展对策进行概括性描述，并进行理论分析；中观研究是对广西、云南跨境民族教育发展的现状进行描述和分析；微观研究主要以广西、云南部分边境县跨境民族教育作为个案，重点研究了我国西南跨境民族地区教育面临的主要问题。

具体而言,我们首先通过阐述跨境民族教育的概念、跨境民族教育研究的价值及现状,使读者形成对跨境民族教育的初步印象。其次选择了越南、老挝、泰国等邻国,考察邻国发展边境民族教育的政策,并探讨了邻国边境民族教育政策的共性特点。之后,立足于跨境民族教育的特殊性,以广西、云南跨境民族教育为个案,分析了中国边境民族地区的教育发展规划、学校布局、教育政策、学校管理、跨文化教育,总结了西南边境民族地区教育发展取得的成绩和基本经验,剖析了西南边境民族地区教育面临的问题及其原因。最后,在综合以上研究的基础上,提出了跨境民族教育发展的路径和策略,理清了跨境民族教育发展的整体理路。

总而言之,我们注重在宏观和整体视野下开展研究,注重对跨境民族地区教育的多方影响因素进行实地调查,力图通过综合研究和个案研究相结合,从多学科角度对跨境民族教育进行分析和论证,揭示我国跨境民族教育现状及存在问题,提出具有操作性的跨境民族教育发展策略,以推动跨境民族教育理论创新,丰富我国教育的理论园地,为跨境民族教育的政策制定和理论发展提供依据。

第二章 西南边境邻国的基本教育政策研究

当前随着我国新时期外交战略的全面展开，中国与东盟之间在国际政治、经济、贸易、旅游、文化和教育等多领域的交往、交流与合作日益深入和广泛，社会各界的公共外交活动日益频繁。21世纪初以来，中国—东盟博览会永久落户南宁、中国—东盟自由贸易区和免税区的建设、中国“一带一路”战略构想的实施，以及泛北部湾经济圈的建设等一系列国家和地方经济社会发展的宏伟目标和伟大实践，都充分体现了中国与东盟各国合作过程中和平共处、平等对话、多方共赢的姿态和担当。而要实现这些交往、交流与合作以及中国作为大国在东南亚国际事务中的责任担当，充分了解、理解这些国家的历史、政治、法律、宗教和文化是必不可少的前提与基础。

教育领域也是如此。要实现与东南亚区域国际教育的交流与合作，其首要条件是要具备互相尊重、互相信任的对话平台，而这样的平台则是建立在文化教育的自觉和自信之上的。一方面要对本国教育发展的历史和现实、使命和任务、走向和趋势、优势和不足有较好的理解并为之自信；另一方面对于他国教育的历史、文化、政策背景乃至整体发展生态也要有比较客观全面的了解与把握，并予以理解和接纳。此外还有直面自身缺失的勇气，坚持继承与创新的精神，不断探求改革发展的自觉。基于此，本章对东盟几个较为典型的国家的教育政策的基本内容和共同特点进行梳理和概括。

一、边境邻国的教育基本政策

一个国家的教育基本政策包括教育基本法、教育方针、教育目标等基本教育制度，它往往决定了该国教育发展的价值选择、方向以及质量和速度，同时也是窥视一国教育发展生态的窗口。这里我们以我国西南边境邻国，如越南、泰国和老挝等为例，考察这些国家的教育基本政策的价值取向及其基本内容和做法。

(一) 以推动国家进步、保证民生权利作为教育发展的价值原则

人类社会的文明史表明，人类社会的文明程度越高，就越关注人的生存权利，越重视人的全面发展。近现代以来，随着世界经济、社会和科技的普遍进步，国家之间综合实力的竞争与合作的强化，国内各阶层民众对社会公平的诉求，东南亚越来越多的国家加强了对教育在提高国家综合实力、提高国民综合素质、促进经济发展、促进社会公正公平从而提高社会和谐和民众幸福感受等方面的重要作用的理解，把发展国民教育摆在越来越重要的战略地位上，重视公民接受教育的权利，重视教育的发展。

越南在《第四届政治处关于教育改革的第 14 - NQ/TW 号决议》(1979 年)中指出："教育改革与越南每个家庭、每个人的切身利益密切相关，对越南的民族的进步，祖国未来的进步具有十分重要的意义。"在《2001—2010 年教育发展战略》以及《2011—2020 年教育发展战略》中，越南政府明确提出，"教育是第一国策"，"教育是党、国家和全民的事业，发展教育必须真正成为第一国策，投资教育即是投资发展"①，将教育和发展教育置于空前重要的地位。

在泰国，1999 年修订的《泰国国家教育法》中明确指出：教育是通过知识传授、文化传播、培养培训、学术创新、社会环境和知识衍生等途径增进人的知识与技能，进而推动个人与社会发展的过程。人人都享有平等的受教育权，"……在全国范围内，每个公民都有权接受由国家提供的不少于十二年的免费基础教育"②。也就是说，教育既能实现个体的发展，同时又有助于社会的发展。

在东南亚国家里，老挝是一个经济相对滞后、宗教信仰比较普遍、宗教文化比较深厚的国家。21 世纪以来，老挝也很重视国民教育的权利和义务。2007 年出台的《教育法》旗帜鲜明地提出：教育是每个人都应享有的权利。在老挝，"不论民族、血统、宗教、性别、年龄和社会经济地位，全体公民一律享有教育权"，且"教育是每个人的职责，个人及组织都应为教育的发展集资以及出谋划策"③。这就进一步明确了，教育在老挝既是每个人的一种基本权利，也是每个人应尽的一项基本义务，是权利与义务的有机统一体。

柬埔寨的《教育法》强调：教育乃是"所有可以促进学习者获得一系列知识、技能、能力和价值观来推动个人发展成为对自己、家庭、社会、国家以及全世界均有用的人的

① 李枭鹰，韦洁璨. 越南高等教育政策法规[M]. 桂林：广西师范大学出版社，2012：202.

② 李枭鹰，唐敏莉. 泰国高等教育政策法规[M]. 桂林：广西师范大学出版社，2013：7.

③ 李枭鹰，苏婷婷. 老挝高等教育政策法规[M]. 桂林：广西师范大学出版社，2013：21.

活动，实现人的生理、心理和精神发展的教育或培训过程”，注重教育在促进国家经济发展和提高民众生活水平、改善生活品质等方面的作用，认为“教育是最好的投资”①。

从表述上看，尽管上述各个国家关于教育的本质、教育的功能以及教育的意义的理解和表述上存在遣词、内容的明显差异，但这些国家都从国家发展、社会进步、回应民生诉求的价值追求出发，面对全球信息时代的急速变革，结合国家的本土实际，从战略上对教育发展进行定位、规划，并重新审视教育政策和教育制度，以推动和保障整个国民教育的改革与发展。

(二) 以国内主要问题为教育政策的目标指向

教育目标指引和规约着教育实践，有什么样的教育发展目标就有什么样的教育实践。唯其如此，世界各国都很重视教育发展战略目标的制定和价值目标的选择。然而，教育发展目标确定及价值目标选择的依据又是什么呢？从以下东南亚几个国家的案例中我们可以看到，他们的教育政策目标指向是解决国内实时经济社会发展和民众需要的主要问题。

越南在 20 世纪一直是战事频发的国家。在这个国家的核心利益中，国家安全居于首要位置。因而，希望通过教育把青少年培养成为忠诚国家、保卫祖国的接班人。维护国家安全和主权利益便成为越南国家教育发展目标的重要选择。越南《教育法》(2005 年)明确提出：教育的目的就是“要把越南人民培养成为全面的、有道德的，有知识、身体，具有审美观和技能，忠诚于独立和社会主义理想的人，培养公民的人格、品质和能力，适应建设事业和保卫祖国的要求”②。此外，越南的教育发展目标还会随着国家经济社会发展、科学技术进步而与时俱进，适时调整。例如，经过进二三十年的改革的发展，越南教育发展取得了不俗的成绩，教育投入、办学条件有了较明显的改善，教育资源的分配日趋平衡，教育公平程度有所提高。然而，面对日益激烈的国际竞争、全球化经济融合发展态势以及国际化人才竞争，越南在 21 世纪初就提出了新的教育发展目标。越南出台的《2011—2020 年教育发展战略》就明确提出，“根据标准化、现代化、民主化和国际化目标，实现爱国教育根本和全面的革新，教育质量得到全面提高。满足人力资源要求，特别是服务于国家工业化、现代化事业和建设知识经济社会的高质量人力资源。实现教育公平，为所有公民提供终身学习的机会，逐步形成学习型社

---

① 王喜娟，王瑜，李枭鹰，刘玉成. 柬埔寨高等教育政策法规[M]. 桂林：广西师范大学出版社，2014：3—11.
② 李枭鹰，韦洁璨. 越南高等教育政策法规[M]. 桂林：广西师范大学出版社，2012：117.

会”[①]，试图通过教育改革和发展优化国家人力资源，为国家的民主化、国际化、现代化建设服务。

泰国是一个社会价值多元化的宗教国家，也是一个本国文化与他国文化开放融合但又能保持本土文化特色的国家，还是一个把宗教与教育关系处理得较好的国家。这与泰国长期稳定的教育价值原则和教育信念是分不开的。在泰国，鼓励和崇尚个体与他者间的和谐相处是社会的主流价值，也是国民教育的价值取向。泰国《教育法》明确提出，“教育的目的在于全面提高泰国全民族的人口素质，保证儿童和少年的躯体、心灵、智慧、品行和道德的全面成长，在生活中讲诚信，讲文明，与他人和谐相处”[②]，强调教育在促进与维护人的和谐关系中的功能与作用，通过教育实现人与人之间的和谐、个体与社会的和谐以及个体与国家民族的和谐，即“维护集体利益和国家利益”。

与泰国的情况相同，印度尼西亚也是一个宗教信仰比较普遍的国度。在印尼，教育与宗教没有完全分离。从其2003年出台的《教育法》关于教育目的的表述中也可清楚地看到教育与宗教的关系：“开发受教育者潜能、使受教育者成为一个信仰和敬畏独一无二的真主的人，成为一个品德高尚、健康、知识渊博、能干、具有创造性、自立的人，成为一个负责任、有民主精神的印尼公民。”[③]

老挝在东南亚属于经济社会发展相对滞后的宗教国家。进入全球化经济时代，国家需要富强，国民需要过幸福生活，是老挝社会改革与发展面临的现实而迫切的问题。于是，作为在经济社会发展中起全局性、基础性、先导性的教育理应肩负起重要的使命和任务。《老挝人民民主共和国教育改革战略规划（2006—2015年）》明确提出其教育发展与改革的目标在于“培养适应本国经济社会发展和本国面向国际的人才”，具体是“树立教育在人力资源发展中的中心地位，高质量、高标准地推进国家教育改革，致力于把老挝人民培养成有知识、有文化、有活力、有职业、有创新能力，且躯体强壮、思想品行端正的好公民，使之满足社会经济发展和国际化发展的需要”。

与老挝的情况相类似，柬埔寨的经济社会发展也面临着许多突出的现实问题，其中教育与经济发展相互制约的状态最为明显。教育也是处于相当贫困的局面。有资料表明：“在柬埔寨20％最为贫困的人口中，只有20％接受了小学教育，而只有2％进

---

① 李枭鹰，韦洁璨. 越南高等教育政策法规[M]. 桂林：广西师范大学出版社，2012：117.

② 李枭鹰，唐敏莉. 泰国高等教育政策法规[M]. 桂林：广西师范大学出版社，2013：5.

③ 李枭鹰，向佳桦. 印度尼西亚高等教育政策法规[M]. 桂林：广西师范大学出版社，2014：58.

入高中。相比之下，62%的高中生来自柬埔寨20%较为富裕的家庭。”①柬埔寨出于对经济社会发展的极度渴望，也对教育发展提出了迫切的要求，因此形成了以“能力建设和人力资源发展”为重要策略之一的柬埔寨王国政府的教育政策。然而，“普及与提高”本来就是教育发展中相辅相成的辩证统一体，同时也是教育价值的两难选择，教育在人的能力建设和促进人力资源发展方面的作用有赖于国家教育整体水平的持续提高和发展。这就倒逼柬埔寨国家选择“通过加强政府对基础教育和教师培训的支持，扩大社区、家长和私营部门对学前教育和基础后教育财政与管理的参与，确保基础教育和基础后教育入学机会均等，确保入学学生受教育机会均等；通过持续增加对教学材料、基础教育供给、教师发展、质量监测和治理改革等非工资运营支出，提高教育质量与效率；通过扩大教育机构办学自主权，加强省和地区的宏观教育管理上的权力，强化监测和审计体系，建设能力用于下放权力”②作为教育改革与发展的总体政策目标和基本政策。

缅甸是一个教育管理相对集权的国家，国家教育部对全国各级各类教育发展有较直接的领导权和管理权。尽管21世纪以来，缅甸教育改革在地方基础教育管理权和高等教育办学自主权方面有较大的松动，但联邦政府对教育方针、教育目的以及教育的基本政策没有改变，并且以教育基本法律的形式予以固化。2014年，缅甸正式出台《国家教育法》。这部教育大法开宗明义地提出了缅甸的国家教育目的：“培养高质量和文武双全的国家人才；培养充满联邦精神的、保护和传承各民族语言、文化、文学、艺术的国民；培养为国家经济发展作出贡献的人力资源；培养各知识领域的专家、学者、技术专业人士；促进体育领域发展和有效地进行校园卫生工作。”③

（三）以特殊群体为关注点

教育公平作为当今世界各国追求的教育目标，象征着人类社会的文明和进步。无论贫国还是富国，无论大国还是小国，无一不为之而努力。但是，教育公平是一个很大的概念范畴，它不仅受国家的经济、政治、文化、人口等因素所制约，而且具有历史性、相对性、发展性，这就决定了每个国家实施教育公平进程的差异。在东南亚的许多国家，由于历史、经济等方面的原因，教育在城乡之间、社会阶层之间、区域之间以及不同民族和种族之间的发展并不均衡，所以这些国家都会根据自己的国情，针对特定的群

---

① 王喜娟，王瑜，李枭鹰，刘玉成. 柬埔寨高等教育政策法规[M]. 桂林：广西师范大学出版社，2014：123.

② 王喜娟，王瑜，李枭鹰，刘玉成. 柬埔寨高等教育政策法规[M]. 桂林：广西师范大学出版社，2014：137.

③ 缅甸正式颁布《国家教育法》，规定国家教育制度和办学种类[OL]. http://www.mmgpmedia.com/business/7624-25.

体(例如少数民族、跨境民族、落后山区农村的民众等)或特定问题提出推进教育公平的目标和措施,出台教育政策以保证所有国民的教育权益,帮助这些群体发展教育,达成社会和谐。

越南是一个多民族国家。虽然这个国家经济不算发达,教育投入还处在低水平状态,但关注偏远地区、少数民族地区以及边境地区人群,仍然是越南教育政策中的一个重要内容。《2001—2010年教育发展战略》明文规定:要"在少数民族地区、偏远地区优先发展基础教育……要扶持山区、少数民族地区和经济社会条件落后地区的教育"[①]。

泰国也是一个多民族的国家。泰国非常注重多元文化共生共存,注重不同民族之间的相互尊重、相互理解。这一特点在教育领域即表现为国家出台相关教育政策之时,非常重视对民族宗教、文化、艺术等的保护、传承与发展。1999年出台的《泰国国家教育法》规定:受教育者(学生)要"致力于民族的宗教、艺术、文化、体育事业的发展,集泰国文化以及泰国民族文化于一体",要"掌握宗教、艺术、文化、体育、泰国民族传统智慧以及民间智慧"。《第二个十五年高等教育长期发展规划纲要(2008—2022年)》则明确指出[②]:泰国的一些地区例如南部边境地区发生的刺激、冲突、暴力事件,其"基本原因来自教育",因而"提高这些地区的教育水平是真正解决这些问题的关键所在"。关于高等教育与民族冲突和社会暴力的关系,该《纲要》指出"高等教育是解决(泰国)民族冲突中期和长期问题的一个决定性因素","高等教育应当打开青少年学生的视野,了解并尊重各民族文化的多元性,增加不同年龄段、不同社会文化背景、不同种族和教师的流动性和多样性",且明确"双语教学课程是高等教育重要的教学机制"之一,从而赋予高等教育维护国家民族团结、促进社会和谐的使命。

在教育发展相对落后的老挝,少数民族学生、贫困家庭学生以及女童等特殊群体在公平享受教育机会方面,面临着更多的困难,但政府帮助这些弱势群体发展教育的决心很大。为了整体提高人民智力水平,保护本国文化,增强民族团结,国家在教育改革与发展的战略规划中,强调对特殊人群在公平获得教育机会中的国家支持与扶助。《老挝教育改革战略规划(2006—2015)》规定:在学前教育、小学教育、中学教育等基础教育阶段,要加大对民族地区和偏远地区教育的扶持力度。要"加大实验幼儿园和学

① 李枭鹰,韦洁璨.越南高等教育政策法规[M].桂林:广西师范大学出版社,2012:189—194.
② 李枭鹰,唐敏莉.泰国高等教育政策法规[M].桂林:广西师范大学出版社,2013:26—46.

前班的覆盖面，特别是在边远的地区”、要“促进女童、少数民族及贫困家庭儿童入学”，要“逐渐提高女生、少数民族学生在高等教育中的比例”①。2007年修订的《教育法》又规定：“国家有义务扶助弱势群体如女性、少数民族、有特长或成绩优秀的贫困学生。”《2008—2009学年教育发展总结和2009—2010学年教育发展战略规划》又提出：要“增加国家在教育领域特别是农村偏远地区的投入”；要“优先安置山区、偏远地区及欠发达民族地区幼儿园、小学、高中、体育及艺术教师”；要“为学生提供教育补助，特别是家庭贫困的女学生、少数民族学生，并为他们提供住所”；要“扶持全国14所少数民族寄宿制学校；继续与越南教育部合作，在华潘省建立少数民族寄宿学校，修缮沙湾拿吉、占巴赛省、乌多姆赛的少数民族学校”。除此之外，为了解决老挝师资特别是民族地区、偏远地区师资不足的问题，老挝政府还出台政策进行“订单式”的师资培养与培训，即“结合那些缺乏教师的省、市、县、村的情况拣选民族教师，尤其是那些师范类的民族女学生，师范类的学生要签订合同并向市政府宣誓，毕业之后要回到家乡工作，而这些学生在补贴、衣物以及交通工具等方面得到政府的援助”；同时，在各地招收“11＋3”学制的不同专业的学生到教育学院、国立大学进行培训，使其达到学士学位②，以满足课程教学要求。

柬埔寨政府为了响应新的历史时期的国家经济社会发展战略，2005年出台了《2006—2010年教育战略规划》，其中明确提出要对少数民族和民族地区以及其他弱势群体进行教育上的扶持与帮助③。在师资培养培训方面，《规划》规定：“根据特殊人才招聘标准招聘偏远和弱势地区的准教师，以确保这些地区的教师供给；为弱势、偏远或少数民族地区教师提供诸如兴建教师住宅等额外的奖励，提高师资分配的效率”；“从偏远和少数民族地区招收教师受训人员，应对农村、偏远和弱势地区日益增长的教师需求；对关键群体(主要包括学校董事、在偏远和处境困难地区工作的员工、双班制和多班教学教师)进行绩效激励”。在学生资助方面，“增加面向贫困家庭青少年尤其是女童的奖学金数量，确保他们可以接受初等、中等和高等教育，并引入新的面向贫困家庭、女性、少数民族和其他弱势群体学生的以成绩驱动的援助项目”。另外，柬埔寨政府还专门对边境地区教育的发展进行政策设计，如“加强边境、偏远和贫困地区非正式教育领域组织和社会区间的合作，支持提供当地生活技能、职业培训以及基本的专

① 李枭鹰，苏婷婷. 老挝高等教育政策法规[M]. 桂林：广西师范大学出版社，2013：13—14.

② 李枭鹰，苏婷婷. 老挝高等教育政策法规[M]. 桂林：广西师范大学出版社，2013：121.

③ 王喜娟，王瑜，李枭鹰，刘玉成. 柬埔寨高等教育政策法规[M]. 桂林：广西师范大学出版社，2014：25—26.

业技能”。

(四) 讲求政策措施落地

政策的制定与政策的保障措施，是一个事物的两个方面，二者相互统一、相互依存。解决问题，没有好的政策不行，有了好的政策不抓落实或者落实不到位也不行。越南、泰国、老挝、柬埔寨等邻国，这些年来不仅注重根据国际教育改革发展的趋势和国内社会、民众对教育发展的需求适时制定、调整和健全完善其教育政策，而且还非常注重政策措施的实施和政策目标的实现。

为了实现其教育发展战略目标，越南采取了许多富有建设性的措施，如：革新教育管理；发展教师和管理干部队伍；革新教学、考试、检查和教育质量评估的内容与方式；改革教育财政机制，增加教育经费投入；注重产学研结合，增强科学研究和技术转换以满足社会需要；加强对贫困地区和少数民族地区等特殊地区的教育扶持，发展教育科学以及扩大和提高教育国际合作。① 而为了解决贫困地区和少数民族地区等特殊群体的教育需求问题，越南政府也是大费苦心，极力解决。在《第七届党中央执行处第四次会议关于继续改革教育培训事业的第 04 - NQ/HNTW 号决定》(1993 年)中规定：要巩固和建设新的普通民族寄宿学校。注重从中央到地方的少数民族地区干部培训体系的投资建设，要在各少数民族地区和贫困地区发展教育，努力缩小各地区间教育发展的差距。2005 年出台的《教育法》又规定：国家为少数民族孩子和长期居住在经济社会条件特别困难地区家庭的孩子成立寄宿制民族普通中学、半寄宿制民族普通中学、大学预科学校，培养这些地区的干部。寄宿制民族普通中学、半寄宿制民族普通中学、大学预科学校在教师安排、基础设施、设备建设和财政上有优先权。同时，越南政府还提出要为少数民族学习本民族的语言文字创造条件，以保持和发挥民族文化的特色，帮助少数民族学生在学校和其他教育机构学习时更容易接受知识。另外，越南出台的《2011—2020 年教育发展战略》也要求建设和实现各项政策，保证少数民族地区、贫困地区、各享受社会政策对象和贫困者平等的学习机会，扶持并优先发展其教育和人力资源；对少数民族地区、贫困地区的教师和教育管理干部实施优惠政策。

泰国为了实现其预设的政策目标，也配套出台了诸多的政策措施，以保障目标的实现。在获取教育经费方面，泰国的《教育法》(1999 年)规定：“国家和地方行政组织可以通过适当的教育税，筹集教育资金；根据国家土地法或其他资源法，即使使用的是

---

① 李枭鹰，韦洁璨. 越南高等教育政策法规[M]. 桂林：广西师范大学出版社，2012：204—208.

国有土地，只要与教育机构的政策、目标和主要任务不相抵触，国立学校和其他教育机构都有权从他们提供的教育服务中赚取收入以及收取学费；国立学校或其他教育机构通过社会捐赠或学校用教育收入购买或交换获得的所有不动产，不能视为国有财产，所有权应当归学校机构所有。”①在教育经费投入方面，《教育法》规定，“国家为每一名接受义务教育或基础教育的学生提供人均公用经费，国立学校和私立学校的人均公用经费相等；设立教育贷款基金，给予家庭贫困的学生以适当的和必要的帮助；为私立教育机构设立低息贷款基金，促使私立教育机构的稳定发展；建立国立和私立教育发展基金；对家庭、社区、社会团体、私人机构、专业组织、宗教组织、企业、基地组织及公民个人举办的学校及其他教育机构，设立教育流动基金，为这类教育机构提供适当的和必要的帮助。同时，建立完整的质量检测系统，跟踪调查教育经费的效应及成效。……另外，国家还要为无线电广播、电视、电信等媒体的传播提供必需的技术、设备以及基础设施，从而为正规教育、非正规教育以及非正式教育提供方便，以便更好地传播、保持民族的宗教、艺术和文化”②。

柬埔寨整个国家的教育发展受到人力资源和物力资源不足的限制，困难也很多。特别是在教师资源方面，缺口较大。教师的数量和质量成为阻碍柬埔寨教育发展的重要瓶颈。为此柬埔寨政府出台相关政策文件，努力加强师资队伍的培养与建设。在《2003—2015年全民教育规划》中就提出③：采取从偏远和少数民族地区招收教师，给予专门的激励并在入学条件和学习时限上作出弹性规定，保证该地区教师的充足供应等措施，以解决教师特别是民族地区和偏远地区教师不足的问题。经济社会发展的乏力和家庭的贫困，导致了适龄学生入学率非常低且在校学生辍学率高的困局。为了巩固中小学校的入学率和在学率，国家出台了针对性的学校供餐政策计划，以巩固适龄学生的入学率和在学率。柬埔寨政府在《2003—2015年全民教育规划》中规定：给贫困学生提供补助金、奖学金和一系列补偿性的有针对性的激励策略，以降低一至九年级学生的辍学率。除了帮助正规的学校教育解决问题之外，柬埔寨还积极推进非正规教育和成人扫盲教育，以解决和缓解“偏远、人口密度低和多山地的地区，尤其是少数民族地区等”特殊人群的受教育问题，保证辍学青年和文盲等群体获得基本的读写能力，并开展核心的生活和工作能力等方面的培训。另外，为了解决教育经费不足的问

---

① 李枭鹰，唐敏莉. 泰国高等教育政策法规[M]. 桂林：广西师范大学出版社，2013：17.

② 李枭鹰，唐敏莉. 泰国高等教育政策法规[M]. 桂林：广西师范大学出版社，2013：18—19.

③ 王喜娟，王瑜，李枭鹰，刘玉成. 柬埔寨高等教育政策法规[M]. 桂林：广西师范大学出版社，2014：153.

题，柬埔寨政府一方面增加教育支出在整个中央政府财政支出中的比例，另一方面还出台相关激励政策，鼓励国外的组织机构，国内的社会团体、宗教人士、政治家、家庭等社会力量的加入，实现通过社会力量的支持来增加教育经费的投入①。

为了解决教育发展过程中遇到的问题，实现"有知识、有能力、有技术、身心健康、有艺术欣赏能力、有纪律、有爱国和爱人民民主制度精神以及满足保护和建设祖国需要的人的培养"的教育政策目标，柬埔寨政府也制定了诸多的政策目标保障措施。在教育经费投入方面，柬埔寨政府规定，政府是整个国民教育的主要投资者，"政府必须把教育预算放在优先位置，提高国家教育投资的比例，使之达到18%以上。政府鼓励国内个人、集体和组织投资教育，用于建设学校、教育中心、高等院校，依照国家教育体系和教育部批准的学科进行教学活动"②。在教育改革方面，"为偏远的农村地区提供课本；重新改变考试、开学、升学、毕业的形式；更新学科建设内容，突出学生的实践能力和工作能力；强化师资队伍的专业能力和师德水平；完善教育管理，注重管理效益；完善国家教育体系和教育结构，优先发展偏远农村地区的教育"③。

二、边境邻国教育政策的共同特点

从上述对越南、泰国、老挝、柬埔寨等国家教育政策的概括性理解中，可以归纳出这些国家出台的教育政策的某些共同基本特征。

（一）认同教育在人的发展和社会发展中的价值

一个国家将教育放在一个什么样的战略发展地位，取决于其对教育的个体价值和社会价值的认识。国家对教育战略地位的认识将体现在教育政策上，并决定着国家的教育行为与实践。前文提到的邻国，比较共同的一点就是，充分意识到教育的重要性，且高度重视教育，通过教育发展提高本国公民的综合素质，实现国家经济社会持续发展与社会稳定。如前面所述，越南的"教育是第一国策"，"投资教育即是投资发展"，泰国的教育是"推动个人与社会发展的过程"，还有柬埔寨的教育促进个体"发展成为对自己、家庭、社会、国家以及全世界均有用的人"，以及老挝的教育"让人民脱贫致富，促进社会经济发展和繁荣"，等等，都是有力的例证。当然，人们也看到，至今这些国家的教育发展水平还算不上很高，有些方面与其他一些发展中国家相比甚至还有明显的差

① 韩南南，汪涛. 柬埔寨教育经费的来源与趋势分析[J]. 教育与经济，2012(1)：68—71.

② 王喜娟，王瑜，李枭鹰，刘玉成. 柬埔寨高等教育政策法规[M]. 桂林：广西师范大学出版社，2014：34.

③ 王喜娟，王瑜，李枭鹰，刘玉成. 柬埔寨高等教育政策法规[M]. 桂林：广西师范大学出版社，2014：16—18.

距。这种状况除与当地的经济发展水平直接相关外，还与国家的历史、社会、文化等方面的价值原则等因素有很紧密的关系。对于当今世界的价值选择，有些社会崇尚学历，有些注重能力；有些讲求理性，有些追求功利；有些关注个性发展，有些重视社会需要，等等。这些各种各样的价值取向必然会反映到教育上来，影响甚至决定国家教育政策的价值目标和发展战略。

（二）从基本国情出发

有人说，世间事物适合的就是最好的。没有最好的，只有最适合的。这个生活哲理套在我们这里也是合适的，最好的教育就是满足经济社会建设、满足人尽其才需求的教育，这应该是一国教育发展、教育政策生成最基本最重要的价值取向。前面我们分析了几个邻国的教育都不是很发达，但这只是这些国家教育发展客观存在的一面。我们还需看到，这样的教育发展水平与国家的经济发展水平相契合，与民众的教育需求相适应，并且在传承和保护本土文化、融合外来文化上有自己鲜明的特色。

教育摊子大，底子薄，资源少，低水平运行是东南亚国家教育发展最基本的国情。因此，提高劳动者（包括现实的和潜在的）的素质，发展他们的能力，从而提高劳动生产率，促进经济发展，改善民众生活，这便是这些国家教育政策的首要价值目标。老挝长期受殖民统治与剥削，是经济发展相对缓慢、民众物质生活比较贫困的一个以农业为主的国家。基于这种国情，国家的重要教育目标之一就是要培养"能为建设和保卫国家而奉献的好公民，让人民脱贫致富，促进社会经济发展和繁荣"①。

柬埔寨由于经济发展总量不足，尽管每年教育投入的经费预算已经占了国内生产总值和财政支出很大的比重，但是面对"穷国办教育实情"，国家自 20 世纪末、21 世纪初以来，出台教育政策，推动教育投入体制机制的改革，坚持国家教育经费投入为主的渠道，多渠道筹集教育经费和其他教育资源，加大政策力度来鼓励社会力量参与办学，甚至还以各种优惠政策吸引国外组织机构、社会团体、企业家教育家等社会力量投入教育。

越南近现代以来战事较多，这一国情决定了国防教育是越南国民教育的重要组成部分，"保卫祖国"成为国家各级各类教育的一项基本的教育目标。甚至连职业教育也要"以适应经济社会发展和巩固国防安全的需求"为目标②。

---

① 李枭鹰，苏婷婷. 老挝高等教育政策法规[M]. 桂林：广西师范大学出版社，2013：20.
② 李枭鹰，韦洁璨. 越南高等教育政策法规[M]. 桂林：广西师范大学出版社，2012：125.

在泰国，如前所述，掌握宗教、艺术、文化、泰国民族传统智慧以及民间智慧的应用是其教育方针之一。泰国设有许多宗教学校，这些宗教学校与国立学校、私立学校平等共存，构成泰国国民教育的整体，体现了该国教育与宗教互为影响和互为补充的教育文化特色。

马来西亚也是宗教信仰较为普遍的国家，为了满足宗教社会的需要，使教育与宗教文化融合，国家确定以“旨在不懈地全面挖掘人的潜能，以培养智、体、精神和情感和谐发展，信奉神并献身于神的个体”①作为马来西亚国家教育目标和教育哲学观。

（三）重视教育的国际合作与交流

随着世界范围内科学技术的快速发展，经济全球化和一体化进程的加快，世界贸易组织（WTO）的深入，国家与国家之间的教育相互开放、交流、合作。让本国教育走向世界，并使之与国际衔接，是一个国家教育得以较好发展的必备条件。通过国际合作获取国际上的资金、教育技术、教育设备的支援，组织教育机构的国际合作，引进国外专业能力较强的教师来讲学、任教，促进本国教育水平的提高，帮助国民获得更多、更好的教育机会，是东盟多数国家普遍的做法。20 世纪末以来，越南持续出台教育政策，为大学教育机构国际合作的发展创造条件，包括：鼓励和支持越南公民通过自费或通过国内外组织和个人资助的方式去国外进行教学、学习、研究和学术交流；利用国家财政拨款派送品质、道德和水平达到要求的人员到国外学习相关尖端专业，以服务祖国建设和保卫祖国的事业。越南政府在《2011—2020 年教育发展战略》中明确提出：要增加重点大学和国家研究院到国外培养的公费指标。鼓励国内各教育机构与国外教育机构开展合作，提高其管理、培养、科学研究、技术转换的能力以及培养教师、讲师、科学干部和教育管理干部的能力，增加到国外留学学生、大学生的奖学金额度。鼓励国外组织和个人、国际组织、在国外定居的越南人投资和资助教育，参加教学和科学研究，以及科学应用和技术转换。建设一批大学、现代研究中心，吸引国内国际的科学家前来开展教学和科学研究工作。老挝的《教育法》（2007 年）则规定：国家促进本国高校与国外及其组织机构的合作与联系，以便争取资金建设教学楼，提高行政人员的学历层次，交流专业建设、教学研究、行政管理、教育管理等方面的经验。泰国在其《第二个十五年高等教育长期发展规划纲要（2008—2022 年）》中明确提出：中国与印度是泰国的重要的对话伙伴……这是泰国高等教育必须考虑的因素之一，促进高等教育与中

---

① 钟海青，王喜娟. 马来西亚高等教育政策法规[M]. 桂林：广西师范大学出版社，2012：10.

国和印度在各种形式上的合作，包括学习中印国家语言，学术合作，接收和交换学生、研究人员和教师，合作项目等。然而，事物总是充满矛盾的，教育国际化与本土化作为一个国家教育改革开放的必然产物，是矛盾的两个方面。教育国际化给东南亚各国的教育带来了先进的教育思想和理念，进步的、高效的教育实践以及在某种程度上改善了原本不太优质的教育资源；但是，同时也会给富有国家本土特色的文化和传统带来冲击，甚至容易引起教育危机。处理好这两者的关系，一直是发展中国家教育改革开放进程中面临的重要课题。老挝、泰国、缅甸等国在教育理念、教育理论、教育经验的引进，教育资源的交换以及专家学者、留学生互派等方面向外开放程度是很高的，但是这些国家的本土文化（包含民族、民俗、宗教文化）至今仍然保持着自己的特色和风格，社会主流价值文化仍然很鲜明，这一点显得弥足珍贵。

（四）努力推进教育公平

近代社会以来，教育权利作为一种公权，被写进许多国家的法律法规之中，落实在教育政策的实践上，以切实保障国家每个不同阶层、种族、性别的人都能平等享受教育的权利。东南亚多数国家也是如此。前面关于这些国家教育政策的分析，多处、反复提到他们关注少数民族、不同种族贫困阶层和偏远地域生活人群等特殊、弱势群体的教育机会，让这些群体平等享受到教育这一公权，使全国适龄儿童、青少年接受的教育都能处于同一“起跑线”上，不因贫富、民族、种族、宗教、性别的不同而不同。东盟国家对少数民族等特殊群体、弱势群体教育权益的关注，体现了他们推进政治民主、实施教育公平的决心和行动。这也是很值得点赞的。许多情况下，人们讨论教育公平的话题往往容易落入这样的陷阱：教育公平有相对性，因为教育和经济相互制约，教育的公平取决于经济发展的水平，所以不能要求在一个本身经济落后的社会中有多大程度的教育公平。东盟国家的教育政策及其实践似乎告诉人们：教育公平的程度的确离不开经济发展的支持，因为教育公平需要充足的教育资源作基础。但是，这不是一个必然的、自发的过程，经济发展并不能无条件地导致教育公平的进步，教育的差距与经济差距也不会固定不变地等同共存，其中体现国家教育价值选择、教育意志的教育政策可以起到决定性的干扰作用。只要教育政策有计划、有目标、有决心进行干扰，教育公平就可以超越社会财富分配的不公平，从而成为社会公平的动力源和推进器。

三、边境邻国教育的未来走向

综观边境邻国的教育政策与规划，可以看出这些国家未来教育发展的一些基本趋势。

（一）日益涉入教育国际化进程的教育改革

尽管总体看，东盟国家的教育特别是高等教育领域，有着各自的发展特点与个性化特征，但是，日益扩大教育领域的对外开放，促进开展与国外高等教育的交流与合作，无疑是其共同的发展趋势。王兰的研究对此有着较好的概括[①]：在东南亚国家，无论是国际化程度较高的国家（如泰国等），还是国际化程度较低的国家（如老挝），都直接采用欧美发达国家的教育体系，与这些国家合作开设课程、联合招生、建立国际学院、进行师生交流等，实现与国际教育接轨的目的，将本国的教育发展特别是高等教育发展纳入国际化的进程之中。当然，这些国家在推进教育国际化的进程中，存在明显的“输入”与“输出”逆差的事实。多数东南亚国家的教育开放更多的是通过国际化进程这一平台引进他国许多的教育资源，但也有少数国家是向他国“输出”教育资源的。其中比较共同的一点是，这些国家在将其教育推向国际化的进程中，都非常注重将国际化与本土化相结合，从而使得国家的教育国际化进程能够服务于本国的教育利益、经济利益以及政治利益。换言之，东南亚国家的教育国际化进程，无论是以何种形式出现，其最终的目的还是在于为本国的经济社会发展服务，促进教育本土化。

（二）提高质量是教育改革永恒的主题

教育质量是一个随着时代社会要求变化而不断变化的、相对的、发展性的概念，因而提高教育质量永远只是进行时而没有完成时。然而，教育质量的提高总是与教育资源的优化紧密相连的。问题的关键在于，是在坚持追求教育质量的进程中不断地优化教育资源，还是等待教育资源丰富之后再来提高教育质量。东南亚国家的教育显然是选择了前者。这些国家虽然经济欠发达，教育资源不足，但他们从未降低对教育质量的追求，从未放弃教育对个体、对社会的满足。例如，老挝要求“全力解决教师紧缺问题，提高教师的社会地位及作用，以提高其教学质量”，同时，通过“与国外政府合作获得外部援助，以完善和解决教学设备、设施不足的问题”。柬埔寨的全民教育规划战略则“将基于预计提高的效率来提高全国小学的入学率，以期在中长期进一步解决教育质量问题”。菲律宾政府则直接将“提高教育质量并确保其卓越”写入其全民教育目标规划之中。越南在教育质量提高的目标设计上非常明确，将教育质量提高直指“道德教育、生活技能、创造能力、实践技能”的提高，使教育能满足社会经济发展，促进国家

---

① 王兰.东南亚高等教育国际化进程研究——以老挝、越南、泰国为例[J].前沿，2013(18)：16—17.

工业化、现代化以及维护国家安宁的需要。当然，由于东盟国家在教育发展起点、水平、层次等方面的差异，这些国家在教育质量的内涵的所指上，也都有着与其国情相符的内涵差异。例如，教育发展水平较低的柬埔寨将入学机会视为教育质量提高的一个重要指标，而教育发展水平较高的新加坡则将"迈向卓越"视为教育质量提高的重要参考。

(三) 促进教育公平公正的水平不断提升

教育的公平公正问题，是边境邻近东盟国家在教育发展规划中非常关注的一个话题。如前所述，教育公平具有物质性，与教育资源、社会经济发展水平密切相关。人们很难想象，在一个极度贫困，连温饱都尚未解决的国度里能有多大程度的教育公平。但另一方面，教育公平还具有相对性，一个文明、自由、民主的社会总是要保持与经济发展水平相一致的教育公平。印度尼西亚在其教育发展战略规划中明确表明："教育是印尼公民的基本权利，要保证每一个印尼公民能牢牢把握教育机会，印尼公民不能因社会身份、经济地位、民族、种族、宗教和性别而有所区别。"[①]柬埔寨的全民教育发展规划则规定：政府要通过各种努力"加强对基础教育和教师培训的支持，保证基础教育和基础后教育的入学机会均等；政府对学前教育和基础后教育的支出将锁定贫困家庭的学生，以确保其受教育机会均等"[②]。越南的教育发展规划则规定，要创造条件"为所有公民提供终身学习的机会，逐步形成学习型社会，实现教育公平"[③]。教育的公平公正问题是一个教育问题，也是社会总问题的重要组成部分，它在社会总问题的不断解决过程中得以不断的解决。发达如美国，仍然因其移民、土著居民以及多元文化思潮等，使得教育公平公正问题的解决难以达到其理想的状态。因而，在经济社会发展水平相对较低的老挝、柬埔寨、越南等边境邻国，其教育的公平公正问题的解决，在很长一段时间内，都必然行走在路上。

① 李枭鹰，向佳桦. 印度尼西亚高等教育政策法规[M]. 桂林：广西师范大学出版社，2014：80.

② 王喜娟，王瑜，李枭鹰，刘玉成. 柬埔寨高等教育政策法规[M]. 桂林：广西师范大学出版社，2014：55 - 58.

③ 李枭鹰，韦洁璨. 越南高等教育政策法规[M]. 桂林：广西师范大学出版社，2012：203.

第三章　跨境民族地区教育发展规划研究

教育规划既是教育事业的行动指南，也是教育的重要理论依据。新中国成立以来，跨境民族地区（本文所说的民族地区，是指 5 个自治区、30 个自治州和 117 个自治县、3 个自治旗等民族自治地方，下同）根据国家的教育方针，依照法律规定，充分发挥教育自治权，自主管理本地教育事业，确定本地教育规划，有力地推动了民族教育事业的发展。

一、关于民族地区自主发展教育的法规政策概述

自主发展教育是民族自治地方的教育自治权，是民族自治地方自治机关依法自主地行使本区域内有关教育事务的权利。新中国成立后，党和政府在各个不同时期陆续出台了多部相关法律，并先后召开了六次全国民族教育工作会议，对民族地区自主发展教育作出了明确的规定。赋予和尊重民族地区自主发展教育的权利，成了新中国发展民族教育的基本政策。

（一）《宪法》、《民族区域自治法》对民族地区自主发展教育的规定

民族教育既是我国教育事业的重要组成部分，也是民族工作的重要内容。民族教育作为一种特殊的教育现象，除了具有与一般教育相同的规律和特点外，还具有自己的发展规律和特殊性。发展民族教育事业，既要遵循教育的一般规律，也要充分考虑民族教育的特殊性。

中国的法律和政策历来重视民族教育的特殊性，把尊重民族特点和民族教育特殊性作为制定教育政策的基本原则和基本要求。基于民族教育的特殊性，党和国家赋予和尊重民族地区自主发展教育的权利。这种思想主要反映在以下法律法规和规范性文件中：1952 年政务院颁布的《中华人民共和国民族区域自治实施纲要》和《关于保障

一切散居的少数民族成分享有民族平等权利的决定》;1982年12月第五届全国人民代表大会第五次会议通过的《中华人民共和国宪法》(下文称《宪法》);1984年第六届全国人民代表大会第二次会议通过、2001年第九届全国人民代表大会常务委员会第二十次会议修改的《中华人民共和国民族区域自治法》(下文称《民族区域自治法》);2005年国务院第89次常务会议通过的《国务院实施〈中华人民共和国民族区域自治法〉若干规定》,以及有关省、市、自治区、自治州、自治县相应制定的实施《民族区域自治法》的若干规定、细则、条例等。这些法律法规较好地保障了我国少数民族的教育平等权利,促进了民族教育事业的健康发展。

《宪法》作为国家的根本大法,明确了民族自治地方对本地方教育的自主管理权限。1982年通过的《宪法》明确规定:民族自治地方的自治机关自主地管理本地方的教育事业。

2001年修订的《民族区域自治法》把新中国成立以来实行民族区域自治政策的成功经验,包括发展少数民族教育的经验,用法律的形式固定了下来。《民族区域自治法》第36条和第37条对民族自治地方自主地发展民族教育作出了相应的规定,进一步明确了民族自治地方自治机关对当地教育的管理权限和范围,使宪法权利变为具体的权利。具体而言,民族自治地方行使的教育自治权的主要职权有:

1. 根据国家的教育方针,依照法律规定,决定本地方的教育规划,各级各类学校的设置、学制、办学形式、教学内容、教学用语和招生办法。

2. 民族教育自治权的权能包括:(1)自主地发展民族教育,扫除文盲,举办各类学校,普及九年义务教育,采取多种形式发展普通高级中等教育和中等职业技术教育,根据条件和需要发展高等教育。(2)为少数民族牧区和经济困难、居住分散的少数民族山区,设立以寄宿为主和助学金为主的公办民族小学和民族中学,保障就读学生完成义务教育阶段的学业。办学经费和助学金由当地财政解决,当地财政困难的,上级财政应当给予补助。(3)招收少数民族学生为主的学校(班级)和其他教育机构,有条件的应当采用少数民族文字的课本,并用少数民族语言讲课;根据情况从小学低年级或者高年级起开设汉语文课程,推广全国通用的普通话和规范汉字。(4)各级人民政府要在财政方面扶持少数民族文字的教材和出版物的编译和出版工作。

3. 对外交流的职能,包括两个层面:(1)自治机关自主决定与国内其他地方进行教育方面的交流和协作;(2)自治区、自治州的自治机关有与国外进行教育交流的自主决定权。

《民族区域自治法》是执行《宪法》所规定的民族区域自治制度的基本法律，是保障少数民族和民族自治地方各项权利的基本法律，是民族工作法制化、规范化，从根本上维护民族关系健康发展的重要保障。它规定了发展我国民族教育事业的根本原则，明确了民族自治地方发展民族教育的自主权，特别是民族自治地方的教育立法权利，对民族教育的发展具有巨大的推动作用。

《宪法》、《民族区域自治法》对民族地区自主发展民族教育的规定，体现了发展教育的国家意志，是我国民族教育基本政策的重要组成部分。

（二）全国民族教育工作会议对民族地区自主发展教育的规定

新中国成立以来，针对不同历史阶段民族教育的发展实际，国家分别于1951年9月、1956年6月、1981年2月、1992年3月、2002年7月和2015年8月，召开了六次全国民族教育工作会议，对全国民族教育发展进行战略部署。历次民族教育工作会议都重视从少数民族和民族地区的实际出发，充分考虑其特点来对民族地区自主发展教育的政策作出规定。

第一次全国民族教育工作会议确定了新中国成立初期民族教育的一系列基本政策：从实际出发，大力发展民族地区各级各类教育，并采取适合少数民族特点的办学形式、教学方式及教学语言；从财力上为发展少数民族教育事业提供保障；设置民族教育行政管理机构；加强民族教育师资建设；对少数民族学生给予优待，组织发达地区与少数民族地区的教育对口支援。第一次全国民族教育工作会议指出：各民族地区可根据实际情况，分别采取“巩固、发展、整顿、改造”的方针；少数民族学校的教学计划、教学大纲应以教育部规定的为基础，结合具体情况加以变通或补充；少数民族各级学校的学制，应遵照中央人民政府政务院《关于改革学制的决定》，结合各少数民族地区的具体情况，有步骤地实行改革和建立。关于少数民族教育中的语文问题，会议规定凡有现行通用文字的民族，如蒙古族、朝鲜族、藏族、维吾尔族、哈萨克族，小学和中学的各科课程必须用本民族语文教学；有独立语言而尚无文字或文字不全的民族，一面着手创立文字和改革文字，一面得按自愿原则，采用汉族或本民族所习用的语文进行教学。关于少数民族学生学汉文的问题，会议同意各少数民族的各级学校按当地少数民族的需要和自愿设汉文课。这次会议最后通过了《关于加强少数民族教育工作的指示》、《关于建立民族教育行政机构的决定》、《培养少数民族师资试行方案》和《少数民族学生待遇暂行办法》等四个政策性文件，这些规定对全面开创和迅速发展民族教育起到了重要的作用。

第二次全国民族教育工作会议总结了50年代前期少数民族教育工作的经验，讨论和确定了今后少数民族教育的方针任务，制定了《1956—1967年全国民族教育事业规划纲要》。该《纲要》较全面地体现了建国几年来民族教育研究的成果，反映了对民族教育特殊规律性的初步认识。这次会议提出了要在整个国民教育事业的发展过程中，使少数民族的教育事业逐步接近和赶上汉族水平的奋斗目标。该目标的具体内容是，在少数民族地区有步骤地开展扫盲工作和实行普及小学义务教育。这次会议还正式提出了双语教学的要求，规定边疆地区师资还可由内地支援，要求加强民族文字教材建设和民族语言文字教学，及内地对民族地区师资的支援。

第三次全国民族教育工作会议总结了少数民族教育的历史经验，充分肯定了建国以来少数民族教育工作的成绩，重申和恢复过去行之有效的民族教育基本政策，提出了我国发展民族教育的基本原则，及民族教育工作的任务和具体措施。会议将举办内地大学民族班、民族预科班、中学民族班列为发展民族教育的基本政策，并正式提出采取国家支援为主和民族地区自力更生相结合的方针。会议指出，要从各民族地区的实际情况出发，制定切合实际的民族教育规划；要尊重民族特点，民族教育的内容应采取适合于各民族人民发展和进步的民族形式；在学校教育中，要加强少数民族语文教学，切实搞好少数民族语文教材的建设；少数民族学生在中小学阶段应先学好本民族语文，在此基础上学习汉语文，有条件的还要学习外语；民族文字教材要反映民族地区的特点和民族文化的传统；在办学形式上，既要有重点地以寄宿制学校作为骨干，又要采取其他多种形式；按照新的财政体制，国家预算中列有支援经济不发达地区发展资金，还有少数民族地区事业补助费、边境地区事业补助费和基建补助费，应从这些经费中拿出一部分用于民族教育。

第四次全国民族教育工作会议强调：做好民族教育工作，集中到一点，就是必须把贯彻执行党和国家的教育方针同贯彻执行党和国家的民族政策有机地结合起来，坚持从少数民族的特点和民族地区的实际出发，发展民族教育事业。在党和国家的大政方针指导下，民族地区要根据各自的特点和实际，确定本地区教育发展、规划、政策和办学形式，通过深化改革，逐步走出符合本民族和本地区实际的办学路子。学习和借鉴其他民族的经验，同时也必须与自己的实际结合，防止生搬硬套，搞“一刀切”，包括管理体制、教育结构、教育制度、学制长短、普及教育的步骤、教育内容及教育方法都要因地制宜。

第五次全国民族教育工作会议坚持发展民族教育的基本政策。会议认为，民族教育应具有鲜明的时代特点、民族特点，加强对民族教育科学的研究，加强对民族教育管理的法制化建设等。①

2014年9月召开的中央民族工作会议强调，教育投入要向民族地区、边疆地区倾斜，加快民族地区义务教育学校标准化和寄宿制学校建设，实行免费中等职业教育，办好民族地区高等教育，搞好双语教育。2015年8月，国务院召开第六次全国民族教育工作会议，并印发《国务院关于加快发展民族教育的决定》，明确了当前和今后一个时期加快发展民族教育的指导思想、基本原则、目标任务和政策措施，提出到2020年，民族地区教育整体发展水平及主要指标接近或达到全国平均水平，逐步实现基本公共教育服务均等化，服务民族地区全面建成小康社会的能力显著增强。

(三) 保障民族地区自主发展教育权利的具体政策

在民族地区自主发展教育的基本政策指导下，国家有关部门在各个不同历史发展阶段采取了许多具有可操作性和相对灵活性的特殊政策和措施，支持民族教育事业的发展，为民族地区自主发展教育提供保障。

例如，关于民族地区的教学语言，1950年颁布的《培养少数民族干部试行方案》规定："各少数民族学校应聘设适当的翻译人员帮助教学，并对必须用本民族语文授课的班次和课程，逐渐做到用各族自己通用的语文授课。长期班的少数民族学生除学好本民族语文外，亦应学习汉语汉文。"2002年《国务院关于深化改革加快发展民族教育的决定》进一步强调，要尊重和保障少数民族使用本民族语文接受教育的权利，加强民族文字教材建设；编译具有当地特色的民族文字教材，不断提高教材的编译质量；要把民族文字教材建设所需经费列入教育经费预算，资助民族文字教材的编译、审定和出版，确保民族文字教材的足额供应。关于民族中小学的课程设置问题，早在1951年经政务院批准，就曾作出规定：各少数民族学校的教学计划、教学大纲应以中央教育部的规定为基础，并结合各民族的具体情况，酌量加以变通或补充。关于民族地区中小学校的学制，当时也提出：应遵照中央人民政府政务院《关于学制改革的决定》，结合各少数民族地区的具体情况，有步骤地实行改革和建立。所有这些规定的基本精神一直沿用至今，既充分体现了国家关于民族地区在教育管理方面拥有的自主权，也具体体现了国家关于民族教育管理统一性和多样性的高度结合。

保障民族地区自主发展教育权利的具体政策，概括起来主要包括：(1)国家重视和帮助少数民族发展教育事业，专门设立民族教育管理机构；(2)重视民族语文教学、双

---

① 吴霓. 中国民族教育发展报告2012[M]. 北京：教育科学出版社，2013：26—27.

语教学，加强少数民族文字教材建设；(3)加强少数民族师资队伍建设；(4)在经费上对少数民族和民族地区给予特别照顾；(5)从民族地区和少数民族的实际出发，举办多种类型的民族学校，采取定向招生的办法，为民族地区培养人才；(6)在招生中和生活上对少数民族学生给予适当照顾；(7)组织发达地区对民族地区开展对口支援等。①

根据《民族区域自治法》的规定，各民族地区还结合本地区的实际情况，采取教育发展的特殊政策和灵活措施，并根据教育事业发展的要求，制定了符合国家教育政策精神和法律原则的地方法规，把全国的统一性和民族地区的自主性有机地结合起来。如，民族自治地方在自治条例中对发展本民族教育事业都作出了专门规定，有的地方还制定了民族教育单行条例，通过这些条例将国家赋予民族自治地方自主发展民族教育的权利变为现实。②

综上所述，民族自治地方自主发展教育的自治权，主要包括制定教育事业发展的各项具体政策和规划、改革教育管理体制、确定教育内容、管理各级各类学校、合理调整学校布局等方面的自主权，涉及教育规划、学校设置和管理体制、办学形式、学制、教材建设、教学内容和教学用语等多方面，其核心是民族自治地方的自治机关根据本地区特点和民族特点发展民族自治地方的教育事业，依据法律规定，自主决定本地方有关教育的事项。在国家关于教育的大政方针指导下，充分尊重民族自治地方发展民族教育的自主权，不仅有利于贯彻落实民族区域自治制度，而且有利于民族教育从当地实际出发健康发展，避免管理“一般化”和“一刀切”的倾向。

二、民族自治地方自主发展教育概说

新中国成立以来，国家和民族地区不仅出台了一系列关于民族地区自主发展教育的法规和政策，而且通过制定和实施民族教育发展规划，推动民族地区教育事业自主发展。

(一) 新中国民族教育发展规划概述

教育规划是一个国家或一个地区在一定时期对教育事业的发展目标、规模、速度及实现步骤、措施等所拟定的较全面、长远的计划或纲领。制定教育规划可以使教育发展战略明晰化、具体化，是有计划、按比例地办教育事业的一个重要标志，既有助于为教育事业确定行动指南，提高教育整体效益，也有助于为教育事业发展提供依据。

---

① 吴霓.中国民族教育发展报告2012[M].北京：教育科学出版社，2013：27.

② 朱玉福.落实民族区域自治教育权的法律法规保护探讨[J].贵州民族研究，2004(4)：5—10.

1. 国家教育发展规划中有关民族教育的内容

20世纪90年代之前，我国基本上没有制定专门的教育事业发展规划。教育事业的发展规划只是全国国民经济与社会发展五年计划的组成部分。进入20世纪90年代后，教育规划开始作为一个重要的专项规划得以独立编制，其中由教育部制定的代表性的教育规划文本有：1993年的《中国教育改革和发展纲要》、1999年的《面向21世纪教育振兴行动计划》、2004年的《2003—2007年教育振兴行动计划》、2010年的《国家中长期教育改革和发展规划纲要（2010—2020年）》。民族教育的发展规划是全国教育发展规划的重要组成部分。全国教育发展规划中有关民族教育的内容，都是民族教育事业改革与发展的重要依据。

《中国教育改革和发展纲要》对世纪之交我国教育改革和发展作出了战略部署，是建设有中国特色社会主义教育体系的纲领性文件。《纲要》要求重视和扶持少数民族教育事业，中央和地方要逐步增加少数民族教育经费，对有特殊困难的少数民族地区，要采取倾斜政策和措施；在国家安排的少数民族地区各项补助费及其他扶贫资金中，要划出一定比例的经费用于发展民族教育；对志愿到边疆少数民族地区工作的大中专毕业生的待遇，各地要制定优惠政策；认真组织和落实内地省、市对民族地区教育的对口支援；各民族地区要积极探索适合当地实际的发展教育的路子。

《面向21世纪教育振兴行动计划》是在贯彻落实《教育法》及《中国教育改革和发展纲要》的基础上提出的跨世纪教育改革和发展的施工蓝图。《行动计划》提出：(1)在"十五"计划期间继续实施"国家贫困地区义务教育工程"，重点放在山区、牧区和边境地区。(2)继续扩大内地学校培养少数民族学生的规模，促进各民族素质的共同提高。基础教育阶段，要继续办好内地为边疆少数民族举办的教学班（校），适当扩大培养规模。内地高等学校要为培养少数民族的优秀专门人才作出更多贡献。要重视加强民族地区"双语"教育教学和师资培养培训工作。

《2003—2007年教育振兴行动计划》提出：加大对西部地区、少数民族地区、革命老区和东北地区等老工业基地的教育支持力度，促进东、中、西部地区教育协调发展。要求大力发展少数民族地区教育事业，实施少数民族高层次骨干人才培养计划，支持高等院校扩大定向招收少数民族学生和建设民族预科教育基地。加大经济发达地区和大城市对西部和少数民族地区教育的支援和支持力度，继续加大"双语"教学及其改革的力度，继续办好西藏中学班和内地新疆高中班。在学校发展、财政投入、教师待遇、人才引进等方面向西部地区教育倾斜。继续支持西部每个省、自治区、直辖市重点办好一所较高水平大学，支持高层次人才向西部地区高等学校流动，进行合作交流。加强西部地区中小学师资队伍建设，组织实施"大学生志愿服务西部计划"，鼓励其他地区的教师和志愿者到西部地区中小学任教和服务。

《国家中长期教育改革和发展规划纲要（2010—2020年）》是21世纪我国第一个教育改革发展规划纲要，它描绘了2010年至2020年教育改革发展的宏伟蓝图，体现了国家意志，是一份指导我国教育改革发展的纲领性文件。《纲要》对未来10年我国民族教育事业的改革与发展作出了全面部署，其核心思想集中体现为："重视和支持民族教育事业"，"全面提高少数民族和民族地区教育发展水平"，并从促进民族地区各级各类教育协调发展、大力推进双语教学、加强对民族教育的对口支援等方面，具体指明了全面提高民族教育发展水平的着力点。

《国家中长期教育改革和发展规划纲要（2010—2020年）》提出：公共教育资源要向民族地区倾斜。中央和地方政府要进一步加大对民族教育的支持力度。该《纲要》要求：要巩固民族地区义务教育普及成果，确保适龄儿童少年依法接受义务教育，全面提高普及水平，全面提高教育教学质量，支持边境县和民族自治地方贫困县义务教育学校标准化建设，加强民族地区寄宿制学校建设。加快民族地区高中阶段教育发展。支持教育基础薄弱地区改扩建、新建一批高中阶段学校。大力发展民族地区职业教育。加大对民族地区中等职业教育的支持力度。积极发展民族地区高等教育。支持民族院校加强学科和人才队伍建设，提高办学质量和管理水平。进一步办好高校民族预科班。加大对人口较少民族教育事业的扶持力度。

2. 民族教育事业专项发展规划

除了在全国教育事业发展规划中列出关于民族教育的内容，我国还分别制定了专门的民族教育规划，即《1956—1967年全国民族教育事业规划纲要》、《全国民族教育发展与改革指导纲要（试行）》（1992年～2000年）。

1956年第二次全国民族教育工作会议通过的《1956—1967年全国民族教育事业规划纲要》是新中国制定的第一个民族教育规划。该《纲要》较全面体现了建国几年来民族教育研究的成果，反映了对民族教育特殊规律性的初步认识。《纲要》提出要在整个国民教育事业的发展过程中，使少数民族的教育事业逐步接近和赶上汉族水平的奋斗目标。其具体内容是，在少数民族地区有步骤地开展扫盲工作和实行普及小学义务教育。

1992年国家教委印发的《全国民族教育发展与改革指导纲要（试行）》（1992年～2000年）是新中国制定的第二个民族教育规划。该《纲要》由"地位与作用"、"目标与任务”、“方针与政策”、“措施与条件”四个部分组成，它明确20世纪90年代我国民族教育事业发展的目标、方针、任务和政策。关于90年代民族教育工作的奋斗目标，《纲要》提出：一是要坚持打好基础，使民族教育事业在数量和质量上有一个新的发展和提高；二是要坚持改革开放，进一步明确办学的路子，使教育更好地为当地的社会主义建设事业服务；三是要努力缩小差距，尤其是要缩小有特殊困难的少数民族和民族地区与内地教育发展平均水平上的差距，促进各民族的共同富裕和繁荣。《纲要》要求各级党委和政府要根据当地经济、教育的不同发展水平和产业结构，合理确定本地区各级各类民族教育事业发展的规模、速度，教育结构和办学形式；把提高劳动者的素质，培养初、中级技术人才，提高教育质量，增强办学效益，为当地的经济与社会发展服务，作为教育发展与改革的重点；通过深化改革，逐步走出符合本民族和本地区实际的办学路子。

3. 其他民族工作专项规划中有关民族教育的内容

进入21世纪以来，我国还制定了《兴边富民行动规划》、《扶持人口较少民族发展规划》、《少数民族事业规划》等民族工作专项规划，这些规划都包含了有关民族教育的内容。

2007年颁布的《兴边富民行动“十一五”规划》要求优先发展教育事业，提出：优先把边境县列入义务教育经费保障范围，加快普及和巩固农村九年义务教育。实施农村中小学寄宿制学校建设工程、国门学校建设工程。改善中小学办学条件，加强教师队伍建设，提高教学水平。建设少数民族双语教学示范区，培养合格的双语教师。大力发展现代远程教育，加强教育对口支援。大力发展职业教育，重点培养实用型人才和技能型人才。中央和省级财政支持边境县全面落实农村义务教育“两免一补”政策，适当提高寄宿生生活费补助标准。建立健全边境地区农村义务教育经费保障机制，逐步提高中小学办公经费的保障水平。农村中小学寄宿制学校建设工程向边境乡镇倾斜。

2011年颁布的《兴边富民行动规划(2011—2015年)》要求支持边境县义务教育学校标准化建设，提出：加大寄宿制学校建设力度。支持边境县农村教师周转宿舍建设。落实好农村义务教育阶段家庭经济困难寄宿生生活费补助政策。加大边境县农牧区高中阶段教育助学力度。支持化解农村义务教育债务。加大双语教学支持力度。

2005年出台的《扶持人口较少民族发展规划(2005—2010年)》提出：国家实施西部地区“两基”(基本普及九年义务教育、基本扫除青壮年文盲)攻坚计划时，优先将人口较少民族“两基”攻坚纳入有关专项规划和年度计划，给予重点支持。将人口较少民族所在乡镇寄宿制学校的新建和改扩建工程项目，优先纳入国家“西部地区农村寄宿制学校建设工程”，重点安排。免除国家扶贫开发工作重点县中人口较少民族聚居地区义务教育阶段农村贫困家庭学生的书本费、杂费，并逐步补助寄宿学生生活费，到2007年在农村义务教育阶段普遍实行“两免一补”政策。

2011年颁布的《扶持人口较少民族发展规划（2011—2015年）》提出：优先发展教育事业。积极发展学前教育，基本普及学前一年教育。加快义务教育学校标准化建设和农村寄宿制学校建设，加强教师队伍建设，落实好人口较少民族寄宿生生活费补助政策，巩固提高“普九”（普及九年义务教育）水平。加快普及高中阶段教育，支持改善高中阶段学校办学条件，普通高中国家助学金政策向人口较少民族倾斜。大力发展职业教育，加强中等职业教育基础能力建设，积极实施中等职业学校国家助学政策、免学费政策，广泛开展新型农民培训。在民族院校继续设立人口较少民族预科班，高校民族班、预科班，适当向人口较少民族倾斜。大力推进双语教育，开发少数民族语言教学资源，加强双语教学质量监测和双语师资队伍建设。开设人口较少民族校本课程。加强青壮年特别是妇女的国家通用语言文字扫盲工作，推进现代远程教育。

2007年出台的《少数民族事业“十一五”规划》要求努力提高少数民族教育科技水平，提出：普及和巩固九年义务教育，全面落实农村义务教育阶段学生免收学杂费、对贫困家庭学生免费提供教科书、补助寄宿生生活费等政策，提高中小学公用经费保障水平。支持民族自治地方的农村牧区、偏远山区、边境地区改善中小学办学条件，建立校舍维修改造长效机制。切实保护少数民族女童受教育的权利。采取可行措施，逐步提高民族自治地方中小学师资水平和教师待遇。支持民族自治地方教师定期到大中城市进修学习，加大“双语”教师培训力度，编写适合当地实际的“双语”教材。进一步完善对口支援制度，继续推动发达地区、大中城市对口支援民族自治地方搞好义务教育，积极开展“县对县”的教育帮扶工作，实施民族基础教育帮扶工程。《规划》还要求加强民族自治地方高中阶段教育，提高少数民族学生高中入学率，有条件的州（市、地、盟）、县（市、旗、区）要办好普通高中。继续办好内地西藏中学（班）、新疆班。大力发展中等职业教育，结合民族自治地方实际，重点建设中等职业技术学校，实现高中阶段普通高中和中等职业教育规模的大体相当。

2012年出台的《少数民族事业“十二五”规划》提出：支持民族地区大力发展公办幼儿园，积极扶持普惠性民办幼儿园发展，优先将农牧区幼儿园纳入学前教育项目支持范围，构建“广覆盖、保基本”的学前教育公共服务体系。推进民族地区义务教育均衡发展，深化基础教育课程改革和教学改革，提高教育教学质量。科学稳妥地推进双语教育，加大双语人才培养力度。推进民族地区义务教育学校标准化建设，改善办学条件，巩固义务教育普及成果。加快农牧区寄宿制学校建设，逐步提高生均公用经费基本标准和家庭经济困难寄宿生生活费补助标准，加大对民族地区实施农村义务教育学生营养改善计划的支持力度。加强中小学师资队伍建设，鼓励支持高校毕业生到民族地区基层任教。支持民族地区发展现代远程教育，扩大优质教育资源覆盖面。支持民族地区加快普及高中阶段教育，推动普通高中多样化发展，提高普通高中办学质量。加快发展民族地区职业教育，办好一批适应当地经济发展方式转变和产业结构调整要求的职业院校，加大符合当地产业发展需求的优势特色专业建设支持力度，中等职业教育改革发展示范校建设项目、职业教育实训基地建设项目等国家实施的项目向民族地区倾斜。继续办好内地西藏班、新疆高中班和内地西藏、新疆中职班，鼓励和支持有关省区相对发达城市面向当地民族地区举办中职班。加强民族院校和民族地区高校建设，中央财政支持地方高校发展的专项资金、工程和项目向民族院校和民族地区高校倾斜。推进学科专业调整和课程改革，重点加强应用型学科、特色学科建设。加大民族医药人才、民族文化人才及双语师资等民族地区急需人才的培养力度。继续办好高校少数民族预科班、民族班。继续实施少数民族高层次骨干人才培养计划，并逐步扩大办学规模。

（二）新中国实施民族教育规划所取得的成就

新中国1949年成立前夕，中国境内还有一些民族尚处于原始社会的发展阶段，保持着“结绳记事”、“刻木记事”的原始文化，长辈言传身教，向年轻人传授生产生活技能和知识，或通过唱民歌的形式向青少年进行教育，还有一些民族延续着以宗教文化为中心的寺院教育。虽然也有一些少数民族建立了现代学校教育，但全国少数民族教育基础薄弱、水平落后，学校数量很少，或时办时废，适龄儿童入学率低，80%以上人口为文盲和半文盲，全国还没有一所正规的民族高等学校。

新中国成立初期，我国通过召开全国民族教育工作会议，及时了解民族地区的教育状况，制定各历史时期民族教育发展的战略。第一次全国民族教育会议根据当时民族地区教育发展不平衡的状况，决定分别采用“巩固、发展、整顿、改造”的办法，在基础教育较弱的地区，恢复和改造原有学校，开办各种文教事业，并建立新的中小学校；在基础教育有一定发展的地区，注重提高教育质量，加快发展速度。会议要求凡有现行通用文字的民族，小学、中学各科课程必须用本民族语文教学。

从那时起，各民族自治地方依据国家的法律和政策，采取适合于本民族教育发展的形式，自主发展教育事业。在中央政府支持下，民族地区陆续办起一批新的中小学校，边远山区、牧区有了寄宿制中小学校，中等专业教育和高等教育也发展起来。1950年至1958年，贵州、云南、广西、青海、西藏等地建立了10所民族学院，民族学院特别设立预科班和干部培训部，为少数民族地区培养了大批民族干部。1958年以后，由于经济发展的需要，民族院校的办学重点转为举办本科、专科教育，为各民族培养科学、技术、教育、文艺人才。这一时期民族教育得到较快发展。

"文革"期间，在极"左"路线的影响下，民族教育的特殊性遭到否定，一系列行之有效的民族教育政策措施被粗暴地取消，初步建立的各级民族教育管理机构被撤销，特别是受"民族问题已经解决了，民族学校已经完成了历史使命"这一错误思想影响，一大批少数民族大、中、小学校被迫停办或撤销。党的十一届三中全会后，我们党重新确立了解放思想、实事求是的思想路线，彻底纠正"左"的错误，实现了党和国家工作的拨乱反正。在十一届三中全会精神指引下，民族教育在拨乱反正中逐步恢复、调整和发展。

20世纪80年代初，各民族自治地方根据经济发展的需要，对民族教育的办学思想、办学方针以及发展规模和速度进行调整，恢复了民族教育行政管理机构，中央和地方财政恢复了支持民族教育事业发展的特殊政策，民族地区恢复和加强了民族语文教学。重建后的民族学院恢复设立大学预科，为教育落后地区的学生创造更多升学机会，少数民族教师得到多种形式培训。

在改革与发展中，民族地区在党和国家的大政方针指导下，根据各自特点和实际，自主地发展民族教育，扫除文盲，举办各类学校，决定本地方的教育规划、学校的设置、学制、办学形式、教学内容、教学用语和招生办法，通过深化改革，逐步走出符合本民族和本地区实际的办学路子，形成了由各级各类学校组成的、具有自身特色的民族教育体系，培养了大批各级各类人才，建立了一大批各级各类民族学校，既包括民族自治地方办的学前班、小学、中学、大学，也包括民族自治地方以外举办的主要招收少数民族学生的民族小学、民族中学、民族中专和民族院校，为民族地区改革、发展和稳定作出了重要贡献。截至2012年底，全国各级各类学校中少数民族在校学生总数为2 384.48万人，占学生总数的9.27%。义务教育学校少数民族在校生数达到1 515.46万人；普通中学少数民族在校生占全国普通中学在校生总数的9.39%；普通小学少数民族在校生占全国普通小学在校生总数的10.7%。少数民族群众的整体文化素质明显提高。2000年第五次全国人口普查表明，朝鲜、满、蒙古、哈萨克等14个少数民族的受教育年限高于全国平均水平。目前，55个少数民族都有自己的大学生，维吾尔、回、朝鲜、纳西等十几个少数民族每万人平均拥有的大学生人数已超过全国平均水平。但是，民族教育的发展状况与全国教育发展总体水平相比还有很大差距；在经济发展滞后的边远地区，还存在教育经费投入不足、学生辍学率高、教师素质较差、教学质量偏低等问题。

三、西南跨境民族地区教育发展概况

本书所说西南跨境民族地区，特指云南省与广西壮族自治区境内的西南边境地区。与西南跨境民族地区相接界的国家，分别有缅甸、老挝、越南，如果再加上邻近关系，则还有泰国和柬埔寨等国。在这一地区，生活着众多跨境而居的少数民族。

（一）广西跨境民族地区教育发展概况

广西地处祖国南疆，西接云南省，北连贵州、湖南两省，东邻广东省，南临北部湾，西南与越南接壤。全区陆地面积约为23.6万平方公里，聚居着壮、汉、瑶、苗、侗、仫佬、毛南、回、京、水、彝、仡佬等12个民族。

广西与越南的广宁、谅山、高平、河江等4个省17个县毗邻，陆地边境线长1 020公里，海岸线为1 595公里。广西边境地区有那坡县、靖西县、大新县、龙州县、凭祥市、宁明县、防城市防城区、东兴市等8个县(市、区)，其中那坡县、靖西县和龙州县属国家级扶贫开发工作重点县，东兴市、防城区、凭祥市、大新县、宁明县为自治区级扶贫开发工作重点县。

广西8个边境县面积1.8万平方公里，占广西总面积的7.5%；辖103个乡镇，其中与越南接壤的乡镇有41个，行政村有389个；有边境口岸12个，边民互市贸易点25个。2009年，广西8个边境县总人口250.09万人，其中少数民族人口203.98万人，占总人口的81.56%。

广西边境民族地区聚居着壮、汉、瑶、苗、京、侗、仫佬、毛南、回、水、彝、仡佬等12个世居民族。这些边境民族大多为跨境民族，他们在长期的迁徙、定居和交往中互相融合。其来源可分为四种情况：一是从中国迁入越南的民族；二是居住原地的土著民族；三是从越南迁到中国的民族；四是从中国转老挝进入越南的民族。在广西这条带状的边境线上，壮族成了主体民族，靖西县是边境县中壮族人口比例最高的县，达99%以上。除东兴市、防城区外，那坡、靖西、大新、龙州、凭祥、宁明等地边民都用当地相通的壮语，而且普及率很高，是主要的交际语言。据考证，中国边境的壮族与越南的岱族、侬族、布标族、拉基族、山斋族在历史上是同源民族，分居在国境两侧，至今仍然语言相通，习俗相近，联系密切，互相通婚。

新中国成立以来，广西边境民族地区各族人民团结奋斗，艰苦创业，为维护国家统一、巩固民族团结、保卫边疆、建设边疆，作出了积极的贡献。特别是在援越抗法、援越抗美、对越自卫还击战等战争中，边境民族地区政府和各族人民从国家利益的全局出发，坚决执行党中央的战略决策和部署，全力支援前线，为维护国家安全作出了巨大的贡献和牺牲。如 1979 年对越自卫还击战，靖西县大力支持前线，龙邦乡龙邦中学成了我军对越还击的一个大炮阵地，吞盘乡弄乃小学的校舍作为弹药库使用，内迁的中、小学校在简陋棚架里或潮湿的山洞中上课，艰苦的学习环境导致不少学生辍学、流失。由于历史的原因，中越边境长期处于战争前沿或边境对峙状态，广西边境地区社会经济发展受到严重制约和影响，基础设施、产业发展、边民收入、社会事业等都滞后于内地。

在此背景下，广西边境民族地区教育事业过去一直得不到各级政府的重视，极少获得中央和自治区政府的建设项目和资金，从而使得本来就落后的广西边境教育进一步拉大了与内地的差距。如，从 1979 年到 1988 年，由于广西边境地区仍处于战争状态，国家和地方政府对广西边境地区教育投入严重不足，学校校舍长期失修，残旧不堪，有的被越南炮火打烂，造成危房面积达 399 164 平方米，占校舍总面积的 24.7%。经过 1988 年到 1989 年抢修后，边境乡中小学危房面积仍有 10%左右。龙州县下冻乡学校危房面积占校舍总面积的 16.7%，水口乡危房面积占校舍总面积的 20%。边境乡教学点校舍设备简陋，宁明县峙浪乡洞浪村柯尤教学点地处 38 号界碑，校舍仅有 12 平方米，还是用 4 根木头顶住的茅房，高度只有 1.9 米，挂着不足 1 平方米的小黑板，难以实施教学。边境乡除高(完)小外，绝大部分校点因收不齐杂费，连粉笔都买不起，除了教室里退色的黑板外，图书、教学仪器一无所有。①

据 2000 年的不完全统计，广西边境一线有危房的学校 231 所，面积共 10 多万平方米，缺少校舍近 15 万平方米，多数教师和学生居住的是 20 世纪 60 年代的危旧平房。如宁明县桐棉小学在校学生 1 000 多人，大会战前由于学校没有宿舍，许多学生上学要走几公里山路。学校只好挤出几间破旧平房作为学生宿舍，每间约 7 平方米，住 8 个学生。凭祥市上石镇板旺村是法卡山的所在地，全村 10 个自然屯，是典型的山

① 毛彩宏. 广西边境县(市)教育现状[J]. 民族教育研究，1990(1)：80—83.

区村屯，且分布零散，原有小学已是严重危房，部分学生不得不在户外上课。由于交通不便，边民生活困难，致使适龄儿童入学率低，失学儿童有1万多人，辍学率高于当时全区5.46个百分点。又由于资金短缺、教学设施落后，师资问题突出，边境8个县的小学教师学历合格率低于当时全区平均水平5.9个百分点，初中教师的合格率低于全区平均水平6.6个百分点。

进入21世纪以来，随着国家兴边富民行动的实施，广西认真贯彻落实党的教育方针和民族政策，充分尊重少数民族群众的意愿，针对少数民族的特点，制定了一系列民族教育政策和教育发展规划，为加快跨境民族教育发展创造了良好的政策条件，有力地推动了跨境民族教育的改革与发展。

2001年，自治区政府办公厅转发了自治区教育厅《关于“普九”攻坚及“两基”巩固提高工作的实施意见》，该《实施意见》提出：加大对贫困地区、少数民族地区、边境地区的“普九”扶持力度，更加关注处境不利的弱势群体接受义务教育；没有通过自治区评估验收的包括靖西县、德保县、龙州县、宁明县、那坡县、大新县等边境县在内的30个贫困县要打好“普九”攻坚战，加快实施初中阶段义务教育，在限期内通过自治区评估验收。

到2002年，广西50个“老、少、边、山、穷”县中已有9个县通过国家“两基”达标验收，全区各级各类学校少数民族学生占在校生总数的比重逐步提高，少数民族学生比例为：小学36.3%，初中37.1%，普通高中36.1%，普通中专44.15%，普通高校36.2%。各级各类学校少数民族学生占在校生总数的比例有的已经超过了少数民族人口占全区人口的比例。但是，由于受到历史、社会、自然条件和经济发展水平等多种因素的影响，广西民族教育还面临着一些特殊的困难和问题：教育观念相对落后；教育改革进程缓慢；教育基础薄弱，普及义务教育和发展其他各类教育相对迟缓；教师队伍数量不足、质量不高，待遇需要进一步改善；教育投入不足，办学条件较差，学生上学困难、辍学率偏高等问题较为突出。制定民族教育发展规划，采取积极有效措施，解决好民族教育面临的困难和问题，大力发展民族教育，对于全面实现教育事业第十个五年发展计划确定的各项目标，促进教育与经济、社会协调发展，具有重要意义。鉴于此，自治区党委、政府对全区各类教育事业科学规划、全面部署、重点推进，特别是在政策、资金上优先向贫困地区、民族地区、边境地区倾斜，有效地促进了教育资源的均衡配置和教育公平。

2003年，自治区政府下发了《贯彻落实〈国务院关于深化改革加快发展民族教育的决定〉的意见》，印发了《广西壮族自治区民族教育事业 2003 年至 2007 年发展规划》、《广西壮族自治区寄宿制民族班 2004 年至 2006 年发展规划》。《广西壮族自治区民族教育事业 2003 年至 2007 年发展规划》分析了广西民族教育发展的背景与现状，提出了广西民族教育发展的指导思想和基本原则、发展目标、战略任务和政策措施，要求不断拓宽教育经费渠道，切实加大对民族教育的投入，进一步增强对民族教育的扶持力度。

2004 年，自治区政府转发了自治区教育厅等部门制定的《广西壮族自治区"两基"攻坚实施规划(2004—2007 年)》。2005 年，自治区党委、政府转发自治区教育厅等部门制定的《关于开展"两基"攻坚县教育对口支援工作的意见》。2007 年底，自治区党委、政府出台了《关于全面实施职业教育攻坚的决定》，要求务必在"十一五"期间的后 3 年里抢抓机遇，集中力量打一场职业教育攻坚战，促进职业教育的充分发展。全区各级财政为此投入攻坚专项经费 26.8 亿元。此外，广西还发布了《广西教育事业发展"十一五"规划》(2006 年)、《广西基础教育事业科学发展三年计划(2008—2010 年)》(2009 年)、《广西壮族自治区中长期教育改革和发展规划纲要(2010—2020 年)》(2011 年)、《广西壮族自治区教育事业改革和发展"十二五"规划》(2011 年)，对全区教育发展作出战略部署，为民族教育事业改革和发展指明了方向。

广西还多次召开全区性的教育工作会议，研究、部署民族教育工作。2003 年，经自治区人民政府批准，自治区教育厅、民族事务委员会(简称民委)召开了全区民族教育工作会议。2005 年召开了全区教育工作会议，2007 年召开了全区职业教育攻坚工作动员暨"两基"工作总结表彰大会。2010 年 9 月，自治区召开全区教育工作会议，确定未来几年广西将全力组织实施以"十项重点工程"、"十项改革试点"为核心的教育改革，促进广西教育达到全国平均水平。

2014 年 1 月，自治区召开全区教育发展大会，发布了《关于加快改革创新全面振兴教育的决定》及 17 个配套文件，在 2014 年至 2017 年 4 年间计划总投入 1 000 亿元以上资金，实施义务教育均衡发展工程、高中阶段教育突破发展工程、现代职业教育发展工程、高等教育特色化上水平工程、学前教育发展工程、教师队伍强质增量工程、教育信息化建设工程、教育扶贫富民工程等八大工程，力争到 2017 年新建扩建 1 000 所以上学校，从根本上解决全区教育总量不足的问题，到 2020 年争取与全国同步或基本同步实现教育现代化，进入西部人力资源强省(区)行列，建成国家民族教育示范区和面向东盟的教育国际交流与合作高地。2014 年，广西新建学校 201 所，其中幼儿园

100 所、义务教育学校 88 所、普通高中 12 所、高校 1 所;改扩建学校 6 885 所。新增基础教育学位 24.7 万个,其中学前教育 18.1 万个、义务教育 3 万个、普通高中 3.6 万个。全区学前三年毛入园率、高中阶段教育毛入学率、高等教育毛入学率、九年义务教育巩固率分别达到 70.4%、82%、27.3%、90.3%。

在教育经费方面,广西进一步拓宽经费筹措渠道,切实加大对民族教育的投入,认真落实"两免一补"政策,实施"中小学校危房改造"、"西部地区农村寄宿制学校建设工程"等,使民族地区教育事业得到全面发展。2001 年至 2009 年,广西实施了第二期"国家贫困地区义务教育工程"等 10 项国家教育基础设施建设项目和工程,实施了世界银行贷款/英国政府赠款"西部地区基础教育发展"项目等外资项目。2004 年至 2007 年,中央和自治区共投入 18.97 亿元"普九"攻坚经费。在自治区政府领导下,各市、县、乡投入了大量的人力、财力、物力,奋力攻坚。2007 年,全区 41 个攻坚县全部如期实现"普九"目标。2007 年 7 月,教育部认定广西壮族自治区全面实现"两基",广西成为全国第一个实现"两基"目标的少数民族自治区。截至 2007 年,全区有独立建制的民族学校 138 所,其中民族高等学校 2 所,民族中专(及民族干校)6 所,民族中学 19 所,民族小学 52 所,壮文学校 65 所。在各级各类学校中,少数民族学生占在校生总数的比重为:小学 36.24%,初中 37.28%,普通高中 34.93%,中等职学校 43.78%,高等学校 34.95%。少数民族教师占专任教师总数的比重为:小学 42.45%,普通中学 37.37%,中等职学校 22.53%,高等学校 23.55%。目前,广西已建立起包括幼儿教育、基础教育、职业技术教育、成人教育和高等教育的比较完整的具有民族特色的教育体系,初、中、高级教育"一条龙"的教育格局已基本形成,民族教育事业得到了快速发展。

十几年来,随着中国—东盟自由贸易区的建设、中国—东盟博览会的成功举办,广西边境民族地区从相对封闭、边远的边疆一举成为连接中国内陆地区与东盟的重要通道,成为中国对外开放的前沿,边境地区教育受到了前所未有的重视。广西先后实施了"边境建设大会战"和"兴边富民行动基础设施建设大会战",重点完善边境地区基础设施,使边境地区的中小学校发生了较大变化。其中,2000 年 8 月至 2002 年 9 月实施的"边境建设大会战教育项目"总投资 2.6 亿多元,建设中小学 856 所,新建、改扩建校舍面积 52.06 万平方米。从 2009 年 9 月至 2010 年底,自治区实施兴边富民行动基础设施建设大会战,集中力量解决离边境线 0—20 公里范围内的基础设施、教育、广播电视、卫生等问题,项目涵盖 8 个边境县以及 2 个享受边境县待遇的县。根据规划,自治区财政投入教育项目1 800万元，支持17个教育项目，拟完成1.77万平方米的校舍建设和维修任务，使边境地区学校办学条件得到更大改善。与此同时，中央2008年给广西下达专项资金，从2009年开始实施“边境国门学校建设工程”，投入2亿元，建设138所项目学校，实施252个单项工程，新建19.093 2万平方米校舍。据不完全统计，2008年以来，中央和自治区对8个边境县(市、区)的基础教育总计投入7亿多元，其中校舍维修改造工程约1.8亿元；边境国门学校建设工程约1.6亿元；食堂建设专项经费约1.4亿元；校安工程约0.7亿元；农村薄弱学校改造工程约0.5亿元；农村初中工程约0.3亿元；特殊教育工程、寄宿制学校建设项目、学前教育项目各0.2亿元；兴边富民大会战工程约0.18亿元；学校饮水工程约0.014亿元；普通高中补助项目约0.08亿元。上述工程、项目的实施使广西边境地区基础教育的教学、住宿、就餐、饮水、校园安全条件得到极大改善。[①]

由于中央和自治区长期、集中地帮扶，广西8个边境县(市、区)的少数民族基础教育取得了长足发展。截至2011年，8个县(市、区)共有小学978所，教学点314个，在校生20.7万人，专任教师11 415人，校舍建筑面积136万平方米，入学率99.5%；初中103所，在校生7.6万人，专任教师5 117人，校舍建筑面积92万平方米，入学率105.6%；普通高中11所，在校生1.9万人，专任教师1 354人，校舍建筑面积31万平方米，升学率达35%。

(二) 云南跨境民族地区教育发展概况

云南是全国少数民族成分最多的省份，有8个边境州(市)的25个边境县(市)，分别与缅甸、老挝、越南接壤，陆地边境线长达4 060公里，约占全国22 800多公里陆地边境线的五分之一。8个边境州(市)中，有5个是民族自治州；25个边境县(市)中除保山市的腾冲县、龙陵县和临沧市的镇康县属于非自治地方外，其余22个县均属于自治县或自治州下辖县，民族自治地方占边境县(市)的88%。

云南也是全国跨境民族最多的省份，有彝族、哈尼族、壮族、傣族、苗族、傈僳族、拉祜族、佤族、瑶族、景颇族、布朗族、布依族、阿昌族、怒族、德昂族、独龙族16个少数民族与境外同一民族在边境沿线毗邻而居。2010年，边境县(市)总人口664.13万人，占全省总人口的14.45%，其中少数民族人口388.52万人，占边境县总人口的58.5%，

---

① 何伟华，黄玉鑫.少数民族边境地区基础教育发展问题探讨：以广西壮族自治区边境8县(市、区)为例[J].广西师范大学学报(哲学社会科学版)，2013(5)：8—12.

占全省少数民族人口的25.33%。

云南边境25个县(市)中有11个民族是从原始社会直接过渡到社会主义社会的"直过"民族;有8个县(市)是援越抗法、援越抗美、对越自卫还击第一线的原战区。由于自然条件、地理环境、历史等诸多原因,云南边境地区发展总体水平较低,基础设施薄弱,经济社会发展滞后,群众生活困难,成为云南乃至全国贫困人口最集中、贫困程度最深、脱贫难度最大的"硬骨头"地区。2010年,25个边境县(市)实现地区生产总值683.31亿元,人均生产总值只有全省平均水平的65.9%,人均地方财政收入仅为全省平均水平的36.3%。边境地区25个县(市)中有16个是国家重点扶持贫困县,有1个是省级扶贫开发县,贫困人口64.51万人,贫困发生率12.1%,高于全省平均水平3.5个百分点。其中,布朗族、拉祜族、佤族、傈僳族等贫困人口占总人口的70%以上,独龙族更高达90%以上。

云南沿边跨境民族地区既是贫困人口较为集中、贫困程度较深、扶贫难度较大的地区,又是政治、民族、宗教、生态等方面非常敏感的地区。云南边境地区多民族、多宗教并存,毗邻世界毒品种植和加工的主要区域,陆地边界线长,通道多,无屏障,是反渗透、反分裂和禁毒防艾滋病的前沿。历史上,南方丝绸之路、茶马古道造就了云南的辉煌;滇越铁路带来了云南近代工业;以滇缅公路及中印公路、驼峰航线、中印输油管道为代表的国际通道,是抗战时期的"生命线",彰显了云南边境地区重要的战略区位。

长期以来,由于云南边境民族地区人口居住分散、交通不便、信息不畅,从客观上限制了人们的受教育机会。与其他地区和城市相比,云南边境民族地区的经济条件和经济状况相对较差,许多家庭无力支付孩子上学的费用。当地政府经济实力较弱,对教育投入不足,教育基础设施建设落后,再加上教育资源不足、教育成本高以及人们对教育的预期收益不高,政府和一些社会机构以及学生家长本身对教育的重视不够,这些都导致云南教育环境较差,教育成效低。

进入20世纪90年代以来,随着云南边境地区的逐渐开放,边境贸易成为云南改革开放的一道亮丽风景线。在经济全球化的推动下,云南沿边境地区跨境民族跨越国界的交往也日趋频繁,规模不断扩大,云南境内的跨境民族到境外做生意的人数不断增加。由于跨境民族的相互往来,其子女读书开始出现跨境基础教育寄读现象。边境地区的人口流动,一方面推动了云南省与周边国家跨境民族教育的发展,形成了跨境民族教育的多元化;另一方面也在云南沿边境地区逐渐兴起跨境民族子女跨国教育流动的现象。之所以如此,与跨境民族学生大量分布在边境沿线上有着紧密关联。

从20世纪90年代中期起，由于云南境内的基础教育经费投入不够，学生教育费用负担过重，云南边境跨境民族地区开始出现学龄儿童随父母到境外就读的现象，甚至出现云南跨境民族父母把子女送出国寄读于亲戚家中的现象。例如，临沧市镇康县南伞口岸对面的缅甸掸邦第一特区首府老街、西双版纳州勐海县打洛口岸对面的缅甸掸邦第四特区首府小勐拉等地，居住着许多云南边民或跨境民族，他们的子女有相当一部分就在老街的小学读书。针对这种现象，国内外有多家媒体发表了一些不同的言论，如认为中国这样一个大国的义务教育却要由相对贫穷的邻国来买单等。虽然云南跨境民族学生外流到境外读书的现象只是个别现象，但这种现象与中国正在崛起的基础教育发展水平相悖，深深地影响着国家的国门教育形象，也从另外一个侧面说明了云南省边境地区跨境民族教育存在的问题。

跨境民族学生外流现象引起了云南省委、省政府的高度重视。云南省民委在深入调研的基础上，向云南省政府提出“对边境沿线乡、村学校学生实行免费教育”的建议。2000年，云南省民委、教育厅和财政厅联合制定了《云南省边境沿线行政村以下小学生免费教育试行办法》，决定通过投入专款来解决边境沿线行政村以下小学的学生缴纳教育费用困难的问题，对边境沿线村委会以下小学的学生实施免除课本费、杂费和文具费的“三免费”教育。

2000年至2001年，云南省民委、省财政厅将边境建设事业补助费全部用于“三免费”，每年安排1 800万元，对8个边境州(市)、25个边境县(市)、129个边境乡镇的13万名边境各民族小学生实行“三免费”措施。同时，云南省民委每年安排255万元边境教育特殊补助费，帮助25个边境县(市)建立特困学生基金。2002年，云南省将“三免费”教育扩大到边境沿线112个乡镇的小学生和53个省定边境扶贫攻坚乡的初中生及7个人口较少少数民族、藏族聚居区的中小学生，“三免费”专项经费增至5 167万元，使24万名贫困的中小学生享受到了“三免费”教育。2003年，云南省政府首次将“三免费”教育列入为人民群众办好的8件实事之一，范围扩大到7个人口较少民族和藏族聚居区的农村中小学生，经费增加到5 167万元，使31万多名农村学生受益。2002年至2003年，中央有关部委和云南省州(市)、县(市)还筹资1亿多元，在云南边境地区共建校舍15万平方米，改善了边境民族地区中小学的办学条件。2004年，云南省政府再次把“三免费”教育列入为人民群众办好的10件实事之一，把边境沿线129个乡镇、7个人口在10万以下的特有民族聚居区23个乡镇和85个村委会、迪庆藏区29个乡镇的农村户籍初中生和小学生列入“三免费”范围，投入经费7 263万元，受益农村中小学生 40.8 万人。

从 2005 年起，云南省民委将“三免费”与“两免一补”（免除课本费，免学杂费，补助寄宿学生生活费）相衔接。到 2006 年，全省所有农村义务教育阶段学生享受免除学杂费，250 万名学生享受免除课本费，120 万名贫困学生得到寄宿生生活补助。免费教育改善了云南边境地区跨境民族教育的办学条件，从校舍到教学设备有了较大的改变，在边境沿线乡镇，已经流到国外的孩子又纷纷回国读书，而且邻国的跨境民族学生也纷纷到云南省读书。①

截至 2011 年，云南省共有外籍中小学生 5 057 人，比 2008 年增加了 2 086 人，增幅为 64.13%。其中，小学阶段的学生共有 4 310 人，占 85.22%；初中阶段共有 747 人，占 14.78%。这些外籍学生以紧邻云南省的缅甸、越南和老挝国籍的学生居多，三国的学生总数为 4 921 人，占到总人数的 97.31%。就中小学外籍学生的分布来看，全省除曲靖、昭通、楚雄、迪庆暂无中小学外籍学生外，其余 12 个州（市）都接收有境外中小学生。按照接收外籍中小学生数量的多少排序，德宏州 1 979 人，临沧市 1 303 人，普洱市 1 003 人，版纳州 506 人，保山市 160 人，昆明市 63 人，怒江州 19 人，文山州 8 人，大理州 5 人，丽江市 5 人，红河州 4 人，玉溪市 2 人。

结合云南省边境的地域特点来看，边境线越长，与邻国接壤越多的州（市），外籍中小学生的数量就越多。如排名靠前的德宏、临沧、普洱、西双版纳等州（市）都有 3 至 4 个县与邻国接壤，这就为邻国学生来云南就读提供了便利。以外籍学生就读人数最多的德宏州为例，其下属的 5 个县（市）均有外籍学生，总人数为 1 979 人，占全省外籍中小学生人数的 39.1%，其中缅甸、越南、老挝学生有 1 953 人，占了 98.7%，由于紧邻缅甸，因此又以缅籍学生居多。

由数据分析可见：一是中国的教育质量和教育水平在很大程度上有所提高，获得了境外人士的认同，他们才会愿意将子女送到国内来就读；二是我们国家积极实施“兴边富民”政策，对外籍学生实行减免学费等优惠政策，使外国学生享受到与我国义务教育阶段学生同样的待遇；三是中国辐射型经济实力增长迅速，在中国完成学业的学生较之其他学生有较好的就业前景，而且掌握汉语以后，学生个体的成长空间更为广阔。②

---

① 何跃.云南省与周边国家跨境民族教育的兴起与发展[J].东南亚纵横，2010(6)：40—44.

② 何青颖，刘寒雁.云南跨境民族外籍学生教育现状分析[J].云南农业大学学报（社会科学版），2013(1)：77—82.

尽管近几年“两免一补”新机制的实施使云南省的许多中小学生从中受益，缓解了边境及少数民族地区学生上学难的问题，对提高边境及少数民族地区的教学质量，巩固“普六”、推进“普九”，加快民族地区教育事业的发展起到了促进作用，但对于云南边境民族地区来说，基础教育发展依然步履艰难，办学条件差、教育质量低的状况尚未得到根本改观。

为加快民族教育发展，从2011年起，云南省把优先支持25个边境县（市）小学标准化建设，建立地区职业学校和高质量的高校，及提升边境、民族地区教育水平提上云南教育工作的重要日程。2011年3月发布实施的《云南省中长期教育改革和发展规划纲要（2010—2020）》提出：要加强对民族教育工作的领导，将民族教育作为云南教育发展的重点领域，优先发展民族教育事业，切实解决民族教育事业发展的特殊困难和问题。进一步加大对民族地区教育事业尤其是人口较少民族教育事业的扶持力度。公共教育资源要向民族地区倾斜。加强民族地区寄宿制学校建设，提高寄宿制学校学生生活补助标准。加快民族地区高中阶段教育发展。在省一级完中增设少数民族高中班。加大民族贫困高中学生生活补助力度。积极发展民族地区高等教育。到2020年，全省各级各类学校少数民族在校生比例与少数民族人口比例大体相当。进一步加大对民族贫困地区教育的对口支援力度，积极开展各级政府和教育部门、学校间的教育对口支援，完善多层次、多类型教育帮扶和支援机制。

《云南省中长期教育改革和发展规划纲要（2010—2020）》还提出了进一步提升边境地区教育水平的政策措施：要着力建设“国门学校”，将国门学校建设纳入“桥头堡”建设工程，增加投入，全面改善边境地区民族教育办学条件；完成边境口岸中小学、幼儿园的标准化建设，优先支持25个边境县（市）一中、117个边境沿线乡（镇）中小学校标准化建设及乡（镇）中心幼儿园建设；适当提高边境县（市）义务教育阶段学生生活费补助标准；重点加强边境州（市）高校建设，提升边境州（市）高校办学水平和办学质量，增强对周边国家的吸引力；提高在边境县（市）执教教师的综合素质、教育教学能力和福利待遇；建立开展勤工俭学、帮困助学的长效机制，动员社会各方力量帮助边疆地区的贫困学生。

2011年8月颁布的《云南省兴边富民工程“十二五”规划》、《中共云南省委、云南省人民政府关于深入实施“十二五”兴边富民工程的决定》提出：边境地区公共服务事业发展相对滞后，必须坚持优先发展教育事业，按照“整合教育资源、集中办学”的新思路，加强农村中小学校舍等基础设施建设和对薄弱学校的改造，全部免除义务教育阶段公办学校学生学杂费和免费提供国家课程教科书，逐步提高寄宿制学生的生活补助标准，切实解决上学难问题，推进义务教育均衡发展。推进双语教育和职业教育，全面提高边民科技、文化素质。

2012 年 5 月颁布的《云南省教育事业发展“十二五”规划》提出：要重视和支持民族教育，全面提高少数民族和民族地区教育发展水平；将民族教育作为云南教育发展的重点领域，落实公共教育资源向民族地区倾斜，切实解决民族教育事业发展的特殊困难和问题；扩大各州(市)、县(市、区)寄宿制民族中学办学规模，改善边境地区中小学办学条件，加快实现义务教育学校标准化，完善民族地区困难学生救助机制；与东中部地区的高中合作举办少数民族高中班，拓展民族地区人才培养模式；扩大民族院校办学规模，完善少数民族预科培养机制，建成具有云南特色的民族教育体系。

根据《云南省教育事业发展“十二五”规划》，云南将加大对 8 个人口较少民族、3 个特困民族和藏区的教育发展扶持力度；重点抓好 26 所寄宿制民族中学的改扩建；在没有民族中学的边疆州(市)、县(市)建立 3 000—5 000 人规模的完全中学；重点培养边疆民族地区亟需的教师，加强对边疆民族地区中小学和幼儿园教师的培训；支持民族地区改扩建普通高中和中等职业学校；支持民族院校和边境地区高等学校的建设；扶持建设一批民族文化教育的特色学校，传承、保护和弘扬民族文化。

2013 年 10 月，云南出台《云南省少数民族教育促进条例》，把民族教育纳入依法治教的轨道。《条例》鼓励县级以上人民政府及其教育行政部门，通过举办双语幼儿园、民族学校、民族部(班)、少数民族预科教育等多种办学形式，发展具有少数民族教育特色并能适应民族地区经济社会发展的各类教育；优先规划、建设标准化寄宿制民族中小学；办好示范性民族学校，重视民族特色重点学科和专业建设等。《条例》还要求少数民族中小学突出少数民族学校的办学特色，将少数民族优秀传统文化纳入相应课程；普及民族地区高中阶段教育和学前教育，加快建立以公办为主、民办为辅的学前教育体系，实施学前一年的免费教育。对于民族教育的投入与保障，《条例》也作出明确规定：省级人民政府应当建立由省统筹，省、州(市)、县合理分担的少数民族教育投入管理体制，保证各级各类少数民族教育经费的稳步增长。各级人民政府还设立少数民族教育专项补助资金，对少数民族聚居区、边境地区、内地高寒山区和散杂居地区的少数民族教育给予专项补助。国际组织教育贷款、海外和港澳台教育捐款的分配重点向少数民族地区倾斜。《条例》还明确规定：县级以上政府应当逐步提高寄宿制民族学校贫困学生的生活补助标准，扩大普通高中少数民族贫困学生的补助面，并提高补助标准；开展双语教学的小学国家课程和地方课程教科书经费，应当全部纳入义务教育经费保障范围。

2012年以来，教育部充分动员教育系统力量支援滇西发展，以探索人力资源开发扶贫新模式为总体思路，制定了《教育部定点联系滇西边境山区工作方案》和《教育部、云南省人民政府加快滇西边境山区教育改革和发展共同推进计划(2012—2017年)》，在项目安排和政策支持方面加大了对滇西的倾斜力度，充分调动教育部司局、事业单位、直属高校和职教集团资源，2013年累计投入资金和物资折合2.37亿元用于滇西扶贫开发，滇西应用技术大学、对口帮扶大理学院学科建设、滇西农村青年创业人才培养计划、滇西领导干部经济管理研修班等重点项目推进顺利，对口帮扶形式多样、成效明显，扶贫模式和方法不断创新，赴滇西挂职干部发挥了积极作用，定点联系工作取得了良好开局。①

云南省在教育改革、教育开放、对口支援等方面积极寻求政策支持对接点，在教育部大力支持帮助下，建立内地高校和职业院校对口帮扶长效机制，积极推进滇西边境教育改革和发展。2013年促成东部10个职业教育集团与滇西10个州市人民政府开展职业教育战略合作，对10个州市各1所中职学校开展"一对一"帮扶，组织开展第一批教育系统干部赴滇西挂职工作；启动《滇西地区"农村青年创业人才培养计划"实施方案》，实施滇西"爱心幼儿园援建工程"，向66所幼儿园捐赠价值2 000多万元的玩(教)具，在云南工商学院设立了"滇西青年创业学院"；安排1 100万元专项基金购置营养改善计划厨房设备；实施"贫困地区学校宽带普及工程"，为滇西40所学校接入宽带。曾宪梓教育基金会捐资1 000万港币设立"云南滇西边境山区小学建设项目"，为滇西5所小学援建教学楼和宿舍楼；中国教育发展基金会安排专项资金6 400万元，设立"滇西边境山区教学点特殊重点支持项目"；教育部教育装备研究与发展中心联合爱心企业设立"爱心园援建工程"，向滇西66所幼儿园捐赠了总价值2 500余万元的学前教育装备。②

四、西南跨境民族地区教育发展规划个案研究

(一) 西南跨境民族地区教育发展规划的主要特点

作为一种区域教育，跨境民族地区教育既有国民教育的一般性，又带有鲜明的区

① 赵亚楠. 教育部扶贫滇西边境山区初见成效[N]. 中国民族报，2013-11-12.

② 何金平. 勇于改革、锐意进取、努力开创教育改革发展新局面：在2014年全省教育工作会议上的讲话[R]. http://www.ynjy.cn/zyjh_sj/article.jsp? articleId=131054477.

域性。跨境民族地区教育发展必须以“统筹”的视角，充分考虑到这种两重性：一方面，作为全国教育系统的一个子系统，它必须在国家整体教育发展战略中明确自己的定位，以国家教育方针政策作为制定本区域教育发展规划的依据，为提升我国整个国民素质和劳动力素质，形成健全的现代国民教育体系作出自己的贡献；另一方面，作为跨境民族地区社会经济系统的一个子系统，它又必须在区域发展战略中找到自己的位置，适应本区域社会经济发展的需求，促进区域经济与教育的协调发展。

综观西南跨境民族地区教育发展规划，可以发现其有以下特点：

1. 能体现国家和地方政府教育改革和发展的精神，并与之同步发展

跨境民族地区教育规划是该地区政府根据国家的教育方针、政策和法规，为实现一定的教育目标，促进本地区经济和社会发展，对本地区教育事业的发展目标、规模、速度以及实现的步骤和措施等所做的部署、设计和安排。制定跨境民族地区教育规划，必须以国家和民族自治地方政府教育发展战略为依据，这是由于国家和地方政府教育发展战略是一定时期国家和地方政府关于教育发展的全局性、长期性、重大问题的谋划，它是在揭示全国和地方教育未来发展规律的基础上形成的，对跨境民族地区教育发展也具有宏观指导作用，跨境民族地区教育发展规划应服从、服务于教育发展战略，支撑国家和地方教育发展战略。考察西南跨境民族地区教育规划，可发现其服从于国家的教育发展指针，能体现国家和地方政府长期教育改革和发展的精神，落实国家和地方政府对教育发展的总体部署，并与之同步发展。

如，广西大新县为了贯彻落实全国、全区和崇左市教育工作会议精神，根据《国家中长期教育改革和发展规划纲要（2010—2020 年）》及《广西教育发展重点工程和体制改革试点总体方案（2010—2012 年）》关于实施重大项目和开展改革试点的部署，于 2011 年 7 月制定了《大新县教育发展重点工程和体制改革试点总体方案》，在全县或部分乡（镇）、学校实施教育发展十项重点工程和十个改革试点。为了优化全县学校布局结构，合理配置教育资源，突出发展重点，提高教育质量，实现教育公平和优质教育资源共享，大新县还依据《国家中长期教育改革和发展规划纲要（2010—2020 年）》和《广西壮族自治区教育布局结构调整指导意见》等文件精神，于 2011 年 8 月制定了《大新县 2011—2015 年学校布局调整规划》。

再如，云南德宏州为了贯彻落实《国家中长期教育改革和发展规划纲要（2010—2020 年）》，进一步确立教育优先发展的战略地位，确保“科教兴州”战略顺利实施，将各级各类教育发展纳入《德宏州国民经济和社会发展第十二个五年规划纲要》，加快德

宏教育现代化进程，实现德宏教育的跨越式发展，并于2011年制定了《德宏州教育事业第十二个五年规划(2011—2015年)》。为认真贯彻落实《国家中长期教育改革和发展规划纲要(2010—2020年)》和《云南省中长期教育改革和发展规划纲要(2010—2020年)》，以及德宏州《关于贯彻落实国家、云南省〈中长期教育改革和发展规划纲要(2010—2020年)〉的实施意见》精神，促进本地教育事业科学发展、跨越发展，瑞丽市于2012年3月提出了《关于贯彻国家、省、州〈中长期教育改革和发展规划纲要(2010—2020年)〉的实施意见》。

总的来说，尽管各跨境民族地区教育发展实际以及教育发展需求存在差异，但各地都最大限度地遵循国家和地方政府教育规划的政策规范要求，将其中具有普适性和宏观指导性的内容全面、准确、系统地移植到本地区的教育规划之中，包括某些形式上的复制和内容上的借鉴，从而使地方政策在目标、任务和措施的规定上与国家和地方政府长期教育改革和发展的精神保持高度一致。

2. 能结合本地经济、文化、人口、社会发展和人民群众对教育的需求

跨境民族地区是一个多层面、多层次、具有一定范畴和界限的空间单位，它包括地理环境、经济、社会、资源、文化、人口等社会的诸多组成要素。跨境民族地区教育与本地区的政治、经济、文化、自然环境等方面构成一个区域系统，其发展规划是本地区总体规划的重要组成部分。作为宏观教育研究的跨境民族地区教育发展规划，应摆脱“就教育论教育”的桎梏，站在本区域社会、经济、文化的大背景下，考察教育与区域社会经济发展之间的关系，使区域教育规划服从区域经济社会发展的大局。编制跨境民族地区教育规划的目的，就是为了适应本地区的发展需求，为本地区的社会经济发展和教育发展服务。

考察西南跨境民族地区教育规划，可以发现这些教育规划能结合本地经济、文化、人口、社会发展和人民群众对教育的需求。其对教育数量和质量的考察，注意与区域内人口的要求挂钩，考虑其是否满足区域内户籍人口和流动人口的教育需求以及质量诉求；对本地区教育的内在结构分析，注意考虑区域产业经济发展对人才素质和门类结构的要求，看其是否和产业发展需求匹配；对本地区教育体系的考察，注意考虑本区域各民族共同繁荣进步的要求，看其教育制度的公平取向情况和资源供给是否能够满足各族群众的需求；对区域教育服务功能的考察，注意看培养出来的人才对区域经济和社会发展的支撑与贡献情况。

如，从《大新县2011—2015年学校布局调整规划》中可以看出：随着大新县经济社

会的迅猛发展，农村剩余劳动力和外来人口大量向城镇集中，学龄人口也迅速增加，城区学校数量明显不足，而农村学校生源逐步减少，特别是初中学校难以产生规模效益，造成了城乡教育发展的严重失衡。突出地表现为：一是进城求学人员的大量涌入和城区常住人口的快速增长，县城学校人满为患，班额严重超标。二是农村中小学校数量多，规模小，布点分散，办学效益低下。三是学校办学条件薄弱，县城中小学校舍面积增长速度远远跟不上学生数量增长速度；学校的实验室、图书室等功能室被挤占用作教室来缓解学生就读压力。农村中小学校的办学设施落后、设备缺乏，严重影响教育教学质量的提高。四是师资队伍失衡，学科配备不合理。因此，为彻底改变全县中小学校点分散、办学规模小、基础设施薄弱、专业教师短缺、办学效益低的局面，必须对全县学校布局进行调整。

整体而言，各跨境民族地区制定教育规划时，能够结合本地特点来对其进行一定程度的发展和创新。在价值诉求和整体思路与国家和地方政府教育规划保持一致的前提下，各地区都能结合本地社会发展和教育发展的实际情况，依据一定的教育理念提出具有创新性与本地特色的工作目标、任务或方法，这样既保证了教育规划的宏观性、前瞻性与统领性，又保证了各地教育规划的多样性与可行性。

3. 能遵循教育发展规律，按照客观规律来考虑本地的客观条件

跨境民族地区教育发展规划是为了实现本地区教育发展的战略思想和战略目标，以规划区域教育发展的战略重点、战略对策和战略措施为基本指向，进行战略层面的决策谋划。跨境民族地区教育发展规划的性质决定了在其制定过程中，观察和处理问题必须遵循一定的规律与原则。在研究区域教育或者其中的某个板块教育发展的指导思想时，除了把国家和上级对教育发展的指导思想进行“搬迁”之外，最重要的是要从区域或者区域内教育事业板块的发展实际出发，挖掘区域社会发展的定位特点，彰显区域教育风格，提炼出能够体现区域特色，并引领区域事业前进的思想和原则。制定指导思想的一个原则性的方向，就是要对教育发展的要素及其组合提出倾向性取舍。

西南跨境民族地区教育规划能够遵循教育发展规律，按照客观规律来考虑本地的客观条件，确定符合本区域教育实际的、具有区域特色的思想和原则。如，《大新县2011—2015年学校布局调整规划》提出了以下工作原则：(1)统筹规划原则。学校布局调整要根据全县人口变化情况和经济社会发展需要来进行长远规划，要同城镇化建设和新农村建设结合起来，纳入全县城乡总体发展规划，以避免重复建设和投资浪费。

(2)整合资源原则。学校布局调整要有效整合教育资源，坚持“四个集中”原则，即：高中向县城集中，初中向城镇集中，小学向乡镇集中，教学点向行政村集中。(3)循序渐进原则。先建后并，先急后缓，先易后难，量力而行，逐年推进。当前要优先考虑县城中小学校新建和扩建的规划和建设。(4)资源节约原则。学校布局调整要充分利用现有教育资源，避免大拆大建，尽可能在现有学校基础上扩建、改建，以节约教育资源。(5)标准化建设原则。无论是新建还是改扩建的学校，均按照自治区标准化学校(高中为示范性学校)的标准一次性规划到位，分步实施。(6)均衡发展原则。加强薄弱学校改造，促进义务教育均衡发展，提高优质教育资源共享水平，推进城乡教育协调发展。

瑞丽在《关于贯彻国家、省、州〈中长期教育改革和发展规划纲要(2010—2020年)〉的实施意见》中也提出了本地教育事业发展的基本原则：以“优先发展、育人为本、改革创新、促进公平、提高质量”为工作方针，以“学前教育做到普及、提速、规范；义务教育做到集中、提高、巩固；高中阶段做到扩容、提质、创优”为发展方式，立足市情，统筹推进瑞丽市各级各类教育科学发展。(1)优先发展。坚持把教育摆在优先发展的战略地位，全面落实“三个优先”，即：经济社会发展规划优先安排、财政资金优先保障、公共资源优先满足。(2)育人为本。坚持德育为先、育人为本，坚持以学生为主体，以教师为主导，尊重教育规律和学生身心成长规律，全面实施素质教育，着力培养学生的社会责任感、创新精神和实践能力，为学生全面发展和终身发展奠定基础。(3)改革创新。深入推进教育体制机制改革，重点推进管理体制、办学体制、学校内部体制、教育教学改革、招生考试评价制度等方面的改革，着力破除制约教育事业科学发展的体制机制障碍，着力解决人民群众关心的重点难点问题和突出矛盾，推进教育事业持续健康发展。(4)协调发展。统筹教育规模、结构、质量和效益，分区规划，分类指导，促进均衡，突出抓好学前教育、农村教育、职业教育，加快缩小城乡、区域、校际差距，着力抓好普通高中教育，提速高中评定晋级，突破高中“瓶颈”，整体推进各级各类教育协调发展。(5)内涵发展。牢固树立以质量为核心的教育发展观，加强干部、校长、教师三支队伍建设，注重教育科研，深化课堂教学改革，完善教育评价机制，鼓励学校办出特色、办出水平，建立健全教育质量保障体系，全面提高教育质量。

4. 目标明确，措施具体

区域教育发展规划的文本内容大体上包括现状概述、发展目标和实施途径三大部分，都需要说明规划的总目标和分目标，确定这些目标的依据，达到目标应当采取的措施，财政经费投入和人力资源的数量要求，以及对规划执行情况的评价，等等。区域教育发展目标对区域教育发展的牵引、制约和推动作用是非常关键的，合理的教育发展目标可以有数量、质量、结构、体制与机制、体系、理念、影响力等内涵和维度。确立板块或阶段的区域教育发展目标，可择其中的重点加以确定，期待其能够带动多维目标的实现。实现区域教育发展目标，需要有人力、物力、财力，如师资队伍的建设、教育经费的增长等方面的保障措施，这些是教育发展的“硬件”建设的需要。同时，又要有教育发展的理念、机制和体制等方面创新，这些是教育发展的“软件”建设的需要，也是实现教育发展规划目标的重要保障。

西南跨境民族地区教育规划大都目标明确，措施具体。如，《大新县2011—2015年学校布局调整规划》提出以下工作目标：(1)到2015年，基本化解城区学校大班额问题。城镇小学、乡镇中心小学班额不超过45人，初中不超过50人，高中不超过50人；村小学班额不少于20人，班额少于15人的举办复式教学班。(2)到2015年，乡镇中心小学以上学校全部实现办学条件标准化。新建学校严格按照自治区《农村普通中小学办学标准》进行建设，逐年对不符合条件的学校按标准进行改建。(3)学校布局合理。走高中向县城集中，初中向城镇集中，小学向乡镇集中，教学点向行政村集中的规模办学路子，实现教育资源优化配置，促进教育均衡发展，满足学生享受优质教育资源的需求。(4)教师队伍精良。加强师德建设，提高教师教研能力，优化教师专业结构，完善教师教育体系和教师管理制度，努力建设一支数量够用、结构合理、爱岗敬业、师德高尚的专任教师队伍。(5)教育质量提升。全县学校办学水平和教育质量逐年提高，人民群众对教育的满意度明显提升。通过努力，使城区学校的示范带动作用明显增强。为实现这些目标，《大新县2011—2015年学校布局调整规划》从组织保障、资金保障、政策保障等方面提出了具体的保障措施。

《德宏州教育事业第十二个五年规划(2011—2015年)》提出了“十二五”期间教育的发展目标：通过5年努力，加快发展学前教育，巩固提高“两基”国检成果，促进义务教育均衡发展，加快普及高中阶段教育，大力发展职业教育，重视发展特殊教育，构建终身教育体系，全面提升教育质量，使德宏的教育得到整体提升。该规划还提出了8条保障措施：(1)加强领导，明确职责，进一步落实教育优先发展战略；(2)保障投入，完善机制，进一步落实教育投入“三个增长”；(3)调整布局，优化结构，进一步夯实教育均衡发展基础；(4)强化管理，落实保障，进一步稳定和优化教师队伍；(5)深入贯彻落实2010年全国教育工作会、全国学前教育工作电视电话会议精神，提高质量，全面推进素质教育;(6)加强教育督导,进一步推动教育事业健康发展;(7)加强校园安全后勤保障体系建设;(8)加强机关内部建设,树立勤政、廉洁、务实、高效的教育机关形象。

5. 能抓住机遇,及时调整规划和目标

教育发展规划的重要职能在于决策教育事业的未来,对未来教育事业发展的机遇和挑战尽早作出与之相对应的最优决策,而不是被动地等待。要科学、合理地制定出区域教育发展规划,首先需要进行区域教育发展机遇分析,从国家及地方政治、经济、文化、教育政策发展的走向来把握区域教育的发展趋势,通过对区域教育所处的地理、社会环境与其他区域相比较,来得出清晰、明确的认知,在此基础上敏锐地发现并把握区域教育发展的契机。西南跨境民族地区能抓住机遇,及时调整教育发展规划和目标。广西龙州县回购广西民族师范学院原龙州校区创办新龙州县第一中学,就是一个典型的个案。

龙州县是国家扶贫开发工作重点县,全县 26 万人口中有 11.33 万贫困人口。由于受到行政区划、办学体制以及群众就学观念等影响,地处边境的龙州县中小学校布局参差不齐,特别是农村学校布局散、办学规模小、师资力量弱、教学设施差、城乡差距大。乡镇中小学无法按照国家规定的学科课程配备图、音、体、信息技术等专业教师,有的小学甚至未能开设英语课,基本的教学质量难以保证。

为解决农村中小学校“散、小、弱、差、大”等问题,龙州县 2013 年确定了“统筹规划、合理布局、相对集中、扩大规模、优化配置、均衡发展、提高效益”的原则,着力实施教育提升工程,走均衡发展之路,办优质教育。该县出台了《龙州县教育提升工程实施方案》,对校园改扩建、校舍维修、资金投入等工作作出了详细规定。在整合过程中,该县坚持方便学生就近入学的工作思路,对薄弱学校进行相对集中的调整,保留原本教学质量及办学条件较好、生源稳定的初中和乡镇小学。

当时地处龙州县城的南宁师范高等专科学校获准升格为本科院校并更名为广西民族师范学院,学校从龙州县城搬迁至崇左市区,留下了面积达 160 亩的旧校区及基础设施。该校区地处县城中心且环境优雅,有开发商看中这块宝地:“这样一块黄金商业用地,肯定能拍出亿元好价!”龙州县委、县政府不为所动,决定斥资 5 500 万元回购该校区,抓住难得的机遇进行学校布局调整。然而,对于一个年财政收入只有 6 亿多元的贫困县来说,一下子拿出 5 500 万元无疑困难重重。因此,龙州县一方面千方百计压缩各项开支,把有限的财力投入到教育上,另一方面多次向自治区财政厅和教育厅申请资金周转。在上级的大力支持下,龙州县仅用不到 5 个月的时间,将龙州一中、龙州高中附属初中、龙州镇中及地处偏远且生源少的八角中学、逐卜中学、武德中学、下冻中学、彬桥中学等8所中学搬进南宁师范高等专科学校原龙州校区集中办学，按一级达标学校标准，创办上规模、高标准的全区示范性初中——新龙州一中。同时，将部分撤并中学校区用于发展小学教育，部分撤并小学校区用于发展幼儿教育，先后把龙州镇西街小学、城北小学和城南小学等3所小学搬至原龙州一中，组建龙州镇城西小学；另外8所中心小学搬至乡镇中学原址办学，乡镇幼儿园在腾出的中心小学办学。通过整合，龙州县初步形成了“初中集中县城办、小学集中乡镇办，原初中办小学、原小学办幼儿园”的教育格局，义务教育资源布局逐渐趋于合理，实现了规模化发展，为更多学生享受优质教育提供了更多的机会。①

在此基础上，龙州县确定了“优化布局调整，统筹均衡发展，提高教育教学质量，办人民满意的教育，努力创建全区义务教育均衡发展试点县”的工作思路，先后出台了《龙州县支持薄弱学校发展实施意见(试行)》(2013年12月)、《龙州县加快改革创新促进教育提升行动总体方案》(2014年3月)、《关于加快改革创新促进教育提升的实施意见》(2014年3月)、《龙州县推进县级中等专业学校综合改革实施方案》(2014年10月)、《龙州县中小学教师支教走教实施方案》(2014年10月)、《龙州县第二学期学前教育三年行动计划实施方案(2014—2016年)》(2014年10月)、《龙州县推进县域义务教育均衡发展实施方案》(2014年11月)等文件，全面推进中小学教育均衡发展。目前，龙州县的教育提升工程正在扎实稳步地推进，学校布局逐渐趋于合理，教育资源配置更加优化，农村中小学“散、小、弱、差、大”的教育现状得到了较好的改善。

(二) 西南跨境民族地区教育发展规划存在的主要问题

由于各跨境民族地区情况不同，各地教育规划同样也是各有千秋，但其所反映出来的一些基本问题，仍然值得高度关注、深入思考。

1. 规划文本形式和内容雷同化，缺乏特色

国家和地方政府教育规划颁布以后，各跨境民族地区都在较短的时间内制定并颁布了本地区的教育规划。由于都以国家和地方政府教育规划为蓝本，尽管有些地区在政策形式和内容上有些创新，但各地教育规划在政策文本形式和政策内容规范方面都体现出较大的相似性。过于相似的教育规划难免带有一定的程式化倾向。我们在调研中发现，有的地区教育发展规划实际上是一种对本区域教育发展的一般性描述，本

---

① 陈秀隆，韩日辉. 龙州：边境贫困县办出“富教育”[N]. 广西日报，2014-2-2.

身并没有基本的理念、理论基础、分析方式和必要的结构框架。有的地区教育发展规划没有清楚地展现或分析当前国际上教育发展的基本动态、国家有关教育的大政方针，以及本区域的政治、经济、社会、文化背景等状况。很多地区教育发展规划的定位明显存在误区，包括：定位偏狭，仅仅体现领导或专家意志；定位过高，用意志代替科学；定位没有特色，大一统，无个性；定位忽视根基，不从实际出发，空洞泛泛等。①

2. 规划的刚性不足，操作性不强

大多数跨境民族地区教育规划的刚性不足，弹性过强，随意修改规划的问题严重，同时还缺乏与国家及地方政治、经济乃至有关政策的相关性，缺乏应对社会或区域教育环境改变的敏感性、应对措施和方法。各地教育规划内容多为应然的教育诉求，描绘了较为乐观的教育发展蓝图，有些政策内容规范也具有一定的可行性，有的地区还制定了一定的配套政策，但是多数政策措施比较单薄，操作性不强。相比于法律规范，各地教育规划中的政策应当具有更为明确具体的操作性，这也是政策的重要特征之一；而相对于国家和省级教育规划纲要，地方教育规划应更具操作性。然而，多数跨境民族地区教育规划为宏观规划，原则性比较强，其实效性缺乏必要的观测判断标准。

3. 规划意识淡薄，广泛宣传不够

我们在调研中发现，跨境民族地区大多数教育工作者的规划观念和意识淡薄，很多教育局、学校领导对"教育规划"的概念、功能、特征、制定程序、参与人员、涉及内容等方面的认识还存有不同程度的欠缺。不少地区教育发展规划制定的程序不合理，参与者有限，仅局限于有关领导和专家，没有相关利益群体，仅重视"自上而下"，忽视"自下而上"以及区域内弱势群体的声音。规划制定出来以后，广泛宣传不够，组织学校贯彻也不够，很少有人知道教育规划的存在，或不了解规划的目标和内容，甚至连教育行政部门的工作人员也不一定了解。

4. 自主规划和自主实施不足，实施随意性过大

很多地区教育规划没有正视教育规划编制与实施之间的关系，自主规划和自主实施不足，人们更多的是按照上级意图、政治需要、领导人讲话精神，或者借鉴别人的经验，或凭借领导人的个人意志来对待规划。一方面，不少教育发展规划没有具体的实施策略或必要的方式、方法，也缺乏完成某项具体工作所需投入的人力或社会资源状况，以及有关的保障制度、奖惩规定设置等。各地教育发展规划还缺乏有关评价或检

① 孙绵涛，王刚. 地方贯彻《教育规划纲要》政策研究[J]. 教育研究，2012(10)：19—27.

验方面的内容，缺少具体衡量教育发展规划实施内容、具体进度、时间限制、存在问题等方面的有关指标，致使教育发展规划根本无法监测和评估，也无法完善和改进。有的地区教育规划虽然在政策措施中都有加强督导和问责制，但这一政策措施主要只是针对一般的教育而言的，对如何发现政策是否依照本地教育规划执行，执行过程出现哪些偏差，如何纠正偏差以及对不执行政策或执行不力、效果不佳的责任追究等问题，大都缺乏明确规定，对于教育规划目标是否落实的评价机制和相应的标准也少有提及。另一方面，各地教育规划实施有很大的随意性，过程变化，调整过大，不太重视规划的严肃性和规范性，特别是领导换岗之后，规划往往就难以维持了，因而难以摆脱"规划规划、写写划划、事情一过、墙上一挂"的局面。

第四章　西南边境民族地区学校布局研究

边境民族地区学校布局主要是指边境中小学校在什么位置与以什么结构办学的问题。学校布局调整是指各地区政府根据当地经济社会发展情况、学龄人口变化、人们对高质量教育的需求等因素对学校布局进行重新规划，包括撤销、合并、扩建、新建学校等，以促进教育的发展。合理的教育布局能够使教育资源得到充分有效的利用，但是学校布局不是静止不变的，而是要随着经济社会的发展，特别是人口的年龄结构和空间布局结构的变化而不断调整，并且这种调整不是一个突变的过程，而是一个长期的、渐进的过程，每一次大规模的农村中小学布局结构的调整都是在特定的历史背景下进行的。

一、教育布局与教育发展规划

（一）教育布局与学校布局调整

1. 教育布局中的学校布局调整

学校布局属于学校的设点分布问题，它是办好教育事业的一项基础性工作，关系到教育投资的效益，关系到教育质量的提高，最终达到在适宜速度的基础上用尽可能少的教育投入取得较高的教育产出的目的。可以说，学校布局问题是一项关系教育全局的大事。从世界范围来看，在很多国家普及义务教育的过程中，学校都面临着从分散点到合并重组的经历。研究表明，人作为教育的对象，人口的变化直接影响学校布局的调整。人口规模、人口年龄结构、人口分布等变动都将会导致学校数量和分布的变化，人口增加、年轻化将要求教育服务的增加，反之则要求教育服务减少。① 同时，

① Sara Heshcovi. Socio-spatial Aspects of Changes in Educational Services: Tel Aviv and Jerusalem, 1970-88[J]. *The Sercice Industries Journal*, 1991, 11(2): 137-153.

生育率变化、人口迁移、学生入学与交通情况、学校距离远近、社区环境等因素都会影响到学校布局的调整。如,区域学校教育质量、学校收费水平、儿童距离学校的远近等因素对儿童是否接受小学教育有重要影响。学校离家越远,儿童上学的可能性越低;社区的道路与交通条件越好,儿童接受教育的可能性越大。

自 2001 年《国务院关于基础教育改革与发展的决定》要求地方政府"因地制宜调整农村义务教育学校布局"至今,我国虽然在提高学校规模效益和学校教育质量、促进教育资源合理配置和区域教育均衡发展方面取得了成效[①],但义务教育学校的发展也因为大规模的"学校进城",而出现农村学校日益荒芜凋敝,农村教育呈现"城挤、乡弱、村空"的危局。[②] 研究表明,学校规模愈小,教师平均任教科目愈多;而学校规模愈大,教师则愈能依其专长任教。较大规模的学校之所以有利于教学质量的提高,很大程度上在于这些教师不必担任非其所长的课程。同时,规模扩大还有利于开设成本较高的课程,并提供更多类型的课程等。与此同时,学校的规模并非越大越好,规模过大会带来诸多问题,最显著的是校园内人际关系的疏离和行政僵化。而学生辍学率增加、学业成绩下降、师生关系和学生之间的人际关系水平下降、学生社会行为问题的出现等也都与学校规模不断扩大有一定的关系。

学校的合理布局是教育改革中的一个重要问题,关系到教育质量的全面提高。那么,为什么要进行学校布局调整?什么是合理布局?如何合理布局?如何确保农村中小学布局调整中,既能兼顾农村学生"就近入学"和"接受高质量教育"的需求,又能立足本县、乡(镇)、村的不同特点,确保不同类型、不同规模学校的合理并存?有学者认为,"整体规划"和"有序调整"农村中小学的数量与规模,是农村中小学合理布局的基本途径。[③] 总的来说,在推进学校布局调整特别是农村中小学布局调整的过程中,对学校布局调整的必要性、具体做法和效能的发挥主要有几个方面:首先,从学校布局调整的原因上分析,大致认为资源闲置浪费、布点多、规模小、办学效益低、办学水平不高、生源减少等是需要调整的主要原因。其次,调整学校布局,特别是农村义务教育学校布局,是与党和国家实现经济体制和经济增长方式转变的重大战略决策相适应的,也是提高教育资源利用率、提高办学效益、走内涵式发展为主渠道的重要步骤。这是一项十分复杂和繁重的工作,涉及面广,工作量大,地方政府和教育部门要根据本地人

---

① 范先佐.中国中西部地区农村中小学合理布局结构研究[M].北京:中国社会科学出版社,2009:6.

② 21 世纪教育研究院.农村教育布局调整的十年评价报告[R].21 世纪农村教育高峰论坛,2012(11).

③ 汪明.关于农村中小学合理布局的几点思考[J].教育研究,2012(7).

口规模和国家法律法规的要求，事先做好学校布局和建设的详细规划，根据人口密度、学生上学的距离、学校规模的需要和优胜劣汰的原则布局，把那些规模小、学生少、质量低、效益低的学校逐步予以撤并，使教育的投入相对集中，使教育资源配置逐步优化，严格遵循超前性、合理性、效益性和有序性的原则，讲求工作程序，确保调整工作的顺利开展。第三，在学校布局调整的基本做法的具体实施过程中，做到：进行调查研究；提出整改方案；从实际出发，积极稳妥地进行调整工作；加强政府指导，认真做好宣传教育工作；因地制宜，采取多种形式进行网点布局的调整工作。撤并学校应该因地制宜、因时制宜，与当地群众商量，不可强制执行，要真正做到"以人为本"。有利于学生发展的事应该积极做好，不利于学生发展的事坚决不能做，危害学生安全的事更不能做。①

2. *学校布局调整之于教育规划的理论分析*

学校布局是一个国家或地区学校在地理空间上的分布结构，是一项复杂的系统工程，它与社会经济发展水平，教育发展的形式、政策和法规，城市发展的空间布局和方向，以及人口的时空变化和分布状况密切相关。学校布局科学与否直接关系到教育资源的利用效率和教育的可持续发展。学校布局是随着社会经济发展水平和人口分布的变化发展而进行调整的，要尽可能地与教育发展战略和目标相适应，与城乡发展布局和方向相协调。

学校在空间上的布局是由国家—社会力量所塑造的，是一种社会结构的反映，在一定意义上是利益格局的调整，在调整的过程中始终贯穿着利益相关者的利益分配和权力运作，呈现出教育政治的特征。② 布局调整主要体现在地方政府的行为性质上，在某种程度上不一定会自动获得当地社区的认同。乡村社会的人们除了考虑到布局调整可能会给子女上学带来诸多不便，进而引起家庭开支的上升以及其他利益受损外，还因为在乡村社会中，学校往往属于地方文化体系的重要组成部分，他们将有关家族、村庄的各种象征意义赋予学校，从而会考虑学校撤并对当地文化所产生的消极影响。因此，在布局调整的过程当中，乡镇基层政权、社区以及村庄势力和学校系统之间会围绕着学校教育布局衍生出各种复杂关系，使学校布局调整并不仅仅是对效率的追求，或是地图上的规划，而是渗透着权力争斗的教育政治过程。

---

① 顾明远．关注中小学布局调整：撤并学校要做到以人为本[N]．中国教育报，2011-8-26．

② 郭建如．国家—社会视角下的农村基础教育发展：教育政治学分析[J]．北京大学教育评论，2015(3)：70—79．

教育生态学研究告诉我们，人、教育、环境彼此相联，共同构成一个不断矛盾运动的生态系统。其中，不论是学校，还是作为教育者或受教育者的个人而言，都是教育生态主体，都在自身与环境的“平衡——不平衡——新的平衡”的矛盾运动中寻求发展。从组织气候的基本理论来看，包括作为教育生态系统载体的学校对其周围具体生态环境的适应，以及教育生态系统中不断成长的人对社会环境与学校环境的适应。教育生态系统对环境的适应，在很大程度上不是通过改变环境来适应，而是通过自身的变革来适应的。[①] 学校布局调整是加强学校组织建设的有效途径，有助于增强教职工的归属感、满意度、凝聚力与团队精神，促进学生学业成绩的提高和教育教学质量的提升。

因此，学校布局调整要考虑到经济发展和城镇化对人口流动的影响，适应人口流动的趋势，逐步实施，适当超前，是我国城镇化发展过程中的现实要求。从规模经济的角度看，学校规模的扩大会降低生均成本，我们通过寄宿制等方式对学校布局进行结构调整，适当集中办学，有利于提高农村学校的办学水平，提高教育资源的利用效率，是实现教育均衡发展的重要手段。

（二）西南民族地区学校布局调整的背景及其发展阶段

1. 第一轮学校布局调整（2001—2009 年）

自 20 世纪 70 年代以来，我国开始强有力地推进计划生育政策。到 90 年代中后期，由于计划生育政策的落实，农村人口出生率下降，加之城镇化的发展，农村中小学生减少成为一种普遍现象。于是，在 90 年代后期开始的新一轮大规模农村学校布局调整是中国社会结构转型与农村教育现代化进程中发生的重要社会现象。到 21 世纪初，我国进入了全面建设小康社会，加快推进现代化的发展阶段，以信息技术为代表的新技术革命促使世界经济发生了全新的变化，经济环境和社会环境的深刻变化和发展趋势为我国民族地区的现代化建设提供了难得的机遇，也带来了严峻的挑战。随着农村税费改革在我国由试点到全面铺开，税费改革取消了教育集资，而改革之初又没有规定相应的资金来源，导致农村义务教育投入普遍减少，农村基本办学条件得不到保障，从而加速了农村中小学布局调整的步伐。这一现象客观地记录与理性地分析了这一事关 7 亿多农民、1.27 亿农村义务教育在校生、752 万农村专任教师的历史进程。

2001 年颁布的《国务院关于基础教育改革与发展的决定》把调整农村义务教育学校布局列为一项重要工作，通过撤点并校达到优化农村教育资源配置的目的，提高教

---

① 范国睿. 教育生态系统发展的哲学思考[J]. 教育评论，1997(2)：21—23.

育资源效益和教育质量。2002 年至 2003 年，国务院下达了《关于完善农村义务教育管理体制的通知》，财政部制定了《中小学布局调整专项资金管理办法》，进一步推动了农村中小学布局调整。各地政府也加快了布局调整的步伐，全国中小学进行大规模撤并。从统计年鉴的数据显示，1988 年至 2008 年，全国农村学校数在这 20 年间呈现逐年下降的趋势，从 1988 年的 70.510 万所下降到 2008 年的 25.304 万所。广西壮族自治区农村小学学校数从 1989 年的 1.413 万所减少到 2008 年的 1.260 万所。从 2000 年到 2010 年，我国农村的中小学数量锐减一半，平均每一天就要消失 63 所小学、30 个教学点、3 所初中，几乎每过一小时，就要消失 4 所农村学校，全国中小学减少 52%。[①]从学校数量上看，布局调整的步伐明显加快。

从教育政策目的层面看，全国各地区实施中小学布局调整的目的主要是力图通过布局调整优化资源配置，提高资源使用效率，改善农村义务教育办学条件，提升教育质量等。然而，在实施过程中，布局调整导致一些地方产生了学生上学距离变远、城镇学校规模和班级规模加大、部分学生上学成本增加、学生寄宿低龄化、学生上学和住校的不安全因素增多等诸多问题，由此带来了新的学生失学、辍学等问题。为此，政府及时出台相关文件规范布局调整以解决布局调整政策引发的各种问题，教育部在 2006 年先后发出《关于切实解决农村边远山区交通不便地区中小学生上学远问题有关事项的通知》、《关于实事求是地做好农村中小学布局调整工作的通知》，强调因地制宜地开展布局调整，加强寄宿制学校的建设，改善寄宿条件。当时，广西也根据自己的实际情况，自治区教育厅于 2006 年 10 月及时作出决定，强调“优化和调整各地区农村中小学布局调整，要充分考虑该地区教育发展状况、人口变动情况和群众的承受能力，防止盲目或力度过大地撤并小学和教学点，切实解决农村边远山区交通不便地区的中小学生上学远问题，对于交通不便的大石山区，河流湍急不便学生上学以及存在易发泥石流、塌方严重等地质灾害地区，各级教育行政部门要高度重视，仍需保留的小学和教学点，要予以保留，边境各县根据自治区教育行政部门的要求，结合本地实际及时做好自己的布局调整”。

2. 第二轮学校布局调整(2009—2014 年)

从 2009 年的广西全区教育统计数字显示，当时有小学教学点 10 281 个，平均在校生不足 45 人；农村小学 12 349 所，校均规模 240 人；初中 1 821 所，校均规模 968 人，规

① 21 世纪教育研究院. 农村教育布局调整十年评价报告[R]. 21 世纪农村教育高峰论坛，2012(11).

模过小，办学效率不高。于是，在2010年，广西进行中小学布局调整，以集中办学为方向，撤并农村学校。在人口集中的乡镇所在地集中办中小学，初中集中到人口大镇，甚至全部集中到县城来办，在建设城镇新区的同时把学校建设好，将优质资源做大，让农村孩子与城镇孩子共享优质教育资源。

云南省中小学校的“撤点并校”工作始于2009年11月召开的云南省中小学区域布局调整工作会议。会后，《云南省中小学区域布局调整意见》下发至各州、市、县人民政府。自此次会议开始，截至2011年底，云南仅仅用了两年时间对全省中小学校点进行了大规模的收缩，撤并了9 308个小学校点、112所中学。从总体上看，农村学校的布局调整提高了教育质量，提高了教师的配置，提高了教育的效益。不过，随着社会发展变化，这种调整也出现了执行上的一些偏差，以及过快过急导致的一些问题。学生上学变远，交通工具跟不上，路途出现安全的隐患，同时增加了群众的经济负担，还有就是寄宿制学校的条件跟不上，出现了住宿和吃饭的一些问题。因此，2012年9月，国务院办公厅专门下发了《关于规范农村义务教育学校布局调整的意见》，其中一个重点就是要重新科学制定农村学校布局规划，所有地区眼下都必须暂停撤并教学点。教育部关于暂停“撤点并校”的声音一出，云南省就暂停中小学布局调整，即所谓的“撤点并校”工作，并按照教育部的相关要求重新制定专项规划，而部分州市校点恢复工作也已经进入规划层面。

3. 即将面临的第三轮学校布局调整的背景(2014年至今)

(1) 户籍制度改革

2014年7月，国务院颁布《关于进一步推进户籍制度改革的意见》，进一步推进户籍制度改革，促进有能力在城镇稳定就业和生活的常住人口有序实现市民化，稳步推进城镇基本公共服务常住人口全覆盖。此次户籍制度的改革发展目标是进一步调整户口迁移政策，统一城乡户口登记制度，全面实施居住证制度，加快建设和共享国家人口基础信息库，稳步推进义务教育、就业服务、基本养老、基本医疗卫生、住房保障等城镇基本公共服务覆盖全部常住人口。到2020年，基本建立与全面建成小康社会相适应，有效支撑社会管理和公共服务，依法保障公民权利，以人为本、科学高效、规范有序的新型户籍制度，努力实现1亿左右农业转移人口和其他常住人口在城镇落户。

新户籍制度创新人口管理，“建立城乡统一的户口登记制度”——取消农业户口与非农业户口性质区分，以及由此所衍生出的蓝印户口等户口类型，“统一登记为居民户口”，体现户籍制度的人口登记管理功能。同时，建立与统一城乡户口登记制度相适应的教育、卫生计生、就业、社保、住房、土地及人口统计制度。如建立居住证制度。公民离开常住户口所在地到其他设区的市级以上城市居住半年以上的，在居住地申领居住证。符合条件的居住证持有人，可以在居住地申请登记常住户口。以居住证为载体，建立健全与居住年限等条件相挂钩的基本公共服务提供机制。居住证持有人享有与当地户籍人口同等的劳动就业、基本公共教育、基本医疗卫生服务、计划生育服务、公共文化服务、证照办理服务等权利；以连续居住年限和参加社会保险年限等为条件，逐步享有与当地户籍人口同等的中等职业教育资助、就业扶持、住房保障、养老服务、社会福利、社会救助等权利；同时结合随迁子女在当地连续就学年限等情况，逐步享有随迁子女在当地参加中考和高考的资格。户籍制度的改革直接对教育产生了深远影响，教育界希望新政策为教育改革带来契机：随迁子女能够更方便地就近入学接受义务教育，逐步享有在当地参加中考和高考的资格；取消城乡“区别对待”后各级政府对教育的投入更为公平，等等。

同时，切实保障农业转移人口及其他常住人口合法权益。保障农业转移人口及其他常住人口随迁子女平等享有受教育权利；将随迁子女义务教育纳入各级政府教育发展规划和财政保障范畴；逐步完善并落实随迁子女在流入地接受中等职业教育免学费和普惠性学前教育的政策以及接受义务教育后参加升学考试的实施办法。因此，随着户籍制度的改革，边境民族地区人口可能会向城镇流动。

(2) 教育城镇化发展

随着我国城镇化的发展，我国农村地区出现了“农村基础教育城镇化”的发展模式。该模式指通过调整农村学校布局，减少村办中小学校，扩大农村建制镇或传统集镇所在地中小学校的规模，提高教育教学质量，最大限度地发挥学校规模效益。这种模式是在城镇化的影响之下形成的一套关于“选择什么样的发展途径和如何发展”的观点和行为，它适应了农村城镇化建设与发展的迫切需要，同时也是农村基础教育走出窘境、实现跨越发展的关键。崇左市濒临北部湾，与越南接壤，边境线长 533 公里，是广西陆地边境线最长、全国陆地口岸最多的地级市之一，也是中国通往东盟的门户和中越“两廊一圈”及南宁—新加坡经济走廊的重要节点城市。崇左市正在进一步调整经济发展模式，着力打造面向东盟的沿边产业经济带，重点发展开放型经济，预期经济外向度将大幅上升，经济贸易增长潜力明显增加，对边境民族教育发展也必将形成新的需求。随着跨境贸易的发展，边境民族地区民众家庭收入得到不断改善且差距开始拉开，经济条件好的家庭会把孩子送进城镇就读。

(3) 农村学校办学效益无法满足群众需求

我们不可否认由于历史、战争、自然及社会等原因，广西边境民族地区的民族教育发展长期处于低水平、低质量状态，历史欠账太多，缺口较大，光靠“大会战”等各种具有政策性和财力工程的扶持项目还不能从根本上改变边境民族地区教育落后状态，只能维持较低水平的教育运转。由于教育资源配置不足，边境的适龄儿童和少年入学、求学出现“马太效应”，村里的孩子往县城挤，县城的孩子往市区挤。只要是有经济能力的家庭，就不会把孩子放在当地学校就读，从而导致乡镇初中招生连年减少，村屯小学教学点生源出现危机，农村小学，特别是教学点的教学质量和办学效益越来越不能满足群众的需要，少数教学点基本面临有教师无学生的尴尬。

二、教育布局调整政策分析

(一) 国家推进农村义务教育学校布局调整的政策

义务教育学校布局调整是我国优化义务教育资源配置，促进义务教育改革发展的一项重要政策。20 世纪 90 年代中后期，在全国绝大多数地区完成了义务教育普及任务的背景下，“中小学布局调整”被列入教育政策议程。从 1998 年教育部颁发《关于认真做好“两基”验收后巩固提高工作的若干意见》，要求“合理调整中小学校布局”开始，到 2001 年至 2003 年，《国务院关于基础教育改革与发展的决定》颁布实施，国务院和财政部分别下发《关于完善农村义务教育管理体制的通知》和《中小学布局调整专项资金管理办法》，我国农村中小学开始了学校布局大调整，重点解决农村学校“布局分散、规模小”的问题。事实证明，农村中小学布局调整对于优化农村基础教育结构，合理配置农村教育资源，进而实现义务教育均衡发展有显著效果。从这个意义上看，“布局调整”适应了当时义务教育巩固提高的形势，无疑是个好政策。

与此同时，我们也应该看到“布局调整”作为一个影响全局的政策，需要与时俱进，需要逐步完善。一方面，任何教育政策，在制定、执行过程中，都会面临政策情景、面对的主要任务有所改变的问题。与当初实施“布局调整”的环境相比，如今农村地区教育事业发展迅速，在城市化快速推进过程中农民工子女进城就读、留守子女教育等问题愈发凸显，这都必然地要求布局调整政策有所调整，有所完善。另一方面，一些地方在落实“布局调整”过程中，盲目进行“一刀切”，撤并学校过多，学校服务网点收缩过大，引发学生求学成本增加、交通安全缺乏保证等突出问题，损害了部分群众的利益，甚至导致了新的辍学现象的出现，政策执行出现偏差，产生了一定的负面影响。

从研究层面看，庞丽娟[①]、范先佐[②]和熊向明[③]等在肯定义务教育学校布局调整在扩大办学规模、优化教育资源配置、提高教育教学质量方面所取得的显著成绩的同时，也看到学校布局调整政策给部分儿童入学及身心发展带来的不利影响以及加重学生家庭经济负担的负面作用。如，以北京师范大学庞丽娟教授为代表的学者主要看到学校布局调整政策的负面作用，以反对的声调为主；以华中师范大学范先佐教授为代表的学者在看到学校布局调整政策在实施过程中出现的一些问题的同时，更看到这项政策对促进教育均衡发展，实现教育公平的积极作用。

事实上，对于防止和纠正布局调整中的偏颇现象的工作，国家有关主管部门一直很关注，从未放松“纠偏”。早在 2004 年，教育部、财政部在《关于进一步加强农村地区“两基”巩固提高工作的意见》中就提出“对于地处偏僻的教学点应予以保留，以避免因就学路程较远造成小学生失学、辍学”；2006 年 6 月教育部分别发出《关于切实解决农村边远山区交通不便地区中小学生上学远问题有关事项的通知》、《关于实事求是地做好农村中小学布局调整工作的通知》，强调“坚持寄宿制学校建设和低年级学生就近入学并举”的原则，要求农村“撤点并校”要实事求是、稳步推进、方便就学。2010 年教育部印发了《关于贯彻落实科学发展观进一步推进义务教育均衡发展的意见》，再一次要求地方各级教育行政部门在调整中小学布局时，要统筹规划、实事求是，“避免盲目调整和简单化操作”。诸多文件的共同点在于，进一步重申了“布局调整”工作要因地制宜、实事求是，不搞“一刀切”。这些指导性意见一定程度上减缓或纠正了偏颇现象，反映了国家对于布局调整和农村教育发展问题的高度重视。到 2012 年 7 月，教育部发布了《规范农村义务教育学校布局调整的意见》，国务院办公厅于当年 9 月又下发了《关于规范农村义务教育学校布局调整的意见》，这两个《意见》的“面世”，无疑为“撤点并校”工作的走向指明了方向。其中，《关于规范农村义务教育学校布局调整的意见》正是有针对性地来解决当前布局调整中的问题，其中一个重点就是要重新科学制定农村学校布局规划，所有地区都必须暂停撤并教学点。按照要求，一至三年级的学生原则上都要在村里上学，不搞寄宿制，更不搞长途的跋涉，不要把学生很多的时间和精力花在上学的路上；小学高年级的学生也是尽量不寄宿，确有寄宿的要解决他们的实际

① 庞丽娟. 当前我国农村中小学布局调整的问题、原因与对策[J]. 教育发展研究，2006(2).

② 范先佐，郭清扬. 我国农村中小学布局调整的成效、问题及对策：基于中西部地区 6 省区的调查与分析[J]. 教育研究，2009(1).

③ 熊向明. 对当前农村中小学布局调整的反思[J]. 教育与经济，2007(2).

问题;初中的学生选择寄宿或者是走读。针对后续工作提出更加明确、具体的要求,对于各个省、自治区、直辖市的方案要进行重新审视,各省要在修订之后上报国家教育体制改革领导小组办公室审核,审核备案之前,各省一定要停止撤并学校和教学点。各地重新制定的专项规划最后将统一上报到国家教育体制改革领导小组备案,截止时间到2013年的6月底。

在我国,由于城市化进程普遍加快、农村地区学龄人口减少,农村学校布局还远没有达到科学合理的程度。布局调整不会因为出现了一些问题而改弦易张。相反,布局调整政策不仅要延续,还要把好事做好。毫无疑问,布局调整政策也需要面对新形势、解决新问题。其实,2010年颁布的《国家中长期教育改革和发展规划纲要(2010—2020年)》就明确提出要"适应城乡发展需要,合理规划学校布局的要求",为做好布局调整指明了方向。农村教学点的变化首先要尊重农村的实际情况,严格撤并程序。该设置就设置,该保留就保留,学生的发展需要是最高原则。根据学生的人数、群众的需求、办学的条件来定,如果由于学生过少,教育质量难以保障,撤并这所学校也要经过严格的程序,包括要进行论证,要听取村民的意见,要解决后续可能的问题,如果多数的村民不同意,这样的学校还是不能撤并。

在教育发展的新形势下,要把"布局调整"的好事办好,重点在于把相关政策调整好,执行好。国家教育主管部门要适时加强政策引导,着眼于"促进公平、提升质量"的战略要求,在"学生就近入学、不加重农民负担"的前提下,统筹新形势下布局调整工作,形成新的指导性意见。把好事办好,还需要各地把政策执行好。当前情况下,作为直接管理农村教育的县级教育行政部门,要进一步完善本区域布局调整方案,要深入实际,做好调研,充分听取群众意见;同时也要充分考虑财力支付、校舍建设、食宿配套建设、教师定编、地理位置特殊性、学龄人口变化等多方面制约因素;还要适时调整政策的执行方式,切实做到明确标准、实事求是,力戒简单粗暴、一刀切。重要的是,已经完成布局调整的区域,有关部门要认真总结经验,积极主动回应群众的意见。对人民群众反映强烈的,要做好解释和补救工作。总之,上下配合,统一思想,形成合力,自始至终做到科学谋划、稳步推进,才能切实把政策落实好、落实出成效,保证布局调整后学校教育质量和效益的提高,实现教育均衡发展、办人民满意教育的目标。

(二)西南民族地区推进义务教育学校布局调整的政策

2001年《国务院关于基础教育改革与发展的决定》的颁布,把调整农村义务教育学校布局列为一项重要工作,随后国务院和财政部分别下达了《关于完善农村义务教育管理体制的通知》和《中小学布局调整专项资金管理办法》，进一步推动了农村中小学布局调整，各地政府也加快了布局调整的步伐。然而，我国西部少数民族地区由于地理位置的原因，大多数山区村寨居住分散，交通不便，为方便各族儿童就近入学，学校布点只能像“满天星”一样小而散。这对当地的教育发展造成了不利的影响。多年来，西南少数民族地区各级政府对农村校点的建设高度重视，每年投入大量人力物力，但因农村校点数量多、分布广、布局散，学校在师资力量、教学水平、基础设施建设等方面都存在着诸多困难。

自2001年起，广西各地政府纷纷制定本地区的农村中小学布局调整规划，农村中小学布局调整在全区范围内展开，但是该政策的推进很不平衡。2001年至2009年，广西在自治区层面主要是落实国家文件中提及的相关政策，没有就义务教育学校布局调整工作提出专门的政策，没有出台独立的文件，也没有召开过专题工作会议，没有做过专项统计、调查和总结。因此在全区范围内，推进义务教育学校布局调整工作相对比较滞后。在地级市、县(市、区)一级，大多数地方没有出台专门的政策文件，没有把学校布局调整作为专项工作来推进。但有的市县把义务教育学校布局调整作为重要工作，出台了强有力的专门的政策措施，大力推进学校布局调整，建设寄宿制学校，促进教育均衡发展。比如，柳州市鹿寨县、梧州市岑溪市把布局调整工作与国家义务教育学校危房改造项目一、二期工程，广西农村基础设施建设项目，水毁学校重建项目以及学校校舍维修项目结合起来，把学校布局调整作为推进标准化学校建设、促进教育均衡发展的载体来抓，政府部门成立了领导小组，出台了专门的文件，召开专题工作会议，积极推进义务教育学校布局调整工作。

直到2010年11月，自治区政府正式下发了《广西壮族自治区教育布局结构调整指导意见》，为贯彻落实全国、全区教育工作会议精神，全面贯彻实施《国家中长期教育改革和发展规划纲要(2010—2020年)》和《广西教育发展重点工程和体制改革试点总体方案(2010—2012年)》，统筹规划全区各级各类学校建设，推进教育事业科学发展，就“十二五”期间教育布局结构调整工作提出意见和建议。意见提出发展目标及主要工作任务，通过科学规划、合理布局，着力改善保留学校和新建学校的办学条件，优化教育资源配置，提高教育教学质量和办学水平，达到资源共享、规模办学、保证质量、方便就学、提高效益的目标，努力形成多层次、多样化、开放型教育发展新格局，促进全区教育全面协调可持续发展。

为了贯彻落实国家关于学校布局调整的政策，地处西南边境的云南省也提出了一系列政策措施:(1)1999 年在云南省教育工作会议上,云南省委、省政府明确提出“以集中办学为方向,宜并则并,需增则增”的原则。(2)2001 年,云南省制定了《云南省基础教育振兴行动计划》,提出了寄宿制学校建设的具体目标,同时省财政加大对寄宿制、半寄宿制学生的补助力度。该《计划》还提出,中小学危房改造要坚持与学校布局调整相结合,重点调整山区村小和教学点。(3)2003 年出台的《西双版纳傣族自治州教育发展“十五”规划》在主要任务和措施中提出,有计划、分期分批地对全州现有小学实施集中(合并)办学,调整布点,使全州初中及小学布点逐渐趋于合理,达到提高质量、增加效益的目的,力争在五至十年内全部调整完毕。《规划》还提出中小学危房改造要与学校布局调整结合起来。(4)2006 年,西双版纳州人民政府发布的《西双版纳州关于整合优化教育资源的意见》明确规定了整合优化教育资源的原则、目标和任务,提出以提高办学效益为目标,以集中办学为方向,因地制宜,实事求是,做到规模、结构、质量和效益的统一。云南省的学校布局原则反映了云南地理、民族、文化等方面的实际情况。在坚持以集中办学为方向的同时,政府并不排斥和否定比较分散的教学点的作用;还根据不同的条件,提出了“需增则增”的政策。具体情况是:在人口高度分散、适龄儿童达 5—6 个、村寨离完小太远的地方,针对少数民族一些人“你有,我也要有”因而不愿到其他村寨上学的心理,针对云南省少数民族大杂居、小聚居及各少数民族文化个性的特点,不强行撤销校点,必要的还要增加。云南根据实际情况,具体问题具体对待,切实保障了农村山区少数民族儿童的受教育权利。(5)2009 年 11 月,在云南省中小学区域布局调整工作会议上,《云南省中小学区域布局调整意见》下发至各州、市、县人民政府,云南省中小学校的“撤点并校”工作自此开始。2010 年 7 月,云南省召开中小学区域布局调整工作推进会议,针对本省存在的农村地区经济社会发展水平相对滞后,一些州市自然环境条件差,人口居住分散,高寒山区、少数民族贫困地区校点较为分散,全省中小学区域布局调整工作还存在一些困难和问题,要求在正视困难和问题的同时,充分认识到全省中小学区域布局调整工作面临良好的历史机遇,明确从当地实际出发,以集中办学为方向,需增则增,宜并则并,撤建并举,合理确定学校的布局、数量和规模。要注意研究中小学区域布局调整中出现的新情况和新问题,不断完善配套政策措施,着力解决制约发展的突出问题。

在边境民族地区,学校布局在调整过程中都有相对完善的政策作为保障支撑。如广西崇左市大新县、龙州县、宁明县等在调整学校布局时明确,凡属规划内的学校,一律由政府提供划拨用地。凡学校建设项目,均享受自治区、崇左市重点工程建设项目和公益设施建设项目的优惠政策。布局调整后闲置的财产归教育部门所有，优先用于学前教育或成人教育。课桌椅、床架、图书、仪器设备等可移动资产由教育局调配，村小学或教学点的房屋（土地）等不动资产处置方案由乡（镇）人民政府提出处理意见报县学校布局调整工作领导小组批准。凡属学校财产，处置后的收益，全额上交财政，并全部用于学校建设。同时，凡制定城区建设发展规划，都要优先配套，预留教育发展用地，并事先征求教育部门意见。云南省于2009年提出：用3年时间完成中小学区域布局调整的阶段性任务，到2012年，云南省将全部撤销“一师一校”点，小学、中学将分别撤并3成和2成。原则上撤并300人以下的村小和教学点。人口在2万人以下或者生均规模达不到1 000人的乡镇原则上不再设初中，可设立九年一贯制学校。然而，在“你撤我并”的推动下，全省仅用了2年时间就撤并中小学近万所。一些撤并之后的问题也时常见诸媒体而引来了诸多争议和质疑。

（三）西南民族地区学校布局政策调整的重心转移

进入21世纪以来，随着我国农村学龄人口持续减少、城镇化进程快速推进、农村人口流动日益频繁，农村学校普遍面临着生源危机，对农村学校进行布局调整势在必行。为了科学实施农村学校布局调整，国家及时出台了一系列科学稳妥的政策，有效地引导了全国各地的农村学校布局调整改革。从总体上看，这项改革优化了资源配置，改善了办学条件，扩大了教育效益，有利于开足开齐课程，提高教育质量。对此，我们应当给予客观公正的评价。但是，我们同时看到农村学校布局调整也引发了诸多问题，我们必须以改革的态度加以对待。

2012年9月，国务院出台了《关于规范农村义务教育学校布局调整的意见》，进一步明确农村义务教育学校布局，要适应城镇化深入发展和社会主义新农村建设的新形势，统筹考虑城乡人口流动，学龄人口变化，以及当地农村地理环境及交通状况、教育条件保障能力、学生家庭经济负担等因素，充分考虑学生的年龄特点和成长规律，处理好提高教育质量和方便学生就近上学的关系，努力满足农村适龄儿童少年就近接受良好义务教育的需求。可以说，国家历时十余年的以“撤点并校”为重心的农村学校布局调整已经基本结束，下一步应当把战略重心转移到“后续建设”上，即以促进教育均衡、提高教育质量为重点，以适度小规模学校和小班化教学为方向，以方便就近入学、安全健康成长为底线，全面推进农村学校布局调整改革的深化。特别是在边境民族地区，这些地区由于受历史、地理等因素的影响，一般人口稀少，居住分散，交通不便，“两基”达标基础十分不稳固，如果一味撤并学校，就会扩大农村学校的服务半径，增加农村儿童的上学距离，极易诱发新的辍学。我国没有实施撤并的农村学校大多是地处边境民族地区边远山区的小学或教学点。在新的历史阶段，我们的战略重心应转向对这些地区没有撤并学校的发展上，突破“只有实行集中办学才能优化资源配置和提高教育质量”、人为地把“有学上”和“上好学”对立起来的错误思维方式。在这种思维方式的作用下，这些地区虽然表面上保留村小和教学点，但却不给予积极的投入和建设，而是把学校建设的重点放在了乡镇以上学校，资源向那些学校倾斜，结果导致边境、边远地区的村小和教学点破败不堪，教育教学质量低下，严重影响了人们对村小和教学点的信心，一些孩子在无奈之下被迫走上了择校的高成本求学之路或选择了辍学。可以说，包括边境民族地区在内的边远地区的村小和教学点建设是民心工程，不仅应该建设，而且应该要努力加强教学点复式教学和村小小班化教学模式的探索与研究。

三、边境民族地区教育布局现状及个案研究

（一）边境民族地区教育布局基本现状

学校布局调整涉及边境民族地区千家万户，为使该项工作顺利进行，需要有关部门和人民群众的理解和支持。在具体实施工作中，教育行政部门广泛深入地开展宣传工作，充分运用各种现代传媒大力宣传布局调整的相关政策、措施，切实做好干部、群众、教师、家长、学生的思想工作，把意义讲清，把政策讲透，把账算明，对优化整合教育资源形成共识，为布局调整工作营造积极的社会氛围，使学校布局调整工作得到学生、家长、社会普遍认同。同时，在具体调整学校布局过程中始终坚持统筹规划原则，根据本地区人口变化情况和经济社会发展需要，做到规划“一盘棋”，要同城镇化建设和新农村建设结合起来，纳入地区城乡总体发展规划，以避免重复建设和投资浪费；坚持“四个集中”原则，有效整合教育资源，即：高中向县城集中，初中向城镇集中，小学向乡镇集中，教学点向行政村集中；坚持循序渐进原则，先建后并、先急后缓、先易后难、量力而行、逐年推进；坚持资源节约原则，充分利用现有教育资源，避免大拆大建，尽可能在现有学校基础上扩建、改建，以节约教育资源；坚持标准化建设原则，无论是新建还是改扩建的学校，均按照标准化学校的标准一次性规划到位，分步实施；坚持均衡发展原则，加强薄弱学校改造，促进义务教育均衡发展，提高优质教育资源共享水平，推进边境民族地区城乡教育协调发展。

总体来说，边境民族地区农村学校的布局调整提高了教育质量，优化了教师资源

配置，提高了教育的效益。不过，随着社会发展变化，这种布局在调整的过程中也出现了执行上的一些偏差，有的地方在学校撤并过程中过急过快，规划方案不完善，操作程序不规范，保障措施不到位，出现学生上学变远、交通工具跟不上、路途出现安全隐患，同时增加了群众的经济负担，加上部分寄宿制学校的食宿条件跟不上，从而影响了农村教育的健康发展。

（二）西南边境民族地区教育布局个案：以边境县为视角

个案一：广西大新县学校布局调整

（广西崇左市大新县行政区划图，正西与越南民主共和国毗连，国界线长 40 余公里）

为确保学校布局调整工作做到科学合理，2011 年初，大新县组织教育局等部门工作人员深入全县中小学校开展学校布局调整调查研究，确立了“先建后并、先急后缓、先易后难、量力而行、逐年推进”的思路，提出整合资源要坚持“高中向县城集中，初中向城镇集中，小学向乡镇集中，教学点向行政村集中”的“四个集中”原则。在认真调研和广泛征求意见的基础上，根据全县学龄人口现状及发展变化趋势、自然条件、交通状况、现有学校情况等实际，2011 年 8 月制定完善了《大新县 2011—2015 年学校布局调整规划》，积极以创建标准化、规范化学校为目标，科学规划全县学校布局，优化教育资源配置，提高办学水平和教育质量，办好人民满意的教育，实现城乡教育均衡、协调、健康、可持续发展。

截至 2014 年 12 月，大新县有普通高中 2 所，职业技术学校 1 所，初中 17 所，小学

145 所(其中县直小学 1 所,县城小学 4 所,乡镇中心小学 13 所,村完全小学 22 所,非完全小学 105 所),教学点 90 个。在校高中生 2 768 人,职校生 1 881 人(成人在职 1 335 人,全日制学生 546 人),初中生 8 340 人,小学生 20 278 人。全县现有教职员工 2 987 人,其中,公办教师 2 074 人,聘用制教师 805 人,工人 108 人;有专任教师 2 721 人,其中,职校专任教师 51 人,普通高中专任教师 197,初中专任教师 610 人,小学专任教师 1 823 人,幼儿园专任教师 40 人。

随着大新县县域经济社会的迅猛发展,农村剩余劳动力和外来人口大量向城镇集中,学龄人口也迅速增加,城区学校数量明显不足,而农村学校生源逐步减少,特别是初中学校难以产生规模效益,造成了城乡教育发展的严重失衡。突出表现为:一是因进城求学人员的大量涌入和城区常住人口的快速增长,县城学校人满为患,班额严重超标。实验中学平均每班 61 人,超标 22%;桃城一中平均每班 60.8 人,超标 21.6%;桃城一小平均每班 56.4 人,超标 25.3%;桃城二小平均每班 57.8 人,超标 28.4%;桃城三小平均每班 55.8 人,超标 24%;桃城四小平均每班 58.2 人,超标 30.4%。二是农村中小学校数量多,规模小,布点分散,办学效益低下。乡镇初中在校学生不足 250 人的有 8 所(土湖中学 113 人,硕龙中学 168 人,振兴中学 174 人,恩城中学 180 人,龙门中学 203 人,堪圩中学 221 人,福隆中学 229 人,那岭中学 236 人),占全县初中学校总数的 47%;村完小在校生不足 50 人的有 68 所,教学点在校生 10 人以下的有 50 个。2009 年初中毕业升学考试综合评估在 300 分以下的学校有 9 所,占全县初中学校总数的 53%,教育质量成为社会关注的热点,择校现象较为突出。三是学校办学条件薄弱。县城中小学校舍面积增长远远跟不上学生数量增长速度,学校的实验室、图书室等功能室被挤占用作教室来缓解学生就读压力。农村中小学校的办学设施落后、设备缺乏,严重影响教育教学质量的提高。四是师资队伍失衡,学科配备不合理。因农村学校规模小、班额小和课程开设科目多等原因,造成农村学校教师虽总数超编,但在职教师还不能满足教育教学需要,生物、地理、体育、美术、音乐、英语、信息技术等学科教师严重短缺;村小学教师年龄老化、素质偏低、结构不合理,难以适应新课程改革需要,对素质教育的全面实施造成严重影响。为彻底改变全县中小学校点分散、办学规模小、基础设施薄弱、专业教师短缺、办学效益低的局面,该县学校布局调整势在必行。

为统筹学校布局调整工作,集中人力、物力和财力,强有力地推进调整规划的落实,大新县成立了以县委书记为顾问,县长为组长,县四家班子分管教育工作领导为副组长，县教育局、县发展和改革局（简称县发改局）、县财政局、县住房和建设局（简称县住建局）、县国土资源局、县人力资源和社会保障局（简称县人社局）、县机构编制委员会办公室（简称县编委办）等部门负责人为成员的学校布局调整工作领导小组。领导小组下设办公室（设在县教育局），由教育局局长兼任办公室主任，并从县教育局、县发改局、县住建局、县国土资源局、县财政局抽调人员组建专门工作班子。工作组明确职责，由县教育局主要负责布局调整工作的实施、督导、评估、协调工作；县发改局负责布局调整宏观监控及项目审核工作；县财政局负责布局调整建设所需经费的预算、筹措及项目经费的落实工作；县住建局负责布局调整的校舍规划及项目质量监督监理工作；县国土资源局负责布局调整过程中学校所需用地指标的安排；县编委办和人社局负责新建、扩建学校及撤并学校人事和编制工作；各乡（镇）人民政府负责把布局调整纳入村镇建设规划，统筹解决征地、供地问题，切实做好撤并学校所在行政村群众的思想工作；各学校加强管理，协助做好校园规划和校园功能区划分及校园绿化、美化工作；县政府各相关单位，应各司其职，积极配合，通力合作，确保布局调整工作顺利实施。工作组制定了具体详实的调整方案：

1. 普通高中：预计 2015 年全县普通高中在校生为 5 300—6 000 人。其中大新县大新中学原址扩建，规模 60 班，容纳学生 3 000 人。大新县民族高中征地 23 亩，原址扩建，规模 48 班，容纳学生 2 400 人。

2. 初中、九年一贯制学校：2010 年全县初中在校生 8 794 人，预计到 2015 年全县初中在校生为 10 000—11 000 人，在城区设置 3 所初中，在雷平镇、全茗镇、榄圩乡各设 1 所初中，在下雷镇、硕龙镇各设 1 所九年一贯制学校即可满足全县需要。(1)大新县民族希望中学。在华侨经济管理区内新建，规模 54 班，容纳学生 2 700 人。(2)大新县实验中学。征地 30 亩，原址扩建，规模 48 班，容纳学生 2 400 人。(3)大新县桃城一中。原址改建，规模 36 班，容纳学生 1 800 人。(4)大新县雷平中学。原址扩建，规模 30 班，容纳学生 1 500 人。(5)大新县全茗中学。原址改建，规模 12 班，容纳学生 600 人。(6)大新县榄圩中学。原址改建，规模 15 班，容纳学生 650 人。(7)大新县下雷九年一贯制学校。下雷中学和下雷镇中心小学合并为九年一贯制学校，在下雷中学原址改建，规模 27 班（小学 15 班，初中 12 班），容纳学生 1 400 人。(8)大新县硕龙九年一贯制学校。硕龙镇中学和硕龙镇中心小学合并为九年一贯制学校，在硕龙镇中学原址改建，规模 20 班（小学 14 班，初中 6 班），容纳学生 900 人。

3. 城区小学：(1)大新县桃城第一小学。原址改建，规模 46 班，容纳学生 2 070

人。(2)大新县桃城第二小学。原址改建,规模 48 班,容纳学生 2 160 人。(3)大新县桃城镇第四小学。在职工宿舍楼后面扩建,由县政府协调残联置换用地,无偿划拨。规模 42 班,容纳学生 1 890 人。(4)大新县桃城镇北三小学。征地 20 亩,原址扩建,规模 42 班,容纳学生 1 890 人。(5)大新县华侨农场小学并入大新县民族希望中学,保留 1 至 3 年后逐渐并入桃城第一、第二小学。规模 6 个班,每个年级 1 个班。(6)大新县桃城镇第三小学。原址改建,规模 12 班,容纳学生 540 人。

4. 乡镇小学:各乡镇小学三至六年级学生原则上全部集中到乡镇中心小学(九年一贯制学校)上学,除雷平镇车站小学、振兴小学、下雷镇土湖小学保留一至六年级外,全县其余的村小学仅保留低年级教学班,学生数不足 15 人的教学点一律撤并。在乡镇中心小学(九年一贯制学校)就读小学生占小学生总数的 80%以上。

5. 特殊教育学校:新建,由县政府无偿划拨建设用地 12 亩。规模 10 个班,在校生 100 人,即可满足全县特殊人群教育需要。

在调整后的教育资源使用方面,为确保学校校产不浪费不流失,并能充分发挥应有的效益,对撤并后的学校校产使用作了严格调整:(1)雷平镇振兴中学撤并后,将学校改建为雷平镇振兴小学,原振兴完小校址改建为行政村公办独立幼儿园;(2)下雷镇土湖中学撤并后,将学校改建为下雷镇土湖小学,原土湖完小校址改建为行政村公办独立幼儿园;(3)下雷镇中学改建成九年一贯制学校后,原下雷镇中心小学校址改建为下雷镇中心幼儿园;(4)硕龙镇中学改建成九年一贯制学校后,原硕龙镇中心小学校址改建为硕龙镇中心幼儿园;(5)恩城乡中学撤并后,校产移交给恩城乡中心小学使用,原恩城乡中心小学校址改建为恩城乡中心幼儿园;(6)龙门乡中学撤并后,校产移交给龙门乡中心小学使用,原龙门乡中心小学校址改建为龙门乡中心幼儿园;(7)昌明乡中学撤并后,校产移交给昌明乡中心小学使用,原昌明乡中心小学校址改建为昌明乡中心幼儿园;(8)福隆乡中学撤并后,校产移交给福隆乡中心小学使用,原福隆乡中心小学校址改建为福隆乡中心幼儿园;(9)五山乡中学撤并后,校产移交给五山乡中心小学使用,原五山乡中心小学校址改建为五山乡中心幼儿园;(10)那岭乡中学撤并后,校产移交给那岭乡中心小学使用,原那岭乡中心小学校址改建为那岭乡中心幼儿园;(11)宝圩乡中学撤并后,校产移交给宝圩乡中心小学使用,原宝圩乡中心小学校址改建为宝圩乡中心幼儿园;(12)堪圩乡中学撤并后,校产移交给堪圩乡中心小学使用,原堪圩乡中心小学校址改建为堪圩乡中心幼儿园。同时,学校布局调整后,明确教师资源可作如下使用:初中教师通过竞聘选调,择优安排到并入学校任教;部分教师安排到小学任教，由所在乡镇中心小学统筹安排，通过学习培训后安排到乡镇中心幼儿园任教，充实小学和学前教育师资力量。

从2011年至2013年，大新县严格按照学校布局调整实施步骤执行：(1)2011年秋季学期，将雷平镇振兴中学撤并入雷平中学，下雷镇土湖中学撤并入下雷中学，龙门乡中学二、三年级撤并入桃城一中，恩城乡中学二、三年级撤并入大新县实验中学。(2)2011年秋季学期，大新县民族希望中学开始招收五山乡、那岭乡、龙门乡、昌明乡、福隆乡、恩城乡、农场小学以及桃城镇北三、黎明、松洞、社隆等村小学的毕业生。五山乡中学、那岭乡中学、昌明乡中学、福隆乡中学停止招收新生。(3)2011年秋季学期，宝圩乡中学、堪圩乡中学停止招收新生；宝圩乡、堪圩乡的小学毕业生安排到大新县雷平中学就读。(4)2011年秋季学期，振兴乡中学撤并后，原址改建成寄宿制小学，校名为雷平镇振兴小学，将振兴、共和、钦联、新贵、咘龙、怀义、怀礼、怀仁、怀阳等行政村小学的三年级以上学生集中到振兴小学寄读。土湖中学撤并后，原址归土湖小学，将土湖、志刚、三湖、新湖、新育、信孚等行政村小学的三年级以上学生集中到土湖小学寄读。(5)2011年秋季学期，恩城乡中学撤并后，原址改建成恩城乡中心小学。龙门乡中学撤并后，原址改建成龙门乡中心小学。(6)完善城区小学和初中学校的管理体系。2011年秋季学期，将桃城镇第一小学更名为桃城第一小学，桃城镇第二小学更名为桃城第二小学。大新县民族希望中学、大新县实验中学、桃城第一中学、大新县桃城第一小学、大新县桃城第二小学为县直学校，归县教育局直接管理。(7)2011年秋季学期，除仍保留一至六年级的三所村完小外，全县其余的村完小全部改制为村小学。村小学不设法人代表。(8)2013年秋季学期，将五山乡中学、那岭乡中学、昌明乡中学、福隆乡中学撤并入大新县民族希望中学；将宝圩乡中学、堪圩乡中学撤并入大新县雷平中学。(9)2013年秋季学期，五山乡中学撤并后，原址改建成五山乡中心小学；那岭乡中学撤并后，原址改建成那岭乡中心小学；福隆乡中学撤并后，原址改建成福隆乡中心小学；昌明乡中学撤并后，原址改建成昌明乡中心小学；宝圩乡中学撤并后，原址改建为宝圩乡中心小学；堪圩乡中学撤并后，原址改建成堪圩乡中心小学。

为确保学校布局调整工作顺利进行，切实做好资金保障工作，大新县严格用好中央、自治区安排的各种专项资金；积极争取国家、自治区、崇左市的项目建设专项资金，足额征收城镇教育费附加、地方教育费附加，农村税费改革专项转移支付按规定比例足额用于农村义务教育，以及积极筹集社会捐赠捐助等方面资金，全县中小学校布局调整规划建设项目总投入资金21 664.8万元。为加强资金管理，设立学校布局调整项目专户，归集上级补助资金、社会捐助资金、预算安排资金等全部建设资金，实行专户管理，由学校布局调整领导小组统筹使用，并按有关资金管理办法执行。在学校布局调整规划内，大新县需要新建初中学校 1 所，特殊教育学校 1 所；扩（改）建高中 2 所，初中 5 所，九年一贯制学校 2 所，完全小学 16 所。分五年实施，概算投入资金21 664.8 万元，建设校舍总面积 172 510 万平方米。各年度项目建设计划见下表。

表 4－1　2011 年度学校布局调整项目建设投资计划

<table>
<tr><th>序号</th><th>学校名称</th><th>项目名称</th><th>建设规模（平方米）</th><th>估算总投资（万元）</th><th>面积小计（平方米）</th><th>各校金额小计（万元）</th><th>备注</th></tr>
<tr><td></td><td>合计</td><td></td><td>23 270</td><td>2 956</td><td>23 270</td><td>2 956</td><td></td></tr>
<tr><td>1</td><td rowspan="2">大新县民族希望中学</td><td>学生宿舍楼</td><td>3 300</td><td>396</td><td rowspan="2">5 850</td><td rowspan="2">702</td><td rowspan="2"></td></tr>
<tr><td>2</td><td>教学楼</td><td>2 550</td><td>306</td></tr>
<tr><td>3</td><td>大新县实验中学</td><td>教学楼</td><td>2 500</td><td>300</td><td>2 500</td><td>300</td><td></td></tr>
<tr><td>4</td><td>大新县桃城第一中学</td><td>教学楼</td><td>3 800</td><td>494</td><td>3 800</td><td>494</td><td></td></tr>
<tr><td>5</td><td>大新县硕龙九年一贯制学校</td><td>教学楼</td><td>1 500</td><td>210</td><td>1 500</td><td>210</td><td></td></tr>
<tr><td>6</td><td>大新县桃城第一小学</td><td>教学楼</td><td>2 500</td><td>300</td><td>2 500</td><td>300</td><td></td></tr>
<tr><td>7</td><td>大新县桃城第二小学</td><td>教学楼</td><td>2 500</td><td>300</td><td>2 500</td><td>300</td><td></td></tr>
<tr><td>8</td><td>大新县桃城镇北三小学</td><td>教学楼</td><td>1 620</td><td>210</td><td>1 620</td><td>210</td><td></td></tr>
<tr><td>9</td><td rowspan="6">大新县特殊教育学校</td><td>教学楼</td><td>1 000</td><td>120</td><td rowspan="6">3 000</td><td rowspan="6">440</td><td rowspan="6"></td></tr>
<tr><td>10</td><td>综合楼</td><td>1 000</td><td>120</td></tr>
<tr><td>11</td><td>学生宿舍楼</td><td>700</td><td>84</td></tr>
<tr><td>12</td><td>学生食堂</td><td>250</td><td>30</td></tr>
<tr><td>13</td><td>厕所</td><td>50</td><td>6</td></tr>
<tr><td>14</td><td>康复训练设备</td><td></td><td>80</td></tr>
</table>

表 4-2　2012 年度学校布局调整项目建设投资计划

序号	学校名称	项目名称	建设规模（平方米）	估算总投资（万元）	面积小计（平方米）	各校金额小计（万元）	备注
	合计		56 130	6 735.6	56 130	6 735.6	
1	大新中学	教学楼	2 500	300	5 100	612	
2		实验楼	2 000	240			
3		学生生活服务楼	600	72			
4	大新民族高中	教学楼	5 280	633.6	10 230	1 227.6	
5		学生公寓楼	4 950	594			
6	大新县民族希望中学	学生宿舍楼 2、3 幢	6 600	792	19 000	2 280	
7		教学楼(2)	2 550	306			
8		实验综合楼	5 250	630			
9		教工住宅楼(1)	4 600	552			
10	大新县实验中学	教学楼(2)	2 500	300	2 500	300	
11	大新县全茗中学	教学楼	2 500	300	2 500	300	
12	大新县榄圩中学	教学楼	2 500	300	2 500	300	
13	大新县雷平中学	教学楼（拆除重建）	2 000	240	4 000	480	
14		办公综合楼（拆除重建）	2 000	240			
15	大新县下雷九年一贯制学校	教学楼（拆除重建）	2 500	300	4 000	480	
16		学生宿舍楼	1 500	180			
17	大新县全茗镇中心小学	教学楼	1 500	180	1 500	180	
18	大新县榄圩乡中心小学	教学楼	1 500	180	1 500	180	
19	大新县雷平镇中心小学	综合楼	1 500	180	1 500	180	
20	大新县桃城第一小学	教学楼(2)	1 800	216	1 800	216	

表 4 - 3　2013 年度学校布局调整项目建设投资计划

序号	学校名称	项目名称	建设规模（平方米）	估算总投资（万元）	面积小计（平方米）	各校金额小计（万元）	备注
	合计		62 610	7 513.2	62 610	7 513.2	
1	大新中学	学生食堂	4 500	540	6 900	828	
2		学生公寓楼	2 400	288			
3	大新民族高中	学生食堂	4 150	498	9 100	1 092	
4		学生公寓楼	4 950	594			
5	大新县民族希望中学	学生宿舍楼 4、5 幢	6 600	792	25 050	3 006	
6		教学楼(3)	2 550	306			
7		办公综合楼	2 700	324			
8		教工住宅楼(2)	4 600	552			
9		合班教室	500	60			
10		学生食堂	6 750	810			
11		连廊	1 350	162			
12	大新县实验中学	办公综合楼	1 800	216	3 000	360	
13		学生食堂	1 200	144			
14	大新县雷平中学	学生宿舍楼	1 500	180	2 000	240	
15		学生食堂	500	60			
16	大新县下雷九年一贯制学校	教学楼	2 500	300	2 500	300	
17	大新县五山乡中心小学	教学楼	1 080	129.6	1 080	129.6	
18	大新县福隆乡中心小学	教学楼	2 160	259.2	2 160	259.2	
19	大新县昌明乡中心小学	教学楼	2 160	259.2	2 160	259.2	
20	大新县龙门乡中心小学	教学楼	2 160	259.2	2 160	259.2	
21	大新县桃城镇第四小学	教学楼	2 500	300	2 500	300	
22	大新县桃城镇北三小学	教学楼(2)	2 500	300	4 000	480	
23		宿舍楼	1 500	180			

表 4-4　2014 年度学校布局调整项目建设投资计划

序号	学校名称	项目名称	建设规模（平方米）	估算总投资（万元）	面积小计（平方米）	各校金额小计（万元）	备注
	合计		26 700	3 204	26 700	3 204	
1	大新中学	风雨球馆	2 000	240	3 500	420	
2		教师公寓楼	1 500	180			
3	大新民族高中	图书楼	1 800	216	2 760	331.2	
4		行政办公楼	960	115.2			
5	大新县民族希望中学	学生宿舍楼	3 300	396	11 350	1 362	
6		图书综合信息楼	6 050	726			
7		风雨操场	2 000	240			
8	大新县下雷九年一贯制学校	学生食堂	500	60	500	60	
9	大新县那岭乡中心小学	教学楼	2 160	259.2	2 160	259.2	
10	大新县恩城乡中心小学	教学楼	1 080	129.6	2 580	309.6	
11		学生宿舍楼	1 500	180			
12	大新县宝圩乡中心小学	教学楼	1 080	129.6	1 080	129.6	
13	大新县堪圩乡中心小学	教学楼	1 270	152.4	1 270	152.4	
14	大新县桃城镇第三小学	教学楼	1 500	180	1 500	180	

表 4-5　2015 年度学校布局调整项目建设投资计划

序号	学校名称	项目名称	建设规模（平方米）	估算总投资（万元）	面积小计（平方米）	各校金额小计（万元）	备注
	合计		3 800	1 256	3 800	1 256	
1	大新中学	图书楼	1 800	216	1 800	216	
2	大新民族高中	田径运动场	铺设塑胶跑道 4×400 m	800		1 040	
3		风雨球馆	2 000	240	2 000		

从2011年至今，大新县通过合理调整学校布局，走“高中向县城集中，初中向城镇集中，小学向乡镇集中，教学点向行政村集中”的规模办学路子，实现教育资源优化配置，促进教育均衡发展，满足学生享受优质教育资源的需求。布局调整基本化解了城区学校大班额问题。城镇小学、乡镇中心小学班额不超过45人，初中不超过50人，高中不超过50人；村小学班额不少于20人，班额少于15人的举办复式教学班。到2015年，乡镇中心小学以上学校全部实现办学条件标准化。新建学校严格按照自治区《农村普通中小学办学标准》进行建设，逐年对不符合条件的学校按标准进行改建。同时，学校的布局调整加强了师德建设，提高了教师教研能力，优化了教师专业结构，进一步完善了教师教育体系和教师管理制度，为建设一支数量够用、结构合理、爱岗敬业、师德高尚的专任教师队伍创造了良好环境。通过努力，大新县城区学校的示范带动作用明显增强，全县学校办学水平和教育质量逐年提高，人民群众对教育的满意度明显提升。

个案二:广西龙州县学校布局调整

龙州县位于广西西南部，距广西首府南宁市200公里，东邻崇左市江州区，南接宁明县、凭祥市，东北面与大新县相连，西北与越南接壤，总面积2 317.8平方公里，总人口近27万，辖12个乡镇，123个村(居)委会，有壮、汉、瑶、苗、回、侗等民族，壮族人口占总人口95%。这是一座具有1 290多年历史的边关商贸历史文化名城。1889年，龙州被辟为对外陆路通商口岸，是广西最早对外开放的通商口岸，也是我国与越南及东南亚各国进行文化、贸易交往的重要门户，素有“边陲重镇”、“小香港”之称。境内自然风光秀丽，地质景观独特，名胜古迹众多，文化底蕴深厚。然而从地形地貌来看，该县多个乡镇地处山区，以前因为交通不方便，生活水平低，历史上出现许多农村教学点。有部分教学点学生少，最少的不足10人；条件差，校舍多是一些砖瓦木结构，年久失修已沦为危房。这些教学点的存在一方面影响教师队伍的分配，使本来就少的教师无法满足教学需要；另一方面，因为学生人数少，教师又不足，只能实行复式上课，影响了正常的教学秩序，教学效果差。

2013年至2014年是龙州县学校布局调整的重要一年。对龙州人民来说，2012年是令人难忘的，因为广西民族师范学院举校搬迁至崇左校区。广西民族师范学院前身是1939年创办的广西省立龙州师范学校，历经广西省龙州师范学校、南宁专区龙州师范学校、南宁地区第二师范学校、南宁师范专科学校、南宁师范高等专科学校等阶段，2009年3月升格为广西民族师范学院，成为一所全日制普通本科院校。该校是广西

(2012 年夏天,广西民族师范学院龙州校区教职工搬迁至崇左校区)

最早的 3 所师专之一,被誉为“南疆国门大学”。在 70 多年的办学历史中,学校立足边境,艰苦奋斗,形成了独特的办学特色和风格,为边疆少数民族地区经济社会发展作出了积极贡献。可以说,龙州人民对这所历史悠久的国门大学,有一种难以割舍的情怀,就像是在风风雨雨中共同走过 70 多年的老战友。这所学校的存在带动了当地教育事业的长足发展,是作为革命老区的龙州渴望发展,渴望教育振兴的见证。然而,在阳光明媚的 2012 年夏天,校园内空空荡荡,校园周边冷冷清清,剩下的只有在学校门前卖包子的老婆婆无奈的眼神,还有学校周边的不少商店、粉摊被迫关闭的大门。可以想象,一所大学,数千人,对一个边陲县城而言,无论是在经济、教育、文化、意识形态,还是在城市品位、文化品位和对外形象上,其贡献都是不可估量的。值得庆幸的是,龙州县委、县政府并没有把这个历史悠久的校区夷为平地,把它建设成繁华的商品房住宅区,而是深深理解和尊重龙州人民的心情和感情,继续用这块地来发展义务教育。通过对全县学校布局作了一些调整,整合了全县 8 所中学的教育资源,进行科学规划合理布局,集中在原南宁师专校区办学,组建新的龙州县第一中学,以提高义务教育教学质量。

此外,龙州县为方便学生就近入学需要,保留县民族中学、金龙中学、水口中学、响水中学 4 所教学质量较好、生源稳定的初中学校继续在原址办学。同时,合理配置小学教育资源,将龙州镇西街小学、城北小学和城南小学等 3 所小学搬至原龙州一中,集中办学组建龙州镇城西小学;另外 5 所中心小学搬至乡镇中学原址办学,7 所中心小学继续在原址办学。通过撤并布局分散、规模小的中小学,目前龙州县已初步形成了“初中集中县城办、小学集中乡镇办,原初中办小学、原小学办幼儿园”的教育格局,促进了教育、教师、管理、文化、学生等资源共享。

个案三:广西凭祥市学校布局调整

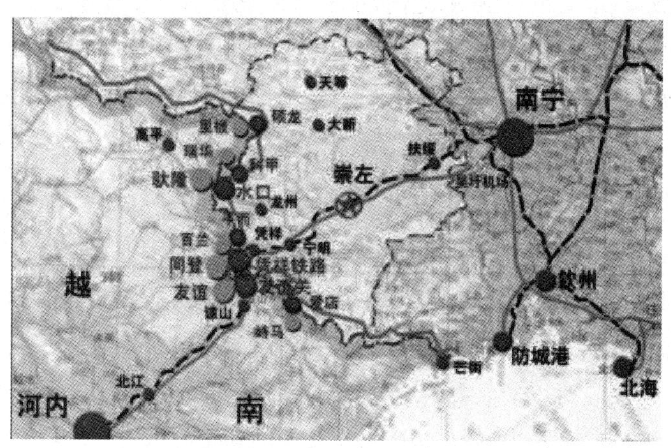

(广西凭祥市地理位置图)

凭祥市西南两面与越南谅山省交界,边境线长 97 公里(陆界 92.5 公里,水界 4.5 公里),市区中心与越南边界的直线距离只有 3 公里,距广西首府南宁和越南首都河内分别为 160 公里和 172 公里。

凭祥市是广西口岸数量最多、种类最全、规模最大的边境口岸城市,是我国通往越南及东南亚最大和最便捷的陆路通道。2010 年 11 月,凭祥市被确定为国家推进边境民族地区义务教育均衡发展改革试点县(市),这意味着凭祥成为了南疆国门的"教育特区",要为边境民族地区全面普及 12 年义务教育提供可借鉴的经验。同时,全区基础教育学校教学改革试点县(市)、全区学校布局调整综合改革试点县(市)、全区农村学前教育发展机制改革试点县(市)三项试点任务也选定在凭祥。"考虑到边境地区稳边固边和边境群众子女就近入学的需要,凭祥市党政领导多次深入学校、村屯调研,充分听取家长和群众的意见。这是惠及边境群众,让边境地区孩子也能享受到优质教育资源的民生工程。"①凭祥市主要领导亲自担任"推进义务教育均衡发展工作领导小组"组长。

2011 年以来,凭祥作为国家推进边境民族地区义务教育均衡发展改革试点县(市),从学校布局到教学设施、师资队伍、生源进行优化整合和均衡配置,对义务教育

① 周仕敏,蓝文辉.广西凭祥:蹚出"边境特色"教育均衡发展之路[N].中国教育报,2014—3—24.

均衡发展进行了积极探索。凭祥市按照市政府常务会议审定通过的《凭祥市学校布局调整规划(2011—2013年)》,按照"初中向中心城镇集中,小学向镇所在地集中,新增教育资源向城镇、中心镇集中"的方向,将原来的5所初中整合为2所(凭祥市第一中学和夏石中学);将友谊镇、上石镇、夏石镇的各村小学高年级学生集中到所在镇中心小学寄宿上学,小学低年级学生仍在本村小学就近入学。整合后的乡镇学校,生源相对集中,便于合理配备各学科教师,优化教师资源,让孩子们从"能上学"变为"上好学",较好解决了稳定边疆、就近入学和学生享受优质教育资源的问题,为实现教育均衡发展迈出了重要一步。

在凭祥有一个特别的现象,就是充分考虑稳边固边需要,全部保留边境一线上的村级小学,方便低龄儿童就近入学。而且,在经费投入和项目建设上充分照顾到边境农村小学,使边境农村小学也有跟城镇学校一样的办学条件。仅2012年,凭祥安排重建村级小学教学楼、建食堂、配备教学设备和图书等农村小学项目25个,投入经费600多万元。那民教学点就是征求群众意见后没有撤并的一个教学点。该教学点现在有一年级学生11名,距离最近的浦东小学有8公里。教学点还加强了师资建设,40岁的教师黄俊2014年从浦东小学调到教学点,就已经外出参加了两次教师培训。友谊镇平而村,与越南仅有一河之隔。平而小学过去只有10多名学生、2名老教师,是"边境农村校点分散、办学规模小、基础设施薄弱","一个老师包完所有的课程,'多而不专',体育、音乐、美术等课程也无法正常开课"的状况的典型。现在学校的师资力量、办学条件得到了极大提升,活动场地充足了,文体设备丰富了,学校别开生面地针对边境民族地区特色,开展民族体育进校园活动。友谊镇的卡凤小学也早已换上新面貌,崭新的四层综合教学楼是2011年新建的,文体室、音画室、阅览室、图书室一应俱全,食堂、学生宿舍等配套设施一样不落。学校注重培养学生掌握两项以上体育运动技能和一项艺术特长,校内有乐器合奏团,班级有文艺兴趣小组,学校还请村里民间艺人教学生拉二胡,为学生全面发展打好基础。一个篮球就是校园里全部文体活动的内容的时代已一去不复返。

学校布局调整后,凭祥中小学办学模式由分散、低效型向集中、高效型发展,师资力量、办学条件得到了极大提升,形成了较为优质的教育资源,使全市初中学生和80%以上的小学生能在条件相对较好的学校接受教育。仅2012年,凭祥就招聘了53名特岗教师、12名高中教师,逐步解决农村学校教师学科结构不合理的难题。凭祥还对校际14名领导岗位的教师进行交流,每年从城镇学校抽调15—20名教师到农村薄弱学校进行支教，加强农村学校师资力量。作为全区基础教育学校教学改革试点，凭祥从 2010 年起开展 MS－EEPO 有效教育实验，深化教育教学改革。优质教育资源的增加，城乡教师资源的均衡配置，促进了凭祥教育教学质量的提升和义务教育的均衡发展，让边境地区的城乡孩子站在了同一“起跑线”上。

个案四：云南部分边境县学校布局调整

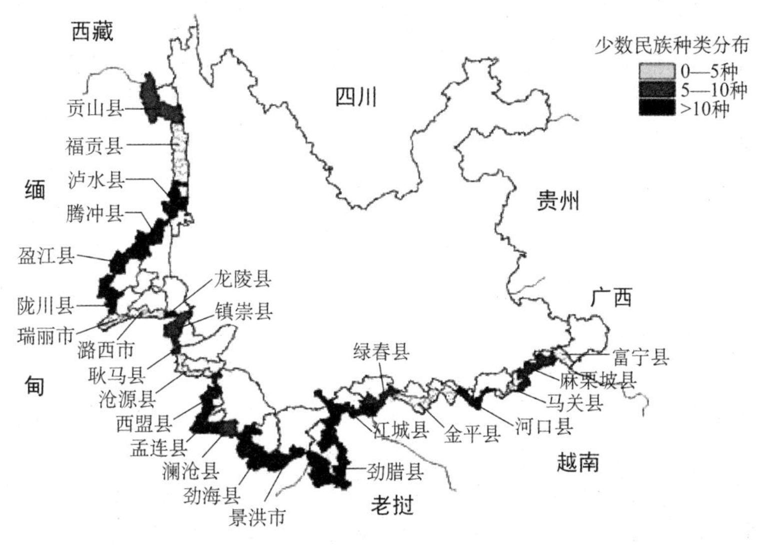

（云南省边境县少数民族种类分布图）

资料来源：云南省民族事务委员会、云南省统计局统计资料（2014 年）

云南边境地区是一个多民族地区，2010 年边境 25 个县（市）总人口 664.13 万人，占全省总人口的 14.45%。其中少数民族人口 388.52 万人，占边境总人口的 58.5%，多种民族大杂居小聚居，呈立体分布的状态。有 16 个少数民族跨境而居，即彝族、哈尼族、壮族、傣族、苗族、傈僳族、拉祜族、佤族、瑶族、景颇族、布朗族、布依族、阿昌族、怒族、德昂族、独龙族，占全国跨境民族总数的二分之一。尽管称谓不同，但这些民族与周边国家民族历史文化同源，语言相通，习俗相近，存在通婚、互市、共耕等关系。自古以来，这种同源文化和亲缘民族关系，紧密地联系着云南与东南亚国家的友好往来。

普洱市位于云南省西南部，辖 1 区 9 县，全市面积 45 385 平方公里，是云南省面积最大的一个地区。东南与老挝、越南接壤，西南与缅甸比邻，国境线长达 625 公里，是祖国重要的西南门户，仅陆上边境通道就有 18 个，澜沧江、红河、南亢河三条水道直通境外，是著名的南方丝绸之路之一。普洱市中小学校布局调整充分考虑当地的实际情况,不搞"一刀切",在考虑教育资源整合、提高教育质量的同时,充分考虑当地实际情况,边境4县部分学校没有出现因生源相对少而被撤并的情况。从2009年至2012年,普洱市撤并80个教学点(含38个"一师一校"教学点);撤并200人以下的小学155所;撤并600人以下的初中(含职业初中)24所;长期保留中小学455所。与此相比,2009年至2011年,香格里拉全县原有306所小学,缩减为17所;8所中学缩减为3所;分布在大山深处的1.7万中学生与1 468名教职员工也同时进城。也就是说,香格里拉这个仅有6万多人的小县城,人口骤然增加了近三分之一。从2007年底到2011年底,全迪庆州中小学校由952所减少到177所,共撤并775所,缩减率达81.4%。从1996年就开始了撤并中小学工作的玉溪市,截止到2011年底,已经进行了三轮撤并。小学学校数和教学点由2003年的649所、383个缩减为2011年的568所、27个,农村寄宿制学校由250所增加到461所。文山壮族苗族自治州地处云南省东南部,东邻广西百色地区,南与越南接界,西与红河州毗邻,该州丘北县天鲜乡发白村完小,有453名学生,其中73名来自周围被撤并的5个校点。为了来发白村完小读书,这些孩子最远的要走6个小时,最近要走1个多小时。学校五年级的一个班,就有10个学生辍学,无论老师们怎么劝说,家长和孩子都不愿回学校。

此外,边境民族地区有的办学点的学生宿舍、食堂、课桌椅、床、厕所等配套设施严重滞后。2张床睡3个学生、2个学生1张床、20多名学生1个宿舍的情况较为普遍。有的学校没有食堂,学生吃的食物仅是家里带来的咸菜。95%以上的学校没有沐浴室,大部分学校厕所蹲位严重不足,没能及时地解决孩子的如厕、洗澡等问题。有的学校学生因为不注重卫生,加之学校卫生条件差,出现集体患红眼病的现象。集中住宿,学生起夜时间不同,还导致学生普遍出现尿床现象。此外,由于集中办学,学校规模过大,而教师编制有限,导致一些学校管理人员不够,也存在着极大的安全隐患。一些学生离家太远,只能选择住校,导致与父母的交流减少,亲情断裂,而这部分的情感则是老师和学校所不能给予的。大范围的集中办学后,还可能出现本土文化流失以及一个地区一批学生成长环节存在文化缺失的严重问题。尤其是少数民族地区孩子过早地集中到县、乡学校就读,更不利于少数民族语言与文化的传承、发扬。

通过以上个案我们不难看出,集中优势资源,合理布局的确能够提升办学水平。在区域教育规划中,许多县为了适应城乡经济社会发展需要,积极调整学校布局,合理分配资源,建设城乡一体化教育体制,这是十分必要的。但是,一刀切地片面追求办学效益的做法并不可取。边境民族地区在进行学校布局调整时要以县为主，统筹规划，整体推进。其一，要综合考虑全县(区)各乡镇地理环境、人口数量、经济条件和教育基础等因素，结合社会主义新农村建设、城镇化发展要求，科学地制定学校布局调整方案，根据实际情况撤并学校，达到学校效益的最大化。其二，要因地制宜，不搞"一刀切"。首先撤并规模小、质量低的学校，在确保教育资源向保留学校倾斜的同时，充分考虑民族地区、边远山区生源分散、经济落后、交通不便、学生不易集中的特点，原则上低年级就近入学，高年级相对集中，适当保留教学点和复式班。对一些具备调整条件的村小或教学点要进行合并，整合教育教学资源；不具备条件的要予以保留，不能强行撤并，更不能搞"一刀切"。同时，避免学校布局调整造成学校大班额情况的发生。其三，加强农村寄宿制学校建设和管理。学校撤并后学生需要寄宿的地方，要按照国家或省级标准加强建设，为寄宿制学校配备教室、学生宿舍、食堂、饮用水设备、厕所、澡堂等设施和聘用必要的管理、服务、保安人员，寒冷地区要配备安全的取暖设施。有条件的地方应为学校配备心理健康辅导教师。要科学管理学生作息时间，培养学生良好生活习惯，开展符合学生身心特点、有益于健康成长的校园活动，加强寄宿制学校安全管理和教育。

第五章　跨境民族地区教育政策研究之一：政策解释

一、民族教育政策概述

（一）民族教育政策

民族教育作为我国教育体系的有机组成部分，也是我国民族工作的重要内容之一。由于民族教育有其自身的特点和规律，我国政府根据少数民族工作的特点，以及少数民族地区的经济社会发展实际情况，制定了系统的民族教育政策。

关于民族教育政策的概念，在我国学术界有着不同的理解和诠释，在实践中有些政策文本以及政策实施的对象、边界也不是十分统一、清晰。金东海教授认为，中国少数民族教育政策是指党和国家为实现少数民族教育事业发展目标和任务所制定的行动准则，是党和国家制定的关于发展少数民族教育事业的政策体系。在内容上包括党和国家制定、发布的发展少数民族教育的方针、任务、领导管理制度、目标、规划、具体措施等；在层次上，既包括党和国家制定的发展少数民族教育的总政策，也包括民族地区各级地方政府为贯彻党和国家的总政策而制定的、在本地区范围内实施的发展民族教育的地方政策。[①] 李生、赵飞认为："民族教育是民族问题的一部分，'民族政策是国家处理民族问题的行为准则'。教育政策是国家发展教育事业的策略、方针和行为准则，它反映一定历史时期的教育性质、目标、任务和基本内容。那么，民族教育政策就是指党和国家依据长远目标，结合实际情况和历史条件制定的解决民族教育问题，实现一定历史时期教育路线、目标和任务的原则、方针、规范、措施等行为准则的总称。"[②]概括地看，不管对民族教育政策如何进行界定，从少数民族和民族地区出发，关

① 金东海. 少数民族教育政策研究[M]. 兰州：甘肃教育出版社，2002：2，3，1.

② 李生，赵飞. 民族教育政策与民族教育法的关系[J]. 内蒙古民族大学学报(社会科学版)，2003(6)：89—92.

注少数民族的教育权益，关注民族地区的教育发展，是民族教育政策的核心要素。

（二）民族教育政策的功能

民族教育政策对民族教育起着重要的指导作用，主要表现在以下方面：

1. 保障少数民族学生受教育的权利

由于历史和地域的原因，我国多数少数民族聚居地区的经济、文化、社会发展还相对比较落后，教育事业的发展也相对滞后。部分家庭的适龄儿童可能由于经济条件、家庭观念等原因，无法享受受教育的权利；或者在结束了九年义务教育后没有再进一步接受高等教育的机会；更有甚者，一些少数民族学生或民族地区学生连完整接受最基本的义务教育也存在诸多困难。民族教育政策的制定，就是为了发展少数民族地区的教育事业，保障少数民族地区学生的受教育权利。民族教育政策的制定为少数民族地区学生接受教育提供了更多的有利条件。如，在招生政策上实行“同等成绩，优先录取”等优惠政策；对家庭条件困难的少数民族学生在生活上给予一定的资金补助；国家和地方政府设立专项资金，在少数民族地区的义务教育学校办女童班、民族寄宿班等。纵观少数民族和民族地区在教育方面的发展和成就，如果离开了民族教育政策的支持与帮助，那是难以想象的。

2. 支持民族区域自治地方实现教育自主发展、自主管理

我国法律支持少数民族聚居的地方实行区域自治。由于民族区域自治地方的历史、聚居地域、文化传统、宗教、经济等原因，民族教育有其自身的规律和特点。为了更好地发展民族区域自治地方的教育事业，国家允许民族自治机关在中央统一领导下充分行使民族区域自治权利，自主发展民族教育，国家保证民族自治地方在教育事业上的自主权。1980 年的《关于加强民族教育工作的意见》，以及 1984 年颁布的《民族区域自治法》，都对民族区域自治地方的教育自主权作了明确规定。民族区域自治地区的教育自主管理的权利被写进教育政策和法律，为其实现教育自主管理提供了可靠的保障。

我国的教育规划分为国家教育规划和地方教育规划，分别由中央政府和地方政府制定，由中央教育行政部门和地方各级教育行政部门代表国家和地方政府组织实施。国家保证民族区域自治地方在教育事业上的自主权；自治地方可根据当地实际情况，在国家统一的教育方针指导下制定本地区的教育规划。这就要求自治地方在规划本地区各级各类教育事业的发展时，要遵循以国家教育发展总体目标为依据的基本原则。除此之外，地方教育特别是民族地区的教育发展，还受国家民族教育政策的影响

和制约。

（三）民族教育政策的主要内容

1. 尊重民族自治地方举办民族教育的自主权

国家1980年出台的《关于加强民族教育工作的意见》指出："必须遵照党中央真正实行民族区域自治，在中央统一领导下充分行使民族区域自治权利的精神。保证民族自治地方在教育事业上的自主权。在国家统一的教育方针指导下，教育规划，学校管理体制，办学形式，学制，教材建设，教学内容，人员编制，教师任用和招聘，经费的管理和使用等，都应由自治地方根据实际情况决定，各民族自治地方要加强民族教育立法工作。"1984年颁布的《民族区域自治法》对民族地方的教育自主权作了明确规定："民族自治地方的自治机关根据国家的教育方针，依照法律规定，决定本地方的教育规划，各级各类学校的设置、学制、办学形式、教学内容、教学用语和招生办法。民族自治地方的自治机关自主地发展民族教育，扫除文盲，举办各类学校，普及初等义务教育，发展中等教育；举办民族师范学校、民族中等专业学校、民族职业学校和民族学院，培养各少数民族专业人员。民族自治地方的自治机关可以为少数民族牧区和经济困难、居住分散的少数民族山区，设立以寄宿为主和助学金为主的公办民族小学和民族中学。"

2. 大力培养少数民族干部

1949年12月，毛泽东在《关于西北少数民族工作的指示》中已经意识到并强调了少数民族干部在民族地区发展过程中的重要性，他指出："要彻底解决民族问题，完全孤立民族反动派，没有大批从少数民族出身的共产主义干部，是不可能的。"历史和现实都表明：民族地区要发展民族教育，造就大批建设人才，没有大批少数民族出身的、坚持社会主义道路和党的领导的、有专业知识和能力的干部，特别是大批的科学技术人才和管理人才，要实现民族团结、振兴民族经济、促进民族地区的发展，显然是不行的。①

1950年11月24日，政务院第六十次政务会议批准《培养少数民族干部试行方案》，重申了培养少数民族干部这一民族教育的基本政策："为了国家建设、民族区域自治与实现共同纲领、民族政策的需要，从中央至有关省县，应根据新民族主义的教育方针，普遍而大量地培养各少数民族干部。"1951年9月，第一次全国民族教育会议确定

① 孟立军. 论中国民族教育[M]. 南宁：广西民族出版社，2001：12.

了少数民族教育的方针和任务，也明确将培养少数民族干部作为当时少数民族教育的首要任务。

1992年印发的《关于加强民族教育工作若干问题的意见》提出大力培养少数民族的教育行政管理干部。要采取学习进修、挂职锻炼、干部交流、参观考察等形式，抓紧培养各级民族教育干部，尽快提高他们的管理水平和决策能力，并把锐意改革、政绩突出的干部充实到各级教育部门的领导岗位上来，从中造就一批少数民族的教育家。

为培养少数民族干部，国家教育委员会(简称国家教委)举办教育行政管理干部培训班。1993年11月、1994年10月，国家教委在四川联合大学分别举办了第一期和第二期西藏教育行政管理干部培训班。1995年10月9日至20日，国家教委民族教育司在国家高级教育行政学院举办了第一期内地西藏班的教育行政管理干部班。1997年10月20日至29日，国家教委民族教育司在北京举办"全国民族教育处长工作会议暨少数民族教育行政管理干部培训班"。

3. 加强对民族教育经费的投入

充足的经费投入是保证民族教育得到顺利发展的重要前提。新中国自成立以来，一直重视对民族教育经费的投入，并通过出台一系列的政策文件保障民族教育经费落实到位。1951年11月23日，第一次全国民族教育会议的报告中指出：关于少数民族地区的教育经费，各地人民政府除按一般开支标准拨给教育经费外，还应按各少数民族地区的经济情况及教育工作另拨专款，帮助解决少数民族学校的设备、教师待遇、学生生活等方面的特殊困难。

为了充分发挥民族教育经费的应有作用，1953年3月，教育部在《关于少数民族教育补助费使用范围的指示》中指出：少数民族各级各类学校经费与一般学校一样，均包括于一般教育事业费之内，少数民族教育补助费是为了帮助少数民族教育事业的发展，国家在一般教育事业费之外特设民族教育补助费，用以补助一般教育事业费之不足。

1980年7月，教育部、国家民委发出《关于从少数民族地区补助费中适当安排少数民族教育经费的建议》，建议除正常教育经费照拨外，能够从国家对少数民族地区的各项补助费中安排一定比例的款额，用于解决少数民族教育的特殊需要。

1990年5月，考虑到少数民族地区教育的实际困难，在中央财政十分困难的情况下，财政部经研究，同意由中央财政每年安排2 000万元专款，作为少数民族地区发展教育的补助经费。1991年12月，《国务院关于进一步贯彻实施〈中华人民共和国民族区域自治法〉若干问题的通知》中规定:“八五”计划期间,随着经济的发展和财政状况的改善,这项专款可适当增加。这一时期,还强调坚持国家扶持与自力更生相结合,多渠道增加民族教育的投入。根据基础教育由地方负责、分级办学、分级管理的体制,要求逐步增加地方财政支出对民族教育的投资比例,力争做到教育拨款的增长比例高于财政经常性收入的增长比例,保证按在校生人数平均的教育经费逐步增长。注重把群众发动起来支持民族教育。充分调动广大群众艰苦奋斗、自力更生办学的积极性。

从 1995 年至 2000 年,国家设立“国家贫困地区义务教育工程”,共投入 39 亿元,其中 28.4 亿元用于西部地区,并于 1998 年启动“国家贫困地区义务教育工程”少数民族九省区资助项目。1997 年设立“国家贫困地区义务教育助学金”,用于资助贫困家庭的失、辍学儿童,尤其是少数民族儿童和女童。“十五”期间及至 2010 年,我国先后又凭借“国家贫困地区义务教育工程”、“高等职业技术教育工程”、“国家教育扶贫工程”、“西部职业教育开发工程”、中小学贫困学生助学金专款、青少年校外活动场所建设项目等加强对少数民族和西部地区的教育投入与政策倾斜;对未普及初等义务教育的国家扶贫开发工作重点县,向农牧区中小学生免费提供教科书,推广使用经济适用型教材;采取减免杂费、书本费、寄宿费、生活费等特殊措施确保家庭困难学生就学;中央财政通过综合转移支付对农牧区、山区和边疆地区寄宿制中小学校学生生活费给予一定资助;少数民族和西部地区各级财政也相应设立寄宿制中小学校学生生活补助专项资金。

4. 提高少数民族学生的就学机会

由于各种原因,少数民族学生与内地学生在入学机会上存在一定的差距,即相同录取条件(如分数)下,少数民族学生的录取率低于内地学生的录取率。为了增加少数民族学生的入学机会,国家有针对性地出台了许多政策措施,如降分录取,开设民族班、民族院校等。1984 年,国家颁布了《民族区域自治法》,该法第六十五条规定,“在高等学校举办民族班、民族预科,专门招收少数民族学生,并且可以采取定向招生、定向分配的办法。高等学校和中等专业学校招收新生的时候,对少数民族考生适当放宽录取标准和条件”。

(1) 开办以招收少数民族学生为主的民族班

1980 年 6 月,教育部颁布《关于 1980 年在部分全国重点高等学校试办少数民族班的通知》,决定从 1980 年开始,有计划、有重点地在部分全国重点高等学校举办民族班,对少数民族学生采取特殊形式进行培养。民族班先在教育部所属 5 所重点高等院校举办，每年共招生150人；以后其他部门的院校也逐步开办，如医学、水利、体育院校也相继开办了民族班。1980年10月，国家民委和教育部下发《关于加强民族教育工作的意见》，提出：对于大多数文化教育十分落后的民族，特别是对于边远地区、牧区、山区的民族，必须采取特殊的办法，在相当的时期内，集中力量，办好一批公办的民族中小学，给予较多的助学金，特别要大力办好一批寄宿制学校，采取由国家管住、管吃、管穿的办法。《关于加强民族教育工作的意见》还提出，设在民族自治地方和少数民族较多的省内的汉族的重点中学，应当积极为少数民族学生举办高考补习班，还应尽可能地办一些民族班。1984年，教育部和国家民委颁发《关于加强领导和进一步办好高等院校少数民族班的意见》，对民族班的招生、毕业生分配、教学和管理都作了明确规定，使这种办学形式逐步正规化和制度化。1992年11月，国家教委在《关于加强民族散杂居地区少数民族教育工作的意见》中也提出：凡是少数民族居住相对集中的地方，有条件的可办以招收少数民族学生为主的学校。

(2) 对少数民族学生采取定向招生、定向分配的方法

教育部决定从1983年开始，中央部门所属农、林、医、师范院校实行部分定向招生；省、市、自治区所属农、林、医、师范院校实行大部分定向招生。为了做到定向招生、定向分配，必要时可以适当降低分数要求，择优录取。定向范围为：国家教委、中央其他部门所属高等学校可面向内蒙、广西、贵州、云南、西藏、甘肃、青海、宁夏、新疆等九省、自治区(1989年扩增到黑龙江)，以及国家重点建设项目中工作环境比较艰苦的单位定向。高等学校录取定向生一般与非定向生执行同一录取分数标准，在完不成定向招生来源计划的情况下，可在该院校录取分数线以下20分内择优录取。定向生在校期间免缴学杂费，享受除国家的普通高校在校生待遇外，还可根据学习成绩和表现享受定向奖学金。定向生毕业后，按照招生时确定的地区或部门范围内实行"双向选择"就业。定向生的服务年限一般不应超过6年。

(3) 在招生考试和生活待遇方面对少数民族学生给予优待、照顾

首先，对少数民族考生适当放宽报考年龄。1954年，全国中等学校招生对中等技术学校学生的入学年龄规定在15周岁至25周岁，少数民族学生还可放宽，但最高不得超过30周岁。教育部在1955年12月《关于放宽少数民族学生报考年龄的问题给广西省教育厅的函》中还指出："今年在各级学校招生规定报考年龄时，对少数民族学生报考年龄一般应比照当地规定放宽2—3岁。同时当年毕业生报考时不受年龄大小之限制。"

其次，适当放宽录取标准。1953 年至 1961 年，高校招生一直实行少数民族考生在与一般考生"成绩相同时，予以优先录取"的政策。1962 年 8 月，根据中央批转的《关于民族工作会议的报告》提出的恢复高校招生对少数民族学生的照顾办法的指示精神，教育部发出《关于高等学校优先录取少数民族学生的通知》，提出对报考统一招生的全国高等院校的少数民族学生，给予以下照顾：一是少数民族学生报考全国重点高等学校和其他一般高等学校，仍旧恢复过去"同等成绩、优先录取"的办法，当他们的考试成绩与其他考生相同时，可以优先录取。二是少数民族学生报考本自治区所属的高等学校，可以给予更多的照顾，当他们的考试成绩达到教育部规定的一般高等学校录取新生的最低标准时，就可以优先录取。三是用少数民族语言进行教学的民族中学毕业生，报考高等学校文史类，仍旧和过去一样，免试古代汉语。1964 年，高等学校招考新生又规定：少数民族聚居地区的少数民族考生报考高等学校，可以申请免试外国语（报考外国语专业的不得免试）。1978 年高校招生时规定，对报考专业相关科目的考试成绩特别优秀的考生和边疆地区的少数民族考生，最低录取分数线及录取分数段，可适当放宽。1981 年高等学校招生时进一步规定，对边疆、山区、牧区少数民族聚居地区的少数民族考生可根据当地的实际情况适当降低录取分数。对散居在汉族地区的少数民族考生，在与汉族考生同等条件下优先录取。高等学校举办少数民族班，可适当降低分数，招收边疆、山区、牧区等少数民族聚居地区的少数民族考生。1980 年 10 月，教育部、国家民委在《关于加强民族教育工作的意见》中提出："高考招生，应对少数民族学生实行择优录取和规定比例适当照顾相结合的办法，在各民族自治地方，少数民族学生的录取比例应力争不低于少数民族人口比例。"由于各地不同的实际情况，这一意见在贯彻过程中出现了新问题。对此，1981 年 7 月，教育部、国家民委发出《关于高等学校招生是否按少数民族人口比例录取少数民族学生问题的复函》，说明这一政策的正确性，但因各地经济、文化水平不一致，在执行的过程中不能要求高等学校招生一律按少数民族的人口比例来录取少数民族学生，而是坚持德智体全面考核、择优录取的原则与适当照顾相结合的精神，逐步做到高等学校录取少数民族学生的人数比例不低于少数民族人口的比例。1985 年 11 月印发的《关于高等学校招收委托培养硕士生的暂行规定》中规定：对边疆、山区、牧区等少数民族考生，可适当降低录取分数。

最后，在生活上给予少数民族学生优待。《培养少数民族干部试行方案》规定："为了鼓励与帮助少数民族学生接受各种高等教育，凡考入高等学校（包括少数民族高等学校）的少数民族学生一律公费待遇。除公费待遇的少数民族中学外，在若干指定的中学亦得设立少数民族学生的公费名额。”1952 年全国高等学校及中等学校学生的公费制一律改为人民助学金制，当年教育部颁发的《中学暂行规程(草案)》规定“中学设人民助学金，少数民族学生申请人民助学金时，应在可能条件下尽量先予以照顾”。1985 年 11 月印发的《关于高等学校招收委托培养硕士生的暂行规定》中规定：对报考边远地区、少数民族聚居地区委托培养的考生，在择优录取、保证质量的前提下，可按有关规定适当予以照顾。1992 年国家教委在《关于加强民族散杂居地区少数民族教育工作的意见》中指出：各类学校招生，凡属义务教育阶段，要认真组织少数民族子女入学，对生活有特殊困难的学生可减、免杂费。

5. 加强少数民族语文教学和民族文字教材建设

(1) 加强少数民族语文教学工作

1950 年政务院批准的《培养少数民族干部试行方案》中指出：“各少数民族学校应聘设适当的翻译人员帮助教学，并对必须用本民族语文授课的班次和课程，逐渐做到用各族自己通用的语文授课。长期班的少数民族学生除学好本民族语文外，亦应学习汉语汉文。”1951 年，第一次全国民族教育会议指出，“少数民族学校应使用本民族语文教学”，“在各种教学中，应根据实际情况尽量使用本民族语言”。会议还规定：凡有现行通用文字的民族，如蒙古、朝鲜、维吾尔、哈萨克、藏族等，小学和中学的各科课程必须用本民族语文教学。有独立语言而尚无文字或文字不全的民族，一面着手创立文字和改革文字；一面得按自愿原则，采用汉语语文或本民族所习用的语文进行教学。关于少数民族学生学汉文的问题，会议一致同意各少数民族的各级学校按照当地少数民族的需要和自愿设汉文课。1953 年，教育部批复湖南省教育厅的《关于兄弟民族应用何种语言教学的意见》中指出：少数民族学校，应使用本民族语文教学，但有本民族通用语言而无文字的民族，在创立出通用文字之前，可暂时采用汉文和本民族所习用的语文进行教学；在各种教学中，应根据实际情况，尽量使用本民族语言；没有条件用本民族语言而采用汉语教学的学校，目前可采用学生所习用的汉语方言进行教学。1984 年和 1986 年，《民族区域自治法》和《中华人民共和国义务教育法》对以少数民族学生为主的学校实施双语教学分别作出了规定。1991 年 6 月，国务院转批国家民委《关于进一步做好少数民族语言文字工作的报告》，要求以招收少数民族学生为主的学校，有条件的应当在适当年级实行双语教学。1991 年 12 月的《国务院关于进一步贯彻实施〈中华人民共和国民族区域自治法〉若干问题的通知》指出：“使用少数民族语言文字授课的地区，必须搞好双语教学，推广全国通用的普通话。”2001 年 6 月的全国基础教育会议，以及2002年7月的第五次全国民族教育工作会议，都强调了搞好双语教学的重要性和必要性。2002年7月，国务院颁发《关于深化改革加快民族教育发展的决定》，进一步把推进民族中小学双语教学确立为加快民族教育发展的一项政策措施。2010年，《国家中长期教育改革和发展规划纲要（2010—2020年）》也强调要大力推进双语教学。

（2）加强少数民族文字教材建设

1959年9月，文化部、教育部、国家民委联合召开全国少数民族出版工作会议。会议提出：各少数民族地区的中小学和师范学校应译用或采用全国通用教科书，另外自编本民族语言教材和民族学校汉语教材及民族补充教材。民族文字教材的编译，必须以党和国家的教育方针为指导思想。在教材的政治内容上要用社会主义、共产主义和爱国主义思想教育学生。争取在较短时间内，由有关少数民族地区分工协作，编译出一套比较完整的民族文字教科书和教学参考书。1980年6月教育部转发的《少数民族文字教材工作座谈会纪要》提出：各个民族都有自己独特的发展历史，语言文字差异很大，教材编译工作不能停留于翻译统编教材。第三次全国民族教育工作会议文件中还提出，民族文字教材的编译要提高质量，注意解决各科教学大纲、教材、教学参考书、工具书、课外读物的配套问题，要加强各有关省、自治区之间的协作。1974年9月10日至24日，国务院科教组在北京召开少数民族语文教材工作座谈会，就少数民族语文和汉文的教学要求及少数民族教材的改革、编写、编译、印刷、出版、发行和加强领导等问题提出了改进意见。1975年，国务院批转国家出版事业管理局《关于少数民族文字图书翻译出版规划座谈会的报告》，要求在1975年秋季开学前，翻译出版各种主要教材，切实加强翻译、出版、印刷、发行等方面的工作，加强山区、牧区特别是边境地区的图书、教材供应。1981年，第三次全国民族教育工作会议要求加强民族文字教材建设。

6. 加强少数民族教育师资队伍的建设

1951年，第一次全国民族教育会议的报告提出要“努力解决少数民族各级学校的师资问题”，这次会议通过的《培养少数民族师资试行方案》指出：“培养、提高少数民族师资是发展少数民族教育的重要工作之一，有关各级人民政府教育行政部门必须重视。”这一方案就少数民族中小学师资的培养提出了如下具体要求：（1）各级人民政府教育行政部门应积极帮助现有的少数民族师范学院改善物质条件，提高教学质量，改进教材教法，使之能更好地为少数民族培养师资。在工作需要和条件可能时，应予以扩充。在发展师范教育的计划中，应根据各地区少数民族的人口多寡，教育工作的实际需要，为少数民族创办一定数量的师范学校，培养少数民族的初等教育、工农业余教育的师资。在尚未具备单独设立少数民族师范学校条件的地区，可在一般师范学校或中学内，增设少数民族师范班。(2)少数民族地区为了适应发展初等教育、工农业余教育的迫切需要，设置各种短期师资训练班，招收知识分子予以三个月、半年至一年的训练，充当小学教师和工农业余学校教师。并应采取轮训和加强在职学习的办法，提高现任教师的质量。(3)为了培养少数民族的中等学校师资，省级以上的人民政府教育行政部门在少数民族人口集中、教育发达的地区筹设少数民族师范学院和师范专修科，并可选定若干师范学院和师范专科学校，增加有关少数民族教育的课程或在原有各系内酌量增设少数民族教育组。(4)各级少数民族师范学校和师资训练班，以招收该地区的各少数民族学生为主，同时也可以招收一部分适合做少数民族教育工作的汉族学生。这些汉族学生必须学习有关的少数民族语文，其待遇应与少数民族学生相同。全国各地各级师范学校在招生时应注意吸收少数民族学生入学。(5)少数民族各级师范学校的学制、课程、教材的改变，须报请中央人民政府教育部核准。(6)对师范学校、师范学院的少数民族学生均予以公费待遇，公费标准另定之。

1957 年 3 月 21 日，教育部发出的《关于解决各地民族学院师资问题的意见》中指出：民族学院高等师资的解决，除争取可能的外援外，应以自己培养为主。各地民族学院应根据今后事业发展规划，各系科师资需要的数量，结合现有师资条件，作出长期的师资培养规划。其中民族师资的培养是提高民族学校教育质量的关键，应予以特别重视，各院行政负责同志应加强培养提高现有师资工作的领导，对现有师资制定具体培养计划，提出有效措施。鼓励教师的业余进修，并帮助解决其学习上的困难。

1979 年 10 月，教育部、财政部、粮食部、国家民委、国家劳动总局发出《关于边境县(旗)、市中小学民办教师转公办教师的通知》，决定从当年起，将边境 136 个县(旗)、市中小学民办教师和职工，经考核后合格的全部转为公办教师。规定自此以后，边境县不得再使用民办教师。1980 年的《关于加强民族教育工作的意见》中提出在三至五年内，逐步安排劳动指标，把经过考核合格的民办教师转为公办教师。除了将边境地区的民办教师转为公办教师外，还设置少数民族师资培训中心，加强民族师范学校的建设。1980 年《教育部关于办好中等师范教育的意见》提出：在人口较多的州、盟和地区要办好一两所民族师范学校，逐步做到少数民族小学由合格的民族教师任教。1985 年教育部在兰州建立“西北少数民族师资培训中心”，1987 年在西北师范大学建立“藏族师资培训中心”。

2002年7月7日，国务院在其发布的《关于深化改革加快发展民族教育的决定》中指出，“要大力加强教师队伍建设，把教师队伍建设作为民族教育发展的重点，教育投入要保证教师队伍建设的需要”，“少数民族和西部地区教师队伍建设要把培养、培训‘双语’教师作为重点，建设一支合格的‘双语型’教师队伍”，“拓宽教师来源渠道”，“加强教师培训，鼓励教师参加各类业务学习，提高学历学位层次”。

7. 积极开展民族教育的对口支援

从20世纪50年代开始，国家就开始对民族地区进行对口支援。到20世纪90年代后，国家进一步加大了民族教育对口支援工作的力度。1956年11月，教育部在《关于内地支援边疆地区小学师资问题的通知》中提出：边疆小学发展所缺师资，今后除各边疆省、自治区大力发展师范教育培训师资外，需要内地支援的主要由内地调配部分初中学生和失业知识分子加以短训解决。1992年3月，第四次全国民族教育工作会议强调，要加强对一些少数民族贫困县实行对口支援协作，并决定组织发达省、市对口支援民族贫困地区的教育事业。1992年10月，国家教委下发《关于对全国143个少数民族贫困县实施教育扶贫的意见》，确定沿海省、市与143个少数民族贫困县结成“一对一”帮扶关系，从资金、设备、教育行政干部和教师培训到办学经验交流等方面给予援助与支持。1993年2月，《中共中央、国务院关于印发〈中国教育改革和发展纲要〉的通知》要求：认真组织和落实内地省、市对民族地区教育的对口支援。1993年11月和1996年11月，国家教委、国家民委先后两次召开全国教育对口支援协作工作会议。1997年4月，两部委联合下发《关于认真贯彻中央扶贫工作会议精神，进一步加强对口支援民族和贫困地区发展教育事业的通知》，把教育对口支援纳入扶贫工作，并相应调整了对口支援关系。2000年4月，中共中央办公厅、国务院办公厅印发《关于推动东西部地区学校对口支援工作的通知》，正式启动实施“东部地区学校对口支援西部贫困地区学校工程”和“西部大中城市学校对口支援本省（自治区、直辖市）贫困地区学校工程”，加强对西部地区的对口支援。而2010年颁布的《国家中长期教育改革和发展规划纲要（2010—2020年）》进一步明确了今后加强教育对口支援仍是民族地区教育发展的一项重要政策，要求认真组织和落实内地省市对民族地区教育支援工作。

8. 加强少数民族学生的德育工作

1950年政务院批准的《培养少数民族干部试行方案》中规定：把中国历史与中国

现况(包括中国各民族的历史与各民族社会经济情况等)和民族问题与民族政策作为长期班政治课的基本内容之一。要求“在一切民族学校内,应发扬共同纲领精神,克服大民族主义倾向与狭隘民族主义倾向,培养民族间互相尊重、平等、团结、有爱、合作的作风”。1950 年 12 月中央政务院批准的《关于开展农民业余教育的指示》中规定:少数民族地区,除按老区新区各采取不同方针外,应特别注意民族政策的教育,及针对当地少数民族特点与情况,进行其他必要的教育。第一次全国民族教育会议讨论通过的《培养少数民族师资试行方案》还要求,各级民族师范学校“应酌量增加民族问题和民族政治等课程”。

1979 年 11 月,国家民委、教育部印发《关于民族学院工作的基本总结和今后方针任务的报告》,提出要学习无产阶级民族观和党的民族政策,反对大汉族主义,也要防止和克服地方民族主义,加强各民族在四化中的团结互助。1982 年 10 月,教育部、中共中央宣传部在一个批复中同意新疆在高等学校和中等专业学校中开设民族理论与民族政策课,并建议将其作为一门必修的政治理论课列入学校教学计划。授课时间可根据各类学校的不同情况,在现有的政治理论课教学实践以外另增加 50 学时至 70 学时。同时指出,在我国民族比较多的省、自治区的高等学校和中等专业学校里,用马克思主义民族理论和党的民族政策教育少数民族学生和汉族学生,使他们懂得马克思主义民族理论和党的民族政策的基本观点,划清马克思主义民族观和资产阶级民族观的界线,增强执行党的民族政策的自觉性,是十分必要的。1983 年 8 月,《教育部关于学习贯彻〈关于加强爱国主义宣传教育的意见〉通知》中提出,在少数民族地区的学校进行爱国主义教育,要特别注意进行增强各民族团结和维护祖国统一的教育,要使各民族学生从小树立汉族和少数民族谁也离不开谁的观念。

从 1994 年开始,国家有关部门陆续在全国中小学开展了民族团结教育活动,帮助广大中小学生深入认识和了解我们伟大祖国的悠久历史、中华民族优秀文化传统及各民族人民在党的领导下建设中国特色社会主义的伟大成就,增强各民族学生维护国家统一、反对民族分裂的自觉性。2010 年颁布的《国家中长期教育改革和发展规划纲要(2010—2020 年)》明确指出,要“在各级各类学校广泛开展民族团结教育。推动党的民族理论和民族政策、国家法律法规进课堂、进教材、进头脑,引导广大师生牢固树立马克思主义祖国观、民族观、宗教观,不断夯实各民族大团结的基础,增强中华民族凝聚力”。2002 年 7 月 7 日,国务院发布《关于深化改革加快发展民族教育的决定》,要求大力加强民族团结教育和学校德育工作。2004 年 6 月 14 日,教育部办公厅、国家民委办公厅印发的《关于在中小学进一步大力推进民族团结教育工作的通知》中指出,“在新形势下中小学民族团结教育工作只能加强,不能削弱,更不能中断。要根据党和国家关于此项工作的有关精神,毫不动摇地把中小学民族团结教育工作进一步抓好、抓实、抓出成效来。同时要从当地的实际出发,做好工作计划,加强师资培训,认真总结经验,不断提高此项教育活动的质量和效果”。2008 年 12 月 18 日,教育部办公厅、国家民委办公厅联合发布《学校民族团结教育指导纲要(试行)》,要求把民族团结教育贯穿于学校教育工作的各个环节,全国中小学要设置专门的民族团结教育课程,并根据不同年级开设不同课程,保证相应的学时。

9. 大力发展少数民族地区职业技术教育

1992 年 4 月国家教委发布的《关于加强少数民族与民族地区职业技术教育工作的意见》中提出,职业技术教育的发展必须面向农(牧)业生产,面向农村经济建设和社会发展,面向农(牧)民脱贫致富的需要。1992 年 10 月,国家教委发布了《全国民族教育发展与改革指导纲要(试行)》,对今后十年少数民族职业教育的发展提出了明确的要求:“要根据当地资源优势和群众生产、生活的需要,积极发展多种形式的职业技术教育和成人教育。要特别重视比较适合大多数民族地区经济发展水平的初级职业技术教育和短期实用技术培训,同时加强普通中小学的劳动课和劳动技术课教学。在一些经济、文化发展水平较低的民族地区,小学高年级要引入职业技术教育因素,把学文化和学技术早期结合起来。有些还要根据实际需要对学生进行家庭经营、当家理财以及改变落后习俗所需要的教育。”

2000 年 7 月 28 日,国家民委、教育部下发的《关于加快少数民族和民族地区职业教育改革和发展的意见》中提出:充分认识职业教育在民族地区经济社会发展中的战略地位和作用;一切从实际出发,始终坚持为少数民族和民族地区服务的办学指导思想;因地制宜,积极探索适应少数民族和民族地区发展需要的职业教育办学路子;进一步制定、完善发展少数民族和民族地区职业教育的有关政策和措施;加强宏观指导与统筹领导,推动职业教育更好地为少数民族和民族地区服务。2010 年 3 月公布的《国家中长期教育改革和发展规划纲要(2010—2020 年)》中明确规定,“大力发展民族地区职业教育。加大对民族地区中等职业教育的支持力度”。

二、广西和云南的跨境民族教育政策

我国西南地区的一些省、自治区,如广西、云南等,不仅是多民族聚居地区,而且还是跨境边区。这些地区的地方政府不仅肩负着发展当地经济社会，让边民们安居乐业的任务，还要负责国家的边疆稳定，边境安全。要履行这些使命，发展边境地区的民族教育就是基础性、先导性的战略任务，也是长期而艰巨的任务。20世纪末以来，中央政府和地方各级政府从全局的、战略的高度加大了对边境民族教育的支持力度。2004年，《国家民委、财政部关于核准全国兴边富民行动重点县及有关事宜的通知》将以下县列入重点县名单：广西靖西县、那坡县、龙州县、宁明县，云南省绿春县、富宁县、西盟佤族自治县、潞西市、贡山独龙族怒族自治县、沧源佤族自治县，并对重点县资金的适用范围进行了规定。2007年，《国务院办公厅关于印发兴边富民行动"十一五"规划的通知》中提出，优先发展教育事业，优先把边境县列入义务教育经费保障范围，加快普及和巩固农村九年义务教育；实施农村中小学寄宿制学校建设工程、国门学校建设工程；改善中小学办学条件，加强教师队伍建设，提高教学水平；建设少数民族双语教学示范区，培养合格的双语教师；大力发展远程教育，加强教育对口支援；大力发展职业教育，重点培养实用型人才和技能型人才；中央和省级财政支持边境县全面落实农村义务教育"两免一补"政策，适当提高寄宿生生活费补助标准；建立健全边境地区农村义务教育经费保障机制，逐步提高中小学办公经费的保障水平；农村中小学寄宿制学校建设工程向边境乡镇倾斜。

（一）广西发展边境民族教育事业的相关政策、法规

2000年，广西自治区党委、自治区人民政府发布的《关于加强广西边境建设的若干意见》中提出了加强边境建设的总体要求：坚持以"三个代表"重要思想为指导，立足当前，着眼长远，集中人力、物力、财力，用两年左右的时间，在边境8县（市、区）开展边境建设大会战，重点加强交通、通信、教育、卫生等基础设施建设，使边境地区群众的生产生活条件明显改善。同时，该意见还提出了边境建设的目标任务，要求在边境地区8县（市、区）全面办好24件实事，其中包括每个县（市、区）要办好2件事，如按规定标准和规模改造、扩建、完善1所完全中学；每个乡镇要办好9件事，如按国家标准建设好一所初中，按寄宿制要求建设好1所中心小学；每个村要办好10件事，如建1所寄宿制小学。

2000年9月20日发布的《广西边境建设大会战实施方案》初步确定了边境建设的24个项目，其中的教育项目内容为：教育项目着眼于未来15年的发展需要，以《城镇普通中小学校建设标准》的基本指标和《农村中小学校建设标准》的近期指标为建设标准，进行边境学校规划，但这次大会战只考虑校舍建设部分，教学设备由各地各部门逐步解决。教育项目总投资2亿元,自治区财政补助1.1亿元,部门配套0.9亿元。

2008年6月23日,广西发布《广西兴边富民行动基础设施建设大会战实施方案》,指出边境8县中,靖西县、那坡县、龙州县为国家扶贫开发工作重点县,防城港市防城区和宁明县、大新县、凭祥市为自治区扶贫开发工作重点县。大会战的主要目标为:按"普九"要求建设、维修校舍。此次方案中的教育项目为106个。按照"普九"要求,计划建设、维修校舍3.4万平方米。项目投资2 700万元。

2009年7月27日发布的《广西边境3—20公里兴边富民行动基础设施建设大会战实施方案》规定实施范围:防城港市防城区、东兴市、靖西县、那坡县、宁明县、龙州县、大新县、凭祥市以及享受边境县待遇的天等县、德保县离边境线3—20公里范围内的村屯。方案中的教育项目有17个,按照"普九"的要求,计划建设、维修校舍17 680平方米。项目投资1 800万元,其中部门资金1 000万元,自治区财政补助资金800万元。

(二)云南发展边境民族教育事业的相关政策

1992年9月25日,云南省第七届人民代表大会常务委员会第二十六次会议批准了《楚雄彝族自治州民族教育条例》;1993年4月7日,云南省第七届人民代表大会常务委员会第二十九次会议批准《云南省西双版纳傣族自治州民族教育条例》,对西双版纳傣族自治州的教育事业发展在管理体制、教育结构、学校管理、教育经费、教育工作者等方面进行了规定。1999年4月2日,云南省第九届人民代表大会常务委员会第八次会议通过了《云南省职业教育条例》,对云南省的职业教育事业发展作了规定。

2002年,云南制定了《云南省基础教育振兴行动计划》,提出了发展思路和主要目标,实施五大工程,即:"两基"攻坚工程,边境、少数民族、贫困地区教育发展工程,中小学危房改造工程,信息技术教育工程,扩大优质教育资源建设工程;深化四项改革,即:深化投入体制改革、管理体制改革、教育教学改革、办学体制改革。

2005年9月13日发布的《中共云南省委、云南省人民政府关于进一步加强民族工作,加快少数民族和民族地区经济社会发展的决定》,指出要采取特殊政策措施,促进少数民族和民族地区的发展,"进一步加大民族地区基础设施建设力度","继续加大财政、税收和金融支持力度","坚持不懈地推进民族教育和科技事业发展"。

2013年7月24日,云南省第十二届人民代表大会常务委员会第四次会议通过了《云南省少数民族教育促进条例》。云南省根据《民族区域自治法》、《中华人民共和国教育法》等有关法律、法规,结合本省实际,制定了此条例。条例指明了少数民族教育的含义，即在本省行政区域内对少数民族学生和民族地区学生实施的教育，强调了要加强本省教育行政部门对少数民族教育工作的领导，要求相关部门切实做好少数民族教育的相关工作。举办多种办学形式，加强本省教育经费投入和保障，加快发展学前教育，逐步普及学前教育，办好示范性民族中小学校及民族高等学校，加强民族高等学校的建设，并对少数民族地区及学校老师、学生给予资金以及政策上的补助与扶持。

三、边境民族地区教育政策的执行

（一）民族教育政策执行的理论意义

任何政策的提出和制定都是为解决某些特定的问题，而制定了政策并不等于就解决了问题。要彻底地解决问题，有赖于该政策的有效贯彻执行。制定政策只是认识世界的阶段，执行政策才是改造世界的阶段。政策制定出来以后，必须通过执行才能达到政策制定的既定目标，否则，再好的政策方案也只是一纸空文。民族教育政策是整个民族教育事业的重要奠基石，在其制定之后只有得到彻底的贯彻实施，才能实现既定的政策目标，也才能解决民族教育中存在和遇到的各种问题。

1. 政策执行是政策目标实现的根本保证

政策的制定总是以问题为导向，以解决特定问题为目标，具有鲜明的实时性和针对性。然而，要想有效地解决政策指向的特定问题，实现政策目标，这不仅取决于政策本身的质量，如政策出台合不合时宜，目标确定合不合实际，具体措施操作性强不强等，还取决于政策执行。政策不好无助于解决问题，好的政策如果得不到正确的认知和有效的执行同样也解决不了问题。所以，政策执行是实现政策目标的基本途径，只有把政策制定者的意图转化为政策执行者的自觉，把政策文本的具体内容通过执行者来付诸实践，才能最终达成政策指向的目标。正如美国政策学者艾利森所说："在实现政策目标的过程中，方案确定的功能只占10%，而其余的90%取决于有效的执行。"① 一项好的政策，必须通过有效的实施才能获得好的预期效果。实践中人们常常发现，中央、地方高层出台的政策是好的，但在层层落实之后结果却变了样。这一偏差来源于政策执行者的政策自觉：政策执行者在多大程度上理解和把握政策的基本精神和内核；多大程度上认同和坚定政策的目标和措施；多大程度上能够结合自身实际调配资源组织力量去落实政策。民族教育政策是在民族地区实施的，政策对象是少数民族群

---

① 丁煌. 政策执行[J]. 中国行政管理，1991(11).

众，政策的总目标是通过教育促进民族地区经济文化社会发展，解决民族问题，保障少数民族学生接受教育的权利。为了实现民族教育的总目标和各项具体政策的目标，增强民族教育政策执行者对民族教育政策的自觉自信，提高他们的政策执行力是十分重要的。当然，实事求是地说，由于政策实施过程除受上述主观因素的影响外，还受许多客观因素如实施环境、实施条件等的影响，实施偏差总是存在的，人们所能做的不是消弭偏差，而是努力减少偏差。

2. 政策执行是检验政策方案正确与否的标准

一项政策的正确与否，可接受性和支持率的高低，是在实践中才能体现的。虽然，每一项政策的出台都经过充分的调查研究、缜密论证等一系列程序才能完成，有些重大决策还是经过试点、总结分析后才推广实施的。但是，政策制定作为人类主体对客观世界的一种认识活动，体现着人对客观存在的判断和推动事物朝着既定方向发展的主观意志和愿望，目标指向未来，在未来的环境中实施，而人的主观意志和愿望是否符合客观世界，未来的环境是在变化中的，具有不确定性。所以这种认识与其他科学认识一样，其正确性由实践来决定。实践是检验真理的唯一标准，也是检验认识正确与否的标准。因此，好的民族教育政策来源于广泛而深刻的民族教育实践，政策方案应当坚持“从实践中来，到实践中去”的思想方法，为了制定出科学、可行的民族教育政策，需要对民族教育实践有准确、客观的了解，对当前存在的问题有较准确的判断，对国际、国内和当地的教育发展趋势有较全面的把握，最终接受民族教育实践的检验。

3. 政策执行是后续政策制定及调整实施手段的重要依据

政策是为了解决问题而制定的，但是并不意味着每出台一项政策就能一次性解决特定问题。由于人们主观认识的有限和政策执行的偏差，政策在执行过程中总会遇到意想不到的新情况、新困难，需要坚持“实践——认识——再实践——再认识”的马克思实践认识论观点，针对在政策实施过程中出现的新问题、新困难，反复多次地调整、修正，使之更符合实际情况，更能够被有效地组织实施，更有效地解决实际问题。特别是在促进民族地区教育发展方面，必须充分考虑、注意和照顾民族地区少数民族的特点。为适应民族地区特殊的政治、经济、社会和文化的发展，伴随着教育事业，特别是民族教育事业的不断发展，在客观上也要求民族教育政策不断调整、更新和完善，以便在民族教育的发展政策上，更注重政策在贯彻落实过程中的执行效果的反馈，不断总结经验，及时发现新情况、新问题，及时调整和修正，使其能更有效地推动民族地区教育的发展。

（二）边境民族地区教育政策执行的现状梳理

新中国成立以来，党和国家高度重视民族地区教育的发展，改革开放以来先后制定了一系列有助于民族地区教育发展的相关政策法规。这些民族教育政策从出台到具体执行落实，都给边境民族地区的教育带来了翻天覆地的变化。

1. 国家专门设置了向民族地区倾斜的重大工程和教育项目

自2002年7月7日《国务院关于深化改革加快发展民族教育的决定》颁布以来，国家进一步明确了民族教育的指导思想、工作目标以及任务。该《决定》提出："十五"期间到2010年，"国家贫困地区义务教育工程"、"国家扶贫教育工程"、"西部职业教育开发工程"、"高等职业技术教育工程"、"教育信息化工程"、"全国中小学危房改造工程"、中小学贫困学生助学金专款、青少年校外活动场所建设项目等要向少数民族和西部地区倾斜。该《决定》从发布至今一直是我国民族教育工作的一个重要的纲领性文件。在此《决定》提出的影响下，为了更好地促进民族教育的全面发展，国家积极组织并实施民族教育的一些重大工程和项目。由国家民委、国家发展改革委、财政部、中国人民银行和国务院扶贫办联合编制的《扶持人口较少民族发展规划（2011—2015年）》于2011年印发，其中提出要优先发展教育。2012年实施农村中小学生营养改善计划、中职免费政策改革和民族地区基础薄弱县高中建设等教育工程项目，中央投入了537.04亿元。① 到了2013年，各级各类的教育项目继续坚持向民族地区倾斜。实施了学前教育三年行动计划、农村义务教育保障新机制、农村薄弱学校改造计划、中西部农村初中校舍改造工程、农村中小学生营养改善计划、普通高中改造计划、民族地区基础薄弱县高中建设、职业教育实训基地建设、中职免费政策等教育规划纲要重大项目，对民族地区给予了重点倾斜，2013年中央支持5个自治区资金达157.85亿元。② 2014年，中央用于支持5个自治区教育事业发展的专项资金达316.32亿元。重点倾斜民族地区的教育工程项目，向5个自治区拨款19.15亿元用于支持学前"教育三年行动计划"；拨款50.9亿元实施"农村薄弱学校改造计划"，拨款9.2亿元实施"农村初中校舍改造工程"；拨款17.82亿元实施"营养改善计划"；拨款12.91亿元实施普通高中改造计划和民族地区基础薄弱县高中建设；拨款8.9亿元实施现代职业教育质量提

① 国家民委门户网：http://www.seac.gov.cn/art/2012/12/25/art_6326_174017.html（国家民委委员全体会议暨全国民委主任会议2012年）.

② 国家民委门户网：http://www.seac.gov.cn/art/2013/12/26/art_7371_197349.html（国家民委委员全体会议暨全国民委主任会议2013年）.

升工程计划。同时，支持民族地区56所高校入选“中西部高校基础能力建设工程”，10所高校实施“中西部高校提升综合实力工作”。[①]

2. 学校民族团结教育得到进一步加强

2008年，教育部办公厅、国家民委办公厅印发了《学校民族团结教育指导纲要（试行）》，该《纲要（试行）》提出了民族团结教育的指导思想、课程性质、基本原则，民族团结教育的目标和任务，民族团结教育的内容、实施途径和方法，民族团结教育的师资培养和培训工作。要求把民族团结教育贯穿于学校教育工作的各个环节，全国中小学要设置专门的民族团结教育课程，并根据不同的年级开设不同的课程。[②] 民族团结教育工作作为党和国家制定一系列民族政策的重点，是巩固和发展“平等、团结、互助、和谐”的社会主义民族关系，维护社会稳定和国家统一的必然要求。为认真贯彻中央关于切实做好民族团结教育的有关精神，全面部署新时期、新阶段全国中小学民族团结教育工作，根据《纲要（试行）》有关要求和工作安排，2009年5月11日，教育部、国家民委共同召开了全国中小学民族团结教育工作部署视频会议。该会议提出：要深刻认识在中小学开展民族团结教育工作的重要性、紧迫性和长期性，扎实推进全国中小学民族团结教育工作。2010年，为深入贯彻落实胡锦涛总书记在国务院第五次全国民族团结进步表彰大会上的重要讲话精神，中央宣传部、中央统战部和国家民委发布了《关于进一步开展民族团结进步创建活动的意见》，就如何开展民族团结作了重要的指示。

我国中小学民族团结教育活动自1994年试点、2000年正式开展以来，至今取得了重要的成就。2012年，修订了《中小学民族团结教育指导纲要》和民族团结教育系列教材，起草《中小学民族团结教育工作实施意见》。深入开展“民族团结教育月”等主题活动，确保了持续稳定。[③] 2013年，按照党的十八大精神和中央有关要求，继续修订民族团结教育教材，并向中央领导同志作专题汇报。继续在内地民族班和各级各类学校深入开展“民族团结教育月”等主题教育活动。指导新疆、西藏和四省藏区教育部门和有关高校加强改进民族团结教育工作，举办了德育和思想政治教育骨干教师培训班

---

① 国家民委门户网：http://www.seac.gov.cn/art/2014/12/22/art_8237_221430.html（国家民委委员全体会议暨全国民委主任会议2014年）.

② 国家民委门户网：http://www.seac.gov.cn/art/2008/12/16/art_142_103780.html（教育部办公厅、国家民委办公厅关于印发《学校民族团结教育指导纲要（试行）》的通知，2008年12月）.

③ 国家民委门户网：http://www.seac.gov.cn/art/2012/12/25/art_6326_174017.html（国家民委委员全体会议暨全国民委主任会议2012年）.

和管理工作年会。[①] 2014 年，指导各地在中小学开设民族团结教育地方特色课程，在高校和中职学校开设党的民族理论政策选修课，推进民族团结教育进教材、进课堂、进头脑。坚持开展“民族团结教育月”、“民族团结教育周”、各族学生“心连心、手拉手”等主题教育活动。指导新疆、西藏和四省藏区学校以及内地民族班做好爱国主义和民族团结教育工作。组织开展中小学民族团结教育教材修订工作，组织专家编写《民族、宗教和民族团结》读本。指导新疆编写修订“三史”教材。[②]

3. 双语教育得到进一步推进

2005 年 5 月 31 日，《国务院实施〈中华人民共和国民族区域自治法〉若干规定》正式施行，其中第二十二条规定：“国家保障各民族使用和发展本民族语言文字的自由，扶持少数民族语言文字的规范化、标准化和信息处理工作；推广使用全国通用的普通话和规范汉字；鼓励民族自治地方各民族公民互相学习语言文字。国家鼓励民族自治地方逐步推行少数民族语文和汉语文授课的“双语教学”，扶持少数民族语文和汉语文教材的研究、开发、编译和出版，支持建立和健全少数民族教材的编译和审查机构，帮助培养通晓少数民族语文和汉语文的教师。”2005 年 7 月、2006 年 6 月，教育部民族教育司先后在四川省成都市、吉林省延吉市召开了“全国少数民族双语教学研讨会”。2010 年 3 月，教育部民族教育司还下发了《关于对有关省区少数民族汉语教学情况进行调研的通知》，安排有关部委到东北、西北和西南地区进行有关双语教学落实情况的调研。

民族双语教育得到科学稳步的推进，并取得了较好的成绩。到 2012 年，中央投入了 1.1 亿元用于支持双语教师培养和双语教材的出版，并修改完善《关于进一步加强少数民族双语教育工作的指导意见》、《民族中小学汉语课程标准》和《少数民族汉语水平等级考试大纲》。[③] 2013 年，下达民族教育中央补助专项资金 1 亿元、双语教学专项经费 2 000 万元，完成了 1.5 万名双语教师的培训。启动了第三期国家支援新疆汉语教师培训工作，依托内地高校，每年为新疆培训骨干教师 825 人。完成 2013 年新疆双语教育质量监测工作。专门为 1.38 万名“新疆未就业大学生培养计划”学员组织了

---

① 国家民委门户网：http://www.seac.gov.cn/art/2013/12/26/art_7371_197349.html（国家民委委员全体会议暨全国民委主任会议 2013 年）.

② 国家民委门户网：http://www.seac.gov.cn/art/2014/12/22/art_8237_221430.html（国家民委委员全体会议暨全国民委主任会议 2014 年）.

③ 国家民委门户网：http://www.seac.gov.cn/art/2012/12/25/art_6326_174017.html（国家民委委员全体会议暨全国民委主任会议 2012 年）.

MHK（中国少数民族汉语水平等级考试）考试，通过率达85%。[①] 2014年，审查民族文字教材500多种，组织26余万人次参加MHK考试。举办了四期汉语课程标准国家级教师培训班，共培训双语教师800人。积极推进新疆双语教育，印发了《关于进一步加强新疆双语教师队伍建设的实施意见》，招聘了双语特岗教师5 300人。继续开展双语教育质量监测工作。[②]

4. 为少数民族学生提供更多的入学机会

党的十一届三中全会以后，国家民委、教育部在《关于民族学院工作的基本总结和今后方针任务的报告》中指出：大力培养少数民族的干部是党和国家当前和今后解决我国民族问题的关键。2004年，教育部、国家发改委、国家民委、财政部、人事部联合印发了《关于大力培养少数民族高层次骨干人才的意见》，将在部分中央部委所属的院校，从试点招生开始，按照"定向招生、定向培养、定向就业"的要求，采取"统一考试、适当降分"等特殊政策措施招收研究生，大力培养少数民族高层次骨干人才。[③] 2005年5月31日，《国务院实施〈中华人民共和国民族区域自治法〉若干规定》中第二十一条规定：各类高等学校面向民族自治地方招生时，招生比例按规模同比增长并适当倾斜。对报考专科、本科和研究生的少数民族考生，在录取时应当根据情况采取加分或者降分的办法，适当放宽录取标准和条件，并对人口特少的少数民族考生给予特殊照顾。到2013年，完成各类内地民族班和高校少数民族学生招生任务8.33万人。其中，内地西藏班、新疆高中班1.76万人，普通高等学校少数民族预科班、民族班、高层次骨干计划等专项招生6.57万人。[④] 2014年，在普通高校招生中，对边疆、山区、牧区和少数民族聚居区的少数民族考生继续实行"加分投档"或"降分录取"特殊优惠政策，加分群体占全国高考加分照顾群体的90%。实施支援中西部地区招生协作计划和面向贫困地区定向招生计划，2014年面向5个自治区和云南、贵州、青海8省区安排国家专项计划1.36万名，民族地区农村学生接受优质高等教育机会不断增加。继续采取特殊招生形式，其中高校少数民族预科班和民族班2014年招生5.3万人，累计40万人；少数

① 国家民委门户网：http://www.seac.gov.cn/art/2013/12/26/art_7371_197349.html（国家民委委员全体会议暨全国民委主任会议2013年）.

② 国家民委门户网：http://www.seac.gov.cn/art/2014/12/22/art_8237_221430.html（国家民委委员全体会议暨全国民委主任会议2014年）.

③ 郭献进，蓝七妹，李丽芬. 民族教育理论与政策论述[M]. 长沙：湖南师范大学出版社，2011：238.

④ 国家民委门户网：http://www.seac.gov.cn/art/2013/12/26/art_7371_197349.html（国家民委委员全体会议暨全国民委主任会议2013年）.

民族高层次骨干人才培养计划 2014 年招生 4 023 人，累计 3.4 万人；内地西藏班、新疆班和中职班 2014 年招生 1.8 万人，累计近 17 万人。①

5. 民族地区教师队伍的建设取得突破性进展

2002 年 7 月 7 日，《国务院关于深化改革加快发展民族教育的决定》提出：少数民族和西部地区教育队伍建设要把培养、培训“双语”教师作为重点，建设一支合格的“双语型”教师队伍，加强县级教师培训基地的建设，加强培养在农牧区、高寒山区、山区和边疆地区能“下得去、留得住”的各级各类学校教师。加强教师培训，鼓励教师参加各类业务学习，提高教师学历学位层次。要在全社会营造尊师重教的良好风尚，切实保证和不断提高教师的待遇。2011 年 1 月 4 日，教育部还印发了《关于大力加强中小学教师培训工作的意见》。2013 年启动实施了“边远贫困地区、边疆民族地区和革命老区人才计划教师专项计划”(简称“三区计划”)，并选派支教教师 1.97 万人次。② 到了 2014 年，民族地区教师队伍建设取得了突破性的进展。教育部直属师范大学免费师范生教育、农村义务教育阶段学校教师特设岗位计划(简称“特岗计划”)、中小学教师国家级培训计划(简称“国培计划”)、“三区计划”等继续向民族地区倾斜。内蒙古等 7 个民族省区共招聘特岗教师 3.31 万人，西藏等 8 个民族省区通过“国培计划”培训教师 59.55 万人次，向边远贫困地区、边疆民族地区和革命老区选派支教教师 2.3 万人。继续实施农村贫困边远地区教师周转宿舍试点项目，向 5 个自治区安排资金 8.7 亿元，建设周转宿舍1.15 万套。宁夏、新疆、云南、青海 4 省区启动了集中连片特困地区乡村教师生活补助政策，中央下达奖补资金 3.2 亿元，受惠教师 10.56 万人。③

6. 教育对口支援工作成效显著

2000 年，中共中央办公厅、国务院办公厅印发《关于推动东西部地区学校对口支援工作的通知》，决定在中央对西部地区教育事业继续加大扶持力度的同时，启动实施“东部地区学校对口支援西部贫困地区学校工程”和“西部大中城市学校对口支援本省(自治区、直辖市)贫困地区学校工程”。2002 年 7 月 7 日，《国务院关于深化改革加快发展民族教育的决定》提出：“教育对口支援实行目标责任制，确保目标如期实现，提高

① 国家民委门户网：http://www.seac.gov.cn/art/2014/12/22/art_8237_221430.html(国家民委委员全体会议暨全国民委主任会议 2014 年).

② 国家民委门户网：http://www.seac.gov.cn/art/2013/12/26/art_7371_197349.html(国家民委委员全体会议暨全国民委主任会议 2013 年).

③ 国家民委门户网：http://www.seac.gov.cn/art/2014/12/22/art_8237_221430.html(国家民委委员全体会议暨全国民委主任会议 2014 年).

对口支援的效益。教育对口支援工作要帮助西藏、新疆加强双语师资特别是汉语教师的培养和支教工作。进一步加强内地西藏班(校)和新疆高中班的工作,完善内地西藏班(校)、内地新疆高中班管理、评估和升学分流办法;加大投入,提高教育教学质量,使其办学综合条件和管理水平达到当地省一级同类学校的标准;调整内地西藏班(校)招生结构,适度扩大高中和师范招生比例。”2012 年中央投入 72.8 亿元支持新疆教育发展。起草、落实新疆双语教育系列计划项目,稳步提高各级各类学校双语教育水平。指导新疆推进中职教育发展,切实加强高校学科专业建设。投入 100.98 亿元支持西藏和四省藏区教育发展。完善教育援藏工作制度、落实规划项目,研究起草了落实教育对口支援西藏工作的指导意见和西藏教师素质提升计划。扎实推进教育援青工作,落实项目和经费。① 2013 年完善“教育援疆项目直报系统”,健全教育援疆监督评估机制。教育援疆项目进展顺利,已累计投入 65 亿元,占规划资金的 60%以上。② 2014 年落实对口援藏工作 20 周年电视电话会议精神,印发《教育部关于东中部职教集团、民办本科学校对口支援西藏和四省藏区中等职业教育的通知》,建立 17 个东中部职教集团、33 所民办本科学校对口支援藏区 17 个地州中职教育的帮扶机制。落实第二次中央新疆工作座谈会精神,联合有关部委印发《关于推进新疆教育服务社会稳定和长治久安的意见》等五个配套文件,落实了双语特岗教师招聘、南疆高中阶段招生等工作,启动了南疆农村寄宿制初中学校标准化建设项目,推进了南疆实行各民族同等教育优惠政策和南疆家庭经济困难学生资助工作。③

7. 民族院校和民族地区高校壮大发展

2002 年 7 月 7 日,《国务院关于深化改革加快发展民族教育的决定》提出:要努力办好民族地区高等学校和民族高等学校,加快民族地区高等学校布局结构调整、专业结构调整、人事制度改革和后勤社会化改革步伐。2005 年 5 月 31 日,《国务院实施〈中华人民共和国民族区域自治法〉若干规定》中第二十一条规定:“国家帮助和支持民族自治地方发展高等教育,办好民族院校和全国普通高等学校民族预科班、民族班。对民族自治地方的高等学校以及民族院校的学科建设和研究生招生,给予特殊的政策扶

① 国家民委门户网:http://www.seac.gov.cn/art/2012/12/25/art_6326_174017.html(国家民委委员全体会议暨全国民委主任会议 2012 年).

② 国家民委门户网:http://www.seac.gov.cn/art/2013/12/26/art_7371_197349.html(国家民委委员全体会议暨全国民委主任会议 2013 年).

③ 国家民委门户网:http://www.seac.gov.cn/art/2014/12/22/art_8237_221430.html(国家民委委员全体会议暨全国民委主任会议 2014 年).

持。”2013 年，实施中西部高等教育振兴行动计划，启动了中西部高校基础能力建设工程，19 所民族地区高校入选。民族院校和民族地区高校共有 11 所院校进入“211 工程”，中央财政安排专项资金支持 88 个重点学科、人才培养等项目。依托民族地区高校建设的省部共建实验室达 29 个。教育部科学技术研究重点项目向民族高等教育倾斜，推进学科专业调整和课程改革，不断加强应用型学科和特色学科建设，民族院校和民族地区高校服务地方经济社会发展能力稳步提升。①

（三）边境民族教育政策执行的反思探究

新中国成立以来，作为民族工作的重要构成部分，我国民族教育经过多年的探索和实践，得到了蓬勃的发展。在探索和实践的过程中形成了系统的、针对性强的民族教育政策，包括帮助少数民族地区发展本地教育的优惠政策和帮助少数民族学生上学的特殊政策。总体上说，这些政策是行之有效的，也是深得人心的。中国民族教育政策的实施，为民族教育的改革和发展起到了积极的推动作用，也为促进教育公平作出了积极的贡献，实现了国家所制定和推行的各项政策的目标。民族教育政策的贯彻落实，不仅激发了各民族人民从事民族教育事业的积极性、主动性、创造性，完善了民族教育发展的外部环境，而且还发挥了使民族教育沿着正确健康的方向和道路发展的导向作用，同时还起到了调整和改善教育内部各种关系的协调作用，从而有力地促进了民族地区经济、政治、文化和社会的发展和进步。但同时还是存在一些政策落实不到位、效果不明显的问题，特别是当民族教育政策贯彻落实过程中涉及方方面面利益格局调整、资源调配的时候，在个别地方、个别学校和某些特定群体中会容易出现“上有政策，下有对策”，“说起来重要，做起来不要”，“雷声大，雨点小”等现象。这就需要不断提高和完善民族教育政策的决策力和执行力，逐步建立起我国从中央到地方的系统而完备的民族教育政策体系，推动民族教育包括边境民族教育更好地发展。

1. 加强民族教育政策制定的科学性及政策实施过程的指导、检查和监督

如前所述，民族教育政策的有效性取决于政策的制定和政策的执行两个方面，二者缺一不可。因此，要加强民族教育政策执行的指导、检查和监控，确保在政策执行过程中，能够坚定地按照政策的内容、具体要求贯彻落实民族教育政策的目标，使其能够按照正确的方向有效的执行，确保政策执行的效果。首先，要提高政策制定的科学性。

---

① 国家民委门户网：http://www.seac.gov.cn/art/2013/12/26/art_7371_197349.html(国家民委委员全体会议暨全国民委主任会议 2013 年).

民族教育是为国家的民族工作和民族地区经济社会发展服务的。教育政策制定应该围绕这个根本目标,从少数民族学生的实际和民族地区的历史、文化、经济的实际出发,制定可操作性强的政策,使之符合民族特点和民族地区教育的特点。对于边境民族教育的发展,还应该充分考虑其与一般民族地区教育不同的特点,如边境的稳定、国家形象和国家安全,以及跨文化教育、爱国主义教育等因素,制定具有针对性的优先发展边境民族教育的政策。其次,要加强各级政府在贯彻落实过程中的思想指导,尤其是重大政策出台后,应当组织有关方面的人员学习政策文本,使之全面理解和正确把握政策的基本精神和要求,明确落实政策的具体任务,结合本地区、部门、学校的实际制定政策实施细则。再次,建立和完善政策执行的监督体系,定期或不定期地对政府进行检查和监督。实行责任追究制,根据《国务院关于深化改革加快发展民族教育的决定》的相关规定,对民族教育政策不力,没有实现预期目标的相关人员,应严格追究其责任。地方的各级政府不仅要分工明确,权责分明,而且还要实行"阳光行政,公开行政",自觉接受社会各界的监督,确保政策得到有效的贯彻落实,达到政策目标。

2. 充分利用各种有效的传播渠道,加大政策宣传

张金马教授指出:"政策的有效执行绝不是政策执行者一厢情愿的事情,从某种意义上说,它是以作为政策目标群体的广大民众对所推行政策的认同和接受为前提的,而这种认同和接受又是以其对政策的准确认知为前提的。通过各种形式的政策宣传可以从更大的范围使广大政策目标群体充分认识到所推行政策与他们自己切身利益之间的紧密关系,使他们认同并自觉地、积极地接受政策,从而为政策的有效执行奠定坚实的基础。"[①]民族教育政策的有效实施,除了上述强化政府的行为外,还需要得到广大群众的理解、配合和支持。政府是政策实施的主体,各少数民族群众是政策实施的对象,少数民族地区乃至全社会是政策实施的环境,主体、对象、环境三者的有机契合可以使政策实施的效能达到最大化。因此,党和国家的政策需要充分发挥各种有效的传播和宣传的渠道,使之家喻户晓,使少数民族成员感知到民族教育政策的出台是党和国家对少数民族群众的关怀和帮助,并体会到落实民族教育政策会给本地区的教育带来的变化,给每一位少数民族成员、每一个民族家庭带来的权益,从而不断增强对国家和中华民族大家庭的认知认同、政治认同和感情认同。

要使宣传工作取得实效,在政策宣传策略中,还要充分考虑少数民族环境的实际。

---

① 张金马.公共政策分析:概念、过程、方法[M].北京:人民出版社,2004:408.

一般而言，少数民族地区地处偏远，交通、通信等条件都相对落后，特别是我国西南边境民族地区，人口居住分散，与邻国边境民众不仅同根同源，而且彼此“山连山，水连水”，朝夕鸡犬相闻。这一实情给宣传教育工作带来更多的困难和问题，需要深入、艰苦的努力。值得欣喜的是，随着近年来国家在民族地区、边境地区加大了媒体，特别是新媒体的设备设施的建设，使这些地区信息传播和交流得到了根本的改善，大部分地区都普及了电视、广播、网络。这为少数民族地区开展宣传教育工作提供了广阔的前景。因此，宣传教育工作要把传统媒体与新媒体有机地结合起来，一方面，通过当地的图书室、阅报栏、宣传橱窗等传统的方法、技术和手段，以少数民族地区群众最便捷接受的方式开展政策和教育宣传，另一方面，把握好当地的手机信息、互联网的掌控和对话，以便能够全面、准确、及时地把民族教育政策、中央的声音、社会主义核心价值观传播到民族地区的每一个角落，使之深入人心。此外，在少数民族地区，每个民族都会有一些自己特有的民族传统节日，还可以把政策宣传与这些传统节日庆祝活动结合起来，以当地群众喜闻乐见的形式，在娱乐和喜庆的过程中接受宣讲教化。

3. 建立健全高效的政策执行反馈机制

民族教育政策执行的效果反馈机制，是确保政策执行有效性的最关键、最重要的环节。有计划的行动以及有行动结果的反馈，是任何管理活动得以有效运行所应具备的完整的运行机制。政策的出台实施也是一样，缺失了反馈机制，就无法保证政策执行这支利剑最终准确击中政策目标的靶心。从更广泛的层面来说，建立健全高效的政策执行反馈机制，本来就是国家和政府实施公共事务管理(包括资源管理、政策管理及其他事务管理)的常态手段。通过完善的、有效的民族教育政策执行的反馈机制，一方面可以了解政策执行者的政治意图是否得到社会的理解和认同，政策目标是否适合民族地区教育改革和发展的具体状况，能否代表少数民族民众的愿望，在多大程度上满足社会成员、社会文化、经济发展的需求；另一方面也可以了解掌握政策执行过程中的困难与问题，对存在问题进行深入的分析判断，及时调整措施和对策，以确保政策执行始终沿着正确的方向发展。

建立健全政策执行的有效反馈机制，需要做的工作很多，涉及资源的配置、组织机构的建立、人员编制的落实、职能范围的划分以及系统的运行规范的制定等方面。然而，这些工作对于一个健全有效的反馈机制来说只是表层的、形式上的东西。最重要、最根本的是人的主观能动性，是政策制定者、政策实施者的实事求是，敢于直面问题和困难的政治品格，志在为少数民族服务的精神，正确的群众观点，推动社会公平的理念以及深入调查研究、坚持走群众路线的工作作风。这些是贯彻落实政策和做好反馈工作的真正动力与源泉，缺少了这样的精神上、道德上和文化上的动力驱动，再完善的机制最终也会流于形式。并且，在这种形式主义主导下，反馈的信息失真度可能会很高，而失真了的信息反馈必然会导致政策调整、改革方向的偏差和失误。这样的情形在历史上、现实中不是没有发生，而是太多了。

第六章　跨境民族地区教育政策研究之二：经验与个案

本章主要以广西跨境民族教育为个案，围绕民族教育政策的制定和实施两个基本问题，通过实地调查访谈、问卷分析等方法对广西崇左市大新县、龙州县、宁明县等跨境民族地区的教育进行深入考察，从教学设施设备配置和使用情况、经费投入和管理、师资队伍建设、双语教学、第二课堂活动和课外教学活动等方面，分别从各级政府出台的教育教学政策效能和学校管理效能两个层面进行调查、分析、研究。

一、广西跨境民族地区教育政策执行的成就

在党中央和地方党委政府各项民族教育政策的支持、扶持下，广西跨境民族地区的教育事业得到了快速的发展。特别是义务教育方面，21 世纪初以来地方政府实施了边境建设大会战、兴边富民边境基础建设大会战以及“普九”、“两基”工程，使原来的落后状况得到极大的改善。

（一）专项教育经费重点向边境民族地区倾斜

1. 少数民族学生在校学习困难资助

为加快民族自治地区教育事业的发展，提高民族地区群众的科学文化水平，2001 年实施的《民族区域自治法》提到：“各级人民政府和学校应当采取多种措施帮助家庭经济困难的少数民族学生完成学业。”保障边境少数民族地区学生的受教育机会，提升边境民族地区的教育质量，有助于当地民族文化的保护与传承，有助于国家边境地区的国防建设。近年来，国家加大了边境地区学生资助的财政投入。据统计，2006 年以来，崇左市积极贯彻落实国家和自治区有关学生资助政策，累计资助学生 7 047 106 人次，资助金额 148 688.7 万元。截至 2012 年底，崇左市已经建立了从学前教育到大学教育全覆盖的学生资助体系。以崇左市的宁明县为例，目前宁明县边境地区学校已落

实的义务教育阶段国家惠民政策主要有：义务教育学生免课本费、学杂费；给家庭经济困难寄宿生提供生活补助，标准为小学每生每年 1 000 元，初中每生每年1 250 元。

2. 义务教育阶段学生营养改善计划专项补助

未成年人是国家未来建设的生力军，边境民族地区的学生由于特殊的身份更需加以特殊关心照顾。2011 年，国家实施了农村义务教育学生营养改善计划；为提高贫困地区和家庭经济困难学生的健康水平，2014 年 11 月起，国家又将试点地区每日 3 元的补助标准提高到 4 元，并鼓励各贫困地区、民族地区、边疆地区等因地制宜开展营养改善计划，中央财政对开展试点地区的省份，按照不高于国家试点标准的 50%给予奖励性补助。2013 年，崇左市 7 个县(市、区)已全部实施农村义务教育学生营养改善计划工程，中央专项资金的标准为每人每天补助 3 元，每年补助 200 天。其中：宁明、龙州、大新和天等为国家试点县，扶绥、凭祥、江州为自治区试点县(市、区)。在边境民族地区实施义务教育阶段学生营养改善计划专项补助政策，不仅增强了边民的体质，也体现了国家对边民的关心，有利于边境民族地区的发展及社会和谐。

3. 边境地区教师的待遇补贴

《民族区域自治法》(2001 年)规定："国家组织和鼓励各民族教师和符合任职条件的各民族毕业生到民族自治地方从事教育教学工作，并给予他们相应的优惠待遇。"改善边境民族地区教师的待遇，鼓励更多的教育工作者到民族地区支持教育，有利于巩固民族地区的师资队伍，激发了民族地区教师工作的积极性和工作热情，并使这些教师都能够获得相应的职业满足感，进一步促进民族地区教育质量的提高。广西边境地区认真落实国家关于义务教育学校(不含镇所在地学校)乡村教师生活补助政策，给予每人每月 200 元的生活补助。龙州县还根据实际情况，对响水、金龙、水口、下冻等 4 个镇的 7 所镇所在地义务教育学校教师给予每人每月 200 元的生活补助，由县财政划拨专款。同时，龙州县财政给予支教教师补贴每人每月 300 元，走教教师按课时补助每节 30 元；给予支教走教的教师每人每年补助购买意外保险 200 元，交通费补助按实际支出。支教走教补助经费每年合计支出约 88 万元，其中自治区补助 27 万元，县财政补助 61 万元。2008 年，崇左市还率先实施村镇教师安居工程，通过建设教师安居住房、教师周转房、改造闲置校舍等途径，共建设教师住房 2 120 套，总建筑面积约 17.03 万平方米，总投资 1.36 亿元。

从整体上来说，国家和地方政府对于民族地区教师的优待专项政策基本得到贯彻落实，教师的待遇水平、住房问题等整体得到一定程度的提高，改善了边境民族地区教师的生存状况。

4. 多媒体教学的覆盖面

现代教学技术的应用对于帮助边境地区学校获取优质教学资源，提高教学效能，弥补或缓解这些地区教师资源质量不足的现状具有举足轻重的作用。民族地区的办学条件、办学设施也得到了国家以及各级人民政府的高度关注，为改善民族地区的办学条件，中央和地方政府设立各种各样的专项，用于支持边境民族地区现代教育资源的建设。在龙州县，2012 年，县政府投入 697.97 万元专项资金为县城中小学校 239 间教室配备了电子白板多媒体设备。2013 年整合 450 万元资金为农村义务教育薄弱学校配置 160 套交互式多媒体电子白板设备。目前，该县多媒体教室已基本覆盖全县高中、初中和县城小学及乡镇中心小学所有班级，实现了“班班通”。在宁明县，据县教育局领导介绍，该县在 2014 年的“双千计划”(在 2014—2017 年共筹措 1000 亿元以上资金，新建扩建 1000 所以上学校)里，县里投入了 4 900 万元用于学校基本设施建设，其中用来建设学校多媒体的费用就占了 800 多万元，目标是力争短期内使本县的 10 所初中全覆盖多媒体教室与电脑室。可见，十多年来边境民族地区的教育资源整体上得到了持续的改善，为这些地区的教育发展提供了强有力的保障。

5. 校舍改造和扩建

由于历史的、地域的和战争的原因，自新中国成立至 20 世纪八九十年代，广西边境县(市)学校的教学基础设施和办学条件相当差，教师和学生的工作、学习、生活环境极端艰苦。为了改变这一状况，让这些地区的教师和学生能够有一个较好的教学、成长的环境，中央和广西政府大力推进“边境地区基础建设大会战”和“兴边富民行动基础设施建设”、“国门教育”形象工程等边境建设项目实施，很大程度上改善了边境地区学校的办学条件和学校的环境。以宁明县为例，近三年来，该县政府加大对农村义务教育薄弱学校改造的力度，投资 1 040 万元，建设桐棉中心小学学生宿舍楼和教学楼、峙浪中心小学教学楼和学生宿舍楼；投入 287.5 万元，建设农村义务教育薄弱学校食堂项目，为边境地区学校建成 16 所村小学校食堂；同时投入 275 万元进行学前教育校舍改建工程，完成了 13 所边境地区中心小学幼儿园和村小幼儿园的改造，这些项目的实施获得当地群众和师生们点赞。

(二) 师资队伍建设

建立一支结构合理、专业能力强、思想素质高的边境学校教师队伍，是当前发展和提高民族地区教育的关键，也是适应民族地区教育事业发展的需要。

单纯从数据看，这些地区的教师学历结构和生师比还比较正常，甚至是比较优化的。然而，据崇左市教育局××科长介绍，崇左市教育局在2012年举行了为期15天的“基础教育边关行”活动，活动目的主要是考察了解边境地区的农村义务教育教师队伍建设情况。调研中他们发现，当前初中教师队伍中50岁以下的教师数量偏少，而30岁以下的更是逐年减少。为了补充中学教师空缺，县里想了很多办法，如通过安排代课老师考试入编，让大学毕业生到学校来顶课(因为这些毕业生未具有教师资格证，所以称为顶课，实际上是代课教师)，实行城镇教师走教制度等。

2013—2014学年度，大新县义务教育阶段的师资情况是：小学专任教师1 569人，小学生数与专任教师的比例为12.8∶1，小学专任教师学历合格率为98.98%；初中专任教师611人，初中生数与专任教师的比例为13.4∶1，初中专任教师学历合格率为99.18%。

在教师继续教育方面，边境地区各县还是比较重视的。2014年春季学期，龙州县共完成教师培训1 900人次，覆盖率达100%。全县中小学教师学历合格率达100%。2014年龙州县招录特岗教师21名并已到岗工作；公开招聘中小学教师19名，现已全部完成考试招录工作，即将走向工作岗位。2014—2017年，每年将在县城各学校、各乡镇中学、中心小学、完小互派出支教走教教师147名，缓解农村薄弱中小学校师资紧缺矛盾，并能开足国家规定课程。

> 在龙州县水口镇中学，数学教师H老师向我们说道：自己正在进行2014年的网络“国培”，此外还有一些老师去崇左的广西民族师范学院参加面授形式的两个月的“国培”。水口镇中学的教师去广西民族师范学院培训学习，广西民族师范学院的学生同时也需要实习，就来水口镇中学顶岗。现在该学校来的年轻教师基本都是考事业单位进来的。

《宁明县人民政府关于加强教师队伍建设的实施意见》提出，实施教师队伍强质增量工程，建立教师补充机制，落实政府教师配备职责。以实施农村义务教育学校特设岗位计划、农村小学全科教师定向培养计划、民族双语教师定向培养计划为重点，加大音体美和英语等紧缺学科教师配置力度，鼓励农村学校教师尤其是村小、教学点教师本土化。盘活教师编制存量，以政府购买服务方式补充农村寄宿制义务教育学校生活管理等工勤人员，等等。2014年以来，宁明县重视培训边境地区民族教育行政干部，选派县教育局2名行政领导参加“能力提升工程”县级管理者高级研修班、选派7名校长参加广西中小学校长岗位培训班和提高班，并有13人次参加各级各类中小学校长培训班。这对管理者和校长而言是一个很好的提高业务素质的机会。

（三）“普九”工作得到全面落实

由于上级党委、政府高度重视，及教育主管部门大力支持，大新县目前全县九年义务教育巩固率达81.16%（2015年全区指标93%），“普九”各项指标全部达到上级下达的目标任务要求。全县有小学145所，教学点56个，小学在校生20 156人。其中少数民族在校生19 838人，占98.42%。小学适龄儿童17 676人，已入学17 666人，入学率为99.94%，小学毕业升初中率为100%。全县有初中学校10所，在校生8 203人，其中少数民族在校生8 124人，占99.04%。初中三年巩固率为81.50%。

2014年秋季学期，龙州县有小学70所（乡镇中心小学12所，完全小学47所，教学点11个），在校生15 038人，小学适龄儿童入学率100%；初级中学5所（其中县城2所，乡镇3所），在校生6 095人，2014年全县义务教育巩固率为81.53%。

（四）注重民族特色课程的开设

从根本上说，国家边防的稳边、固边，最重要的还是要依靠边境民族地区的当地人民。俗语说“少年强则国家强”，边境民族地区的特殊地理位置决定了边境民族地区学校的课程目标、任务必须要实行特殊的要求。其中，在边境民族地区学校教育教学中利用第二课堂和课外活动开展乡土课程及课外活动，培养孩子热爱祖国、热爱家乡、热爱民族的情感，这样才能保卫祖国、发展家乡、传承本民族文化。

1. 边境民族地区特色课程建设

边境民族地区通过开展具有跨境民族教育特色的教育，帮助学生认识理解本民族文化，从而有利于促进民族的多元化发展。以龙州县为例，龙州县县长在座谈会上向我们介绍了当地特色教育：一是强化素质教育。结合全县边贸、旅游、工业等产业发展人才需求，在初中阶段渗透职业教育内容，开设酒店服务、天琴表演等课程，力争使每名学生掌握一两门谋生技能。二是推进课程改革。建立了县、乡、校教研联盟和教师集体备课等改革新机制，不断促进管理方式、教学方式、学习方式的转变，努力打造高效课堂。三是打造特色学校。充分挖掘本地特有的红色、边关、历史等文化积淀，积极推进特色校园文化建设，把天琴艺术和传统民族体育项目引入课堂，成功将县民族中学打造成为天琴文化艺术培训基地，目前全县共有7所学校成立了天琴艺术表演队。通过在小学到高中不断强化艺术教育和体育，使学生的审美修养、艺术情操和健康水平得到明显提高。龙州县许多学校还开展颇具跨境民族教育特色的课外活动，即成立了革命圣地“红领巾讲解员”队伍，学校小学生利用课余时间担任义务讲解员，用越南语为跨境前来学习交流的越南师生代表团讲解在家乡发生的中国红色革命活动的光荣历史。

(1) 举办具有民族特色的天琴班

在我国这个统一的多民族国家里，民族乐器是民族文化的重要组成部分，每个民族都有自己民族传承下来、表现本民族成员感情的乐器。壮族是广西壮族自治区的主体民族，他们的传统民族乐器是天琴，当地学校自然地就肩负着传承和弘扬天琴制作、演奏艺术的责任与义务。

21 世纪初以来，龙州县政府为了传承和弘扬民族传统文化艺术，打造天琴艺术品牌，出台政策把天琴课列为乡土课程，配备专门师资，开展全县性的天琴艺术表演活动，营造民族文化氛围。2008 年 4 月，全县举办了“龙州天琴艺术之乡”文艺演出。2008 年 5 月，日本两所学校的校长和部分教师及其他有关友好人士到龙州县民族中学考察参观并观看天琴班表演；天琴班的学员还分别在澳门水电工会、劳工子弟学校和工联总会等部门、机构进行了专场演出，传播中国传统民族文化艺术。龙州县民族中学还开办了青少年天琴艺术培训班。该培训班由专业老师教学，将学员分成两个班，授课时间为周一到周五下午的 5:10 到 6:00，周六、周日下午 3:00—5:00。青少年天琴艺术培训班在开班的同年 4 月参加广西自治区中小学生文艺汇演，取得了民器乐类二等奖的佳绩。

（图摄于 2014 年 11 月 17 日，龙州县民族中学青少年天琴艺术培训班现场表演）

龙州县民族中学的语文教师W老师介绍，该校作为民族学校，在民族文化艺术的特色教育课程中，首数天琴。该课程自开设以来在学生中一直广受欢迎。学校把天琴课程纳入七年级乡土课程体系，排进日常教学的课程表，并配备专职教师。每个星期两节课，鼓励所有七年级的女生都参加天琴艺术培训班。通过一学年的培训，绝大多数学生能掌握天琴的基本弹唱和演奏技能。W老师还说，该校与澳门的一些学校建立了姊妹学校关系，每年天琴演唱队代表学校去那里表演。学生们很高兴，既可以出境演唱，又可以在境外开眼界。在越南边境的学校由于各种原因，双方之间正式的官方交流很少，但因为是跨境民族，民间交往还是不少的，县里一般在每年的5月份都组织中越青年交流活动，安排学校天琴表演艺术队去表演弹唱。所有这些都体现了当地政府在保护和弘扬民族文化艺术，注重民族文化艺术的跨境传播上的高度自觉。

(2) 开展传统民族体育活动

开展传统民族体育活动也是跨境民族教育的一个特色。

崇左市教育局X局长谈了他对这个问题的看法："如何根据国家对文化体育项目的要求进行阳光体育，这是我一直在考虑的问题。我们积极推进传统的民族体育项目进学校、进课堂。当前全国、全区都有少数民族运动会。由于少数民族传统体育项目不受场地和器材的限制，开展这些课程和活动成本低，容易做得到，推得开，受学生欢迎。这样我们的文化体育的问题就好解决多了。我们按照国家要求，在有些学校甚至连体育老师都不足的情况下也能顺利保证我们民族地区'阳光体育一小时'活动的顺利开展。我们组织了一个全市少数民族体育运动会，设有板鞋、抛绣球、打陀螺、爬杆等有特色的民族体育项目。今后将形成制度坚持下去，由各县(区)轮流承办，每两年开一次。按竞赛的成绩逐级选拔，首先以各县(区)的赛事为基础，成绩好的由各县(区)选拔上来参加市级运动会，市级成绩好的选拔上来参加每年一度的广西少数民族运动会。我感觉这种做法无论是对于丰富学校体育课程、体育运动内容，增强学生体质，还是弘扬创新民族体育，建设民族体育文化都是很有意义的。"

龙州县民族中学教师在访谈时也谈道：学校开展少数民族传统体育运动有声有色，打陀螺、高脚马、抛绣球，还有诸如大象拔河等，运动项目繁多。平时体育课中，每个年级的体育老师会适当安排一定量的与民族体育相关的课程教学。学校每个学年举行一次民族体育运动会。有些项目如果受到场地限制，学校还因地制宜按年级安排，相互之间错开进行。学校试图通过以民族体育运动会作为导向，传承民族传统体育。

2. “双语教育”辅助课堂教学

双语教育作为民族教育的核心内容，直接关系到本民族语言文化的传承，牵系着民族和国家的利益，对民族教育质量的提高和民族文化的传承具有巨大的促进作用，影响着民族、地区、国家的团结、和谐、稳定发展。在广西边境地区，促进边境民族地区双语教学还有更重要的意义，它不仅能保护和传承壮族本体民族语言文化，促进壮汉民族交流，而且有利于加强跨文化教育，推动民族文化的跨境传播，促进跨境民族的文化、感情交流。

龙州县民族中学语文教师W老师介绍：该校作为民族学校，具有民族方面特色之一就是开设了壮汉双语兴趣班。每周一节课，学生以自愿为主，感兴趣的就报名参加。然后由一位兼职老师负责培训，壮语教学形式丰富多彩，教学内容大多都是以龙州乡土题材为主。例如，介绍龙州的历史，包括名胜古迹，还有一些历史名人之类的，因为这样能激发学生的兴趣。假如教学内容脱离学生生活，学生会感到太远、太陌生，激不起学习的兴趣。而在教学中介绍当地的小连城等一些名胜景区，学生就会感兴趣，在平时的生活、游玩中，懂得了这个来源就能与壮语结合在一起。还有就是通过讲故事来达到教学的目的。从2010年开始，几年来成绩颇丰，在开班第二年，就有学生代表学校参加自治区举办的壮语讲故事比赛。

3. 积极开展边境特色爱国主义教育

边民的爱国主义精神关系着边境地区的团结稳定，关系着国家的未来发展。在边境民族地区广泛深入地开展爱国教育具有强烈的现实意义，有助于进一步增强边民的爱国主义精神，筑牢边疆根基。

崇左市教育局X局长在谈到本地区的爱国教育时说道：“在爱国教育方面，我们也有自己的特色。主要是结合我们边关特色来进行。在这一方面凭祥和龙州等地做得最好。凭祥市在爱国教育方面注重加强学生团队建设，成立了国旗班、鼓号队、礼仪队、学生队列、少先队广播站等学生团体。龙州县则围绕龙州起义纪念馆举行'红领巾讲解员'暑期培训，搞好爱国主义教育基地，培养本地的学生当宣讲员。有越南代表团来时，我们的小学生就当志愿者用越南语义务为客人宣讲。凭祥市在二十多年前一度是战争前线，当地还有许多著名的历史古迹和历史文化，这些都是爱国主义教育的鲜活教材，我们都会结合这方面来加强教育。注重利用课外活动跟边防军进行结对共建，这也是我们的一个优势，我们的学校经常组织学生到军营跟部队联欢，部队也经常派人到学校进行军训及做校外辅导员，有时候我们也请部队的领导及官兵来学校作专题宣讲。通过共建，一方面我们和部队之间的关系密切了，另一方面也让学生到部队了解到解放军叔叔为了保家卫国敢于牺牲、吃苦耐劳、严明纪律的好精神、好作风。"

二、广西跨境民族地区教育存在的问题

总体上说，自实施边境大会战、兴边富民行动等一系列普惠政策以来，国家虽然加大了扶持力度，广西边境地区民族教育也取得了一些喜人成绩。但是，这些政策和财力的扶持、倾斜只是为了还历史的旧债，补历史的缺陷，只能满足维持边境民族地区低水平的教育运转。由于战争和历史的原因，广西边境民族地区教育发展长期处于落后状态，历史欠账太多，缺口太大，光靠"大会战"各种工程、项目等还不能从根本上改变边境民族地区教育的落后现状。

（一）生源不足与大班额上课现象并存

边境民族地区义务教育资源配置不均衡，是导致这些地区教育发展未能满足边民需求的直接原因。

崇左市教育局领导在接受访谈时向我们介绍："由于多年来特别是改革开放以来，国家政府对边境一线教育的高度重视，所以边境一线基本上能够保证正常办学。适龄儿童也能够就近入学，这是国家重视的结果。"与此同时，X局长也意识到了一个问题："因为我们一些地方对中小学校布局的调整有一种片面的理解，认为布局调整就是整合，好像整合以后才能够充分地利用优质的教学资源，提高教学质量，如果不把有限的老师集中起来，整个教学质量就会下降，就像搞生产一

样，没有规模就没有效益。随着城镇化建设的深入推进，这种对布局调整政策的误解得以强化，一些地方在城镇化建设规划中盲目地将学校布局进行整合，以为学校越大越好，越集中越好。持续下来就逐步出现了小学集中到村屯，中学集中到乡，甚至到县，以致出现整个义务教育办学重心逐步上移的趋势。慢慢地，现在的小学已经集中到乡镇，而中学已经集中到县城了。由此很多问题如教育质量问题，学生辍学、流失问题也就随之出现了。"

由于边境民族地区教育发展滞后，教育资源配置不均衡，边民的适龄儿童少年入学求学出现多元取向的特征。村屯的孩子往县城挤，县城的孩子往城市挤，只要家长有经济能力，就不会把自己的孩子放在当地学校。导致县城出现"超大班额"上课，而乡镇初中招生连年减少，村屯小学教学点生源出现危机，少数教学点甚至面临有教师无学生的尴尬局面。

在大新县座谈会上，大新县领导告诉我们大新县城学校"超大班额"问题突出。2014年春季学期，县城小学平均每班人数为64人（小学班额标准为40—45人），初中平均每班人数为63人（初中班额标准为45—50人），县城小学、初中大班额问题严峻。

在龙州县水口镇中学的教师访谈中，英语教师H老师讲述："由于龙州县利用原广西民族师范学院龙州校区创办新龙州一中，实施教育提升工程，因此大部分的比较优质的生源都送到龙州县城读书。我们学校小学有500多名学生，但初中只有140多名学生，相对于县城中学而言，乡镇学校各方面做得没有县城的学校好，所以只是少部分初中学生留在本镇读书。"

在宁明县座谈会上，X县长告诉我们："宁明县的边境线上有4个乡镇，3所中学。这3所中学共有1 400多个学生，其中壮族学生有1 300多个，占了绝大部分，其余有少部分瑶族学生，再有就是汉族学生。4个乡镇，共有48所完小，有26个教学点，总计6 800个小学生。本来，按照宁明县边境地区人口居住分散的实情来说，这些教学点不能撤了，但是如果当前政府财政状况不能在短期内得到较好的改善，教育投入仍然受到制约，教师资源及其他办学资源不平衡的局面难以得到大的改观，所以估计下一步还是会撤并一些。这样一来，小学基数更大，大班额上课的问题一时还解决不了。但同时一些教学点生源又面临危机，本应在教学点就近入学的孩子，因为教学点教学质量不平衡，加上家庭经济好转，就陆续往完全小学挤。初中教育就不同了，有些中学生随着家庭经济水平的提高，生活条件的改善，或者由于父母工作的需要进行家庭迁移，也逐步往县城或城市转学甚至转到周边的一些教育发展较好的县城。当然，这可能还有很多其他的原因，例如中学生有的自理能力比小学生强了，可以住校，于是有条件的就往乡镇、往县城、往南宁转学。没办法，不可控，不可测。”

（二）教学设施设备配置不足、落后，无法满足学校办学的基本要求

教育资源配置是学校教育的基础。边境民族地区办学资源不足已成为制约教育发展的重要因素之一。我国西南边境民族基本分布在边远山区，人口居住分散，于是寄宿制学校建设便成为边境民族地区学校发展的重要任务，也是在农村学校撤并政策实施过程中确保这些地区教育质量不下降，义务教育学生入学率、辍学率不反弹的有效途径。但是义务教育学校举办寄宿制需要更多、更好的教学、生活设备和设施，需要更充足的校舍和场所。一句话，需要更多教育资源。这对当前边境地区义务教育学校的有限的办学条件来说无疑是更大的挑战。

宁明县民族中学G校长在调研座谈会上介绍：“我是去年8月份到民族学校任校长。到任以后我一直在思考，我们这个民族中学应该怎么走民族这条线？此前，我们县民族中学和普通中学没什么区别，当然这不光是我们学校，也不光是我们崇左市其他民族中学的问题，而是民族地区民族中小学的普遍性问题。我们办了一个瑶族班，打算从2014年起，每年到我们桐棉、那楠、爱店这几个边境乡镇去招生。在这些乡镇有一些边远的瑶族村寨，他们那里的小孩需要特别的关注。后来我多次深入瑶寨后才知道，那里的很多小孩小学没毕业或者小学毕业后都不读初中了，早婚，十四五岁就结婚了。我带着我们的老师到桐棉、那楠一些边远的瑶寨挨家挨户去动员，招到了25个学生，办起了瑶族班。这25个瑶族学生到我们学校之后呢，我们实行全免费教育，吃穿住，还有日常用品及各种费用全部由学校经费去负担。办学效果还不错。但是，目前是我们学校自己找经费来办的，压力不小。算一下账，一个学生伙食费一个月最少是300元，那么25个学生一个月就是7 500元。一个学期，算5个月，也就差不多是4万元，一年也就差不多8万元。明年我再办第二个班，再下去第三年我再办第三个班，那么我这里光支付他们的伙食费每班每年就要10万元。如果这个经费全部由我们学校来承担，那么压力

很大。”对此，G校长提出：“我希望这瑶族班的经费应该通过‘三个一点’来解决：一个是学校，从公用经费中拿出一点；第二个是走民委、民族这条线要一点；第三个就是找教育厅民教处那一块要一点。”

大新县主管教育的领导在座谈会中说道：“义务教育寄宿制学校设施设备落后，存在安全隐患。全县10所初中学校及14所乡镇中心小学和县城2所小学均为寄宿制学校，共有寄宿生13 715名(小学生5 848人，初中生7 867人)。面临的主要困难有：乡镇中心小学原有的设施设备较落后，学生食堂窄小，学生宿舍不足，实施学校布局调整后，村屯小学高年级学生均集中到中心小学寄读，学校寄宿生剧增，造成学生在校寄宿紧张，就餐环境不理想，影响学生学习、生活。此外，部分寄宿制学校教学楼是20世纪90年代修建的预制板楼房，存在安全隐患。目前，全县中小学有预制板楼房96栋，面积约8万平方米。”

宁明县是一个少数民族边境山区县，地域广阔，人口密度小，交通不便，加上历史和战争等原因，边境经济和教育的发展严重滞后于内地，学校教学设施简陋，办学条件差。

宁明县领导也在调研座谈会上谈道：“宁明县的桐棉、峙浪、爱店、寨安等4个边境乡镇校舍总面积69 433平方米，生均8.94平方米。初中师生比1∶6.8，小学师生比1∶17.9。边境乡镇学校的各功能室建设标准低，图书、仪器、现代教育技术设备还未能满足教学需求。目前，宁明县需要投资建设的项目比较多，主要包括教师周转宿舍楼、学生宿舍楼、学校运动场等，建设需要总投资2 950万元。”

宁明县教育局的领导介绍说：“从学校的建筑面积、校舍安排来讲还是不够的，有比较大的缺口。虽然初中生已经不多，但是小学生基数很大。这4个乡镇的小学和初中校舍总面积加起来，对照国家教育部的有关标准，还不及50%。一些乡镇中学尚未配备电脑室和多媒体教室，初中学生尚未开始现代信息技术的学习和应用。”

大新县教学设施设备也相对紧缺。全县教学仪器配备达到Ⅰ类标准的只有大新中学1所学校；达到Ⅱ类标准的有4所学校(实验中学、桃城一中、县民族希望中学、桃城二小)；其余的 8 所中学(7 所初中，1 所普通高中)和 17 所中心校均为Ⅲ类及以下。特别是乡镇学校布局较分散，教学设备设施更加陈旧，图书和实验设备等教育资源无法有效整合，教育信息化水平低，学校离标准化建设差距较大。目前，全县 90%的学校功能室配备不齐全，计算机教室空缺 32 间，缺电脑 815 台，无法正常开设信息技术课。据初步概算，全县中小学需要投入 9 072.73 万元添置图书、教学仪器、电脑等教学设施设备，才能达到基本均衡发展的配备要求。

龙州县水口镇中学的 H 老师在访谈时告诉我们：虽然有微机教室，但电脑设备是十年前的，现已陈旧不堪，无法进行正常的电脑教学，教师只能通过书本教学，学生无法进行实践操作学习。

宁明县的××中学也有同样的问题。学校已覆盖网络，教室为多媒体教室，但学生并未开设电脑信息技术课，电脑室里的 40 台电脑是十多年前的，已过时不能使用。

此外，一些县的教学点尚未覆盖网络，教室基本上无法运用网络教育资源，而这些教学点由于教师缺乏、教学水平较低等原因，客观上最需要利用网络资源。

调研人员在座谈会上询问，桐棉镇距离边境线 3 公里内的 10 所学校，是否已全覆盖网络，能否运用网上资源教学。桐棉镇中心校校长告诉我们：“还没，电脑都没有。有些老师开电脑都不会，没用过。”

宁明县座谈会上，X 县长讲到乡镇的具体情况时说：“他们的学校(指边境乡镇的学校)我也去走了几个点。在那里，基本上小学这一块没有什么像样的教育教学设备，电脑、智能化的教室、机房还有其他现代教学仪器设备都比较短缺。县城里的学校还行，基本配套齐全。但不平衡，总量也明显不足。按照义务教育在校中小学生总人数全县平均下来，对照自治区有关标准大约也就在 50%的水平上，相当于平均每所小学和初中学校有一两个电教室。但是在边境线上的小学，特别是教学点，基本上是没有的。”

崇左市教育局 X 局长谈道：“边境民族地区的校舍相当破旧。尤其是那些离边境 5—10 公里的教学点，有些分布比较密，相隔一座座山，校舍都十分简陋；有些被称为‘三无学校’——无围墙、无厕所、无运动场。当地群众对这些学校很不满意，有些群众认为改革开放这么多年，国家富强、人民富裕了，学校怎么总还是这个样子。”

(三) 复式班教学仍然存在

在宁明县寨安乡,有一所学校叫版亮小学,是一个典型的复式教学点。教学点处在公路边的一个小山头上。孩子们每天上学要横跨这条公路。公路无减速带、安全警示、学校标志等交通安全举措,存在学生上下学的安全隐患。这个教学点仅有一位临近退休的老师,共 21 名学生。其中学前班有 7 名学生,一年级有 8 名学生,二年级 6 名学生。学前班与一年级同在一个班,进行复式教学;二年级的为一个班。教学点是一间面积不大的房子,一分为二,共有 11 张课桌,二年级教室还放着煮早餐用的锅等炊具和一台电视机。平时老师给学生们煮早餐,在星期一、星期三、星期五的时候给学生们买豆奶和蛋糕作为营养餐。这位老师在教学点任教有十年了,当前每月收入为 2 400 元。据了解,这样的复式教学点在边境民族地区还为数不少。

(图摄于 2014 年 11 月 18 日洞浪小学——教学点)

崇左市教育局××科长给我们讲述了他的一次调研经历:在××村小学,直至 2012 年,全校 27 位学生,仅有一位 50 多岁临近退休的老师,一至三年级复式班教学。这位老师与学生几十年的相处,建立起来的感情使他们师生难以想象有朝一日如何能分得开。当年,赵科长因调研来到该校看望老师时,学校里的学生误认为是上级来人要把他们的老师调走,孩子们不约而同上前抱住老师的腿不放,哭着哀求不要把老师调走,场面非常感人。

(四) 图书资料普遍比较稀缺

教育不能仅仅依靠老师在课堂上教授的知识,还需要学生课后的阅读拓展。边境民族地区的义务教育学校图书资料总量不足，种类不多。在村屯小学特别是教学点，资源更是奇缺。在许多村屯完小和教学点，人们鲜少见到图书室或书报阅读桌。这种状况明显无法跟上现代教育发展的步伐。

大新县乡镇学校布局较分散，图书和实验设备等教育资源无法有效整合和分享，教育信息化整体水平偏低。近年来，县里为了推进学校标准化建设，加大了教学设备设施的投入，专项预算 9 072.73 万元用于添置图书及其他教学仪器、设施设备，这才基本达到“均衡发展”的配备要求。

图书资源相对好一些的龙州县金龙镇中学图书室藏书 17 701 册，生均 53.4 册，阅览室有报刊杂志 48 种。宁明县寨安中学现有图书室一间，面积 60 平方米，书柜 28 立方米，藏书类别 16 类，总 15 082 册，生均 39.8 册。调研发现，由于图书室面积限制，许多书籍只能堆放在墙角，一些图书较为陈旧，学习课本也包含在内。

（五）教师发展的政策缺位和不到位

教师是学校发展的主体。边境民族地区教育亟待解决的困难、问题很多，但最首要、最急切的应当是教师发展的问题。建设一支思想素质高、专业能力强、下得来、留得住的教师队伍，是边境民族教育发展政策的重中之重。龙州县主管教育的县领导在总结当前龙州县在教育均衡发展上的困难时认为：师资是短板。全县义务教育教师整体满编或超编，但结构性缺编；骨干教师不安心，不稳定。事实上，这不仅仅是龙州县遇到的教育问题，也是大多数边境民族地区教育普遍存在的、多年仍未得到很好解决的问题。

（六）校本课程建设

如上所述，边境民族地区的校本课程、特色课程是开得有声有色的，效果也是显著的，但总体上看，这类课程的建设在很多时候还处在零散、自发状态，缺少制度上的规范，如明确的课程目标、课程标准和要求、课程的组织形式等，以致这些学校的校本课程与内地学校同质化，缺乏边境民族教育特色的跨文化教育、爱国主义教育、民族团结教育等。

从现实来考虑，国家边防的稳边、固边，最重要的还是要依靠边境民族地区的当地人民。俗语说“少年强则国家强”，边境民族地区的特殊地理位置决定了在边境民族地区必须要实行特殊优惠的民族教育政策。在边境民族地区进行有特色的教育，是希望把这些地区的孩子从小培养成热爱祖国、热爱家乡、热爱民族，有国际视野，有多元文化了解、理解能力，立志传承民族文化、建设家乡、保卫祖国的新人。

崇左市教育局局长在接受访谈时说:“我们比较注意跨境民族语言方面的教育,在学校课程体系中设立了一些语言方面的必修课来相互促进。开课有课程的目标,作为校本课程让学生来选修。我也曾想能否出台政策,鼓励开设东南亚国家小语种,但在义务教育阶段开设得通过国家批准,不好办。”

关于在边境民族地区的学校开展民族教育团结课程的问题,宁明县教育局局长认为:“这个对于乡镇中小学来讲,要开设课程其实是不容易的,作为课外活动,最多也只是中心校中学有一些,在村一级的学校实际上就没有了。在村屯小学,老师甚至连基本的文化课都满足不了,大部分小学只能开设语文数学主科,其他课程都很难保证。”

英语课在中学是必修课。但这门课程在边境民族地区的实施也有实际困难。龙州县水口镇中学的英语教师××老师抱怨在教学工作中遇到的困难:当地与外界相对闭塞,教授学生英语缺少环境。就连我们教师,大多都没走出过广西,没见过外国人,这课怎么教得好?相反,当地群众与越南民间交流多,在中小学开设越南语等实用教学,相比英语来说学生更有学习的环境及兴趣,条件更充足。而且,学生学会了越南语,将来可以到越南去打工,与越南人做生意赚钱,更实用。

三、广西跨境民族地区学校执行教育政策个案研究

个案一:龙州县金龙镇中学

金龙镇中学是边境县办得比较好的一所中学。金龙镇中学创建于1950年,原为龙州县第二初级中学,后改为龙州县第二中学,龙州县金龙镇中学。学校距离龙州县城55公里,距中越边境5.5公里,是龙州县最边远的一所乡镇中学。从实地调研中,我们发现金龙镇中学所以办得那么好,那么受家长、学生欢迎,是因为他们在办学过程中遵循教育规律,抓住影响学校发展的主要问题予以解决。例如,重视教师队伍建设,重视争取社会支持,重视加强学校领导班子的团结等。

该校的校长告诉我们:学校有学生331人,男女生比例较平衡,学生全为壮族,其中七年级3个班143人,八年级2个班74人,九年级2个班114人。目前全校教职工26人,专任教师23人,学历合格率100%,其中具有中学高级教师资格1人,中学一级教师11人,中学二级教师3人,本科学历14人,大专学历9人。龙州县金龙镇中学建有两栋教学楼,一栋综合楼,三栋可容纳1 000名学生的宿舍楼,一栋24套住房的安居

楼，有新建的敞亮的学生饭堂。校舍面积 9 716 平方米，生均 29.3 平方米。学校化学仪器室、实验室、物理仪器室、实验室、电脑室、远程卫星接收室、多媒体教室等各功能室配备齐全，教学仪器均按二类学校标准配备。操场、足球场、篮球场、排球场、乒乓球台等各种体育运动场所及运动器械足可满足师生健身需求。学校先后被评为县级文明学校、县级社会综合治理模范学校、县级法制宣传先进单位。该校在当地是发展得比较好的中学之一，办学条件，办学设施，学生学习、生活环境，教师队伍等都运行得比较好。该校的几大特点是：

1. 重视教师队伍建设

在教师队伍建设方面，学校注重通过感情留人、待遇留人、事业留人，努力建立完善的教师激励保障机制。学校重视教师安居房建设，金龙镇中学的 Z 校长在访谈时告诉我们："学校现在有 24 套安居楼住房，两房一厅，总建筑面积是 50 平方米。原来有一栋小楼改成教师住宿楼，单间的，但是也蛮宽的。现在打算做一种像市里那种公租房一样的，但是是单间的，只有 30 多平方米，好像是全国统一的，准备做 40 套。现在老师的住房还是可以的。"

教学管理制度较为健全。在访谈中金龙镇中学 Z 校长告诉我们：学校的教师大半是外地人，年轻老师，很负责任，不怕苦累、积极肯干，学校取得的好成绩是大家团结努力的结果。Z 校长还说："教学管理方面，我们的常规管理制度都是健全的，都纳入绩效工资。整个县基本都那么做，包括上公开课多少节我们都按课时给教师费用。现在基本都按绩效管理的。"课题组成员在对金龙镇中学教师进行访谈时了解到：K 老师是黑龙江人，一开始只是来金龙镇中学支教，来到当地后热爱上了当地的风土人情、气候习惯，于是又报考了特岗教师，从祖国的最北边飞到了祖国的最南边。K 老师告诉我们："我来这里两年多一点，2012 年来这（金龙镇中学）支教的，然后工作至今，我感觉这里很好，这里学校好、环境好……我是先来这里支教，然后留下来了，我觉得这里很不错的。我教英语。"随后课题组成员问 K 老师："在这边（金龙镇中学）你觉得作为你们老师来说，现在最想解决什么样的问题？"K 老师答道："就是教书育好学生吧。个人专业发展方面，就是参加培训、学习，加强自身学习，希望自己做点什么，提高自身修养。教师培训都挺多，别的老师基本上都有培训的机会。"

2. 普及了"双语教学"，辅助课堂教学

边境民族地区的一些中小学校虽然没有开设专门的"双语教学"课程，但在调研中，调研小组发现，一些学校在日常的教学中，采取过渡型双语教学的模式，针对少数民族学生的需要，教师在教学过程中利用双语进行教学。以龙州县金龙镇中学为例，金龙镇中学语文教师 H 老师讲述：在课堂上曾利用壮语进行作文教学。例如，有学生在写作文的时候，提到回到家里，帮助父母做农活，但是家里人都是说方言，他不知如何将方言译成普通话。H 老师就利用双语教学告诉学生，方言基本都会听，但是却不知如何用普通话表达，“dangma”（音译），汉语就是“插秧”的意思。经过 H 老师的讲解之后，该学生在写作文遇到方言就知道如何用汉字表达，“插秧到天黑，然后才回家，很辛苦”。通过壮语教学来辅助学生的汉语学习，与日常生活相结合，通俗易懂，激发学生的学习兴趣，有助于学生学习成绩的提高，也促进了民族文化的传承。

（图摄于 2014 年 11 月 17 日，金龙镇中学教师访谈，右二为教语文的 H 老师）

金龙镇中学的 K 老师在上英语课的时候，让学生通过英语来介绍壮族文化，在提升英语能力的同时，也让学生进一步了解自己的民族文化。

（图摄于 2014 年 11 月 17 日，金龙镇中学教师访谈，左一为教英语的 K 老师）

3. 学校领导班子较稳定，有利于校园建设

在调研中发现，学校的领导班子越稳定，带出来的校园团队越团结，营造的校园文化氛围越和谐，学校才能更好地发展延续下去。龙州县金龙镇中学作为边境民族地区的学校，校园文化健康积极，学校的管理规范严谨。在调研访谈中调研小组了解到：金龙镇中学的Z校长是金龙镇本地人，壮族，从1996年分配在该学校就一直工作至今。于2011年3月当上该校校长。在做校长之前当了8年的副校长。十几年一直在为学校奉献，从老师、教导处副主任、副校长、党委书记，基本上每个职务都干过。由此可见，校长领导班子的稳定有利于营造校园文化，有利于培养团队精神。金龙镇中学Z校长在校十几年，学校一直秉承艰苦创业、团结协作、奋发向上的光荣传统。

4. 争取社会各界的援助

教育事业繁荣发展，不能仅仅依靠国家政府的支持投入。调研人员在访谈时询问："我发现学校硬件设施方面，这几个楼都比较漂亮，原来的校舍是不是比较破？我看到你们这栋楼上有些标语，是什么时候投资的？"金龙镇中学Z校长答道："2013年自治区计划这几年投入1 500万元经费建设国门示范性学校工程，计划在金龙镇与水口镇创立两所国门示范学校，其中为金龙镇中学建了两栋楼，投入约300万元。金龙镇中学的可高教学楼属于社会企业捐助，是一栋集办公、教学、科研和实验为一体的综合性教学楼，共四层，建筑总面积1 061平方米，由县政协牵线搭桥，广西可高集团捐资150万元援建。"

（图摄于2014年11月16日，金龙镇中学广西可高基金会发展专栏）

民族地区的经济发展已不单纯依靠政府这唯一的投资主体，而是出现了多元化的格局，其中集体、私营、股份制经济都得到了长足发展。[①] 与此相适应，边境民族地区教育的主体也应多元化，学校不仅仅要靠政府投入，还需要社会企业的捐助，这样既缓解了政府财政的压力，又调动了社会多方的积极性，共同促进边境民族地区的教育发展。

边境民族地区得到了稳定的政策支持，如，国家相关教育政策的倾斜，地方政府因地制宜的政策制定。金龙镇中学制定并执行了符合自身条件要求的一些制度政策，它们都适应了学校的发展要求，有利于推动学校的发展。与此同时，龙州县地处桂西南边陲，是红八军的故乡，有一千三百年的边关商贸历史，是广西通往东盟国家的重要陆路通道。龙州县在党委和政府的正确领导下，重抓“两高”、“两联”、“两铝”、“两商”工作，因此财政收入增长迅速，2014 年上半年完成地区生产总值 32.02 亿元。在相对良好的经济环境下，龙州县加大教育投入，推进教育均衡发展。教师队伍建设得到提升，激发了教师教学的热情和积极性，同时提高了教师的待遇，完善了激励保障机制。此外，稳定的领导管理层，与社会企业合作办学，减轻教育经费压力，调动多方积极性，保障了该校的有序运行，成为边境民族地区的一个典范，促进了民族地区教育发展。

个案二：宁明县××中心小学

据该中心小学 W 校长介绍，该校校园面积 20 多亩，有教师 28 名，目前有学生 423 人，99%为壮族。W 校长作为中心小学校长，还负责管理寨安乡的其他小学。实地调研发现，宁明县寨安中心小学正面临着学校基础设施不完善，办学条件较为艰苦等问题。

1. 学校发展存在资源投入不足和管理不足并存的问题

布局调整政策实施之后，边境民族地区学校尤其是小学阶段的寄宿制学校的规模急剧扩大，在一定程度上保障了地处偏远山区的适龄儿童上学读书。但是，部分学校由于寄宿生人数激增，致使基础设施原本就不完善的学校雪上加霜，出现学生宿舍不够住、基本生活配备不达标、存在卫生安全隐患等问题。

W 校长告诉我们：“我们这里是完全小学，全乡一到六年级都在这里，现在有 160 多名学生。在我们镇除了我们这个完小外还有 4 个村的小学设一到五年级

① 滕星，王铁志. 民族教育理论与政策研究[M]. 北京：民族出版社，2009：4.

的。原来不止我们中心校招六年级，这几年因为其他村完小老师逐年减少，缺人教课，所以就全集中到这儿来了。现在全乡只有这里有六年级了，五年级大多数也都在这里，所以目前中心校六年级有三个班，五年级有两个班，一到四(年级)各一个班。一到四年级的孩子们主要是来自本村周围的，不住宿。五、六年级住宿。……学校其实还没有完全具备寄宿条件，但是五、六年级要住宿，为了孩子们的学习硬着头皮挤吧。这栋楼是1986年建的，我小学毕业的时候就是住这个楼，建设标准很低，设施条件很差，可是这么多年过去了，还是没有改变。十多年前，学校布局调整时说是要把这个学校撤了的，后来形势变了不让撤。不撤也罢，可是又得不到规划建设。这几年我们中心小学基本上没有投资建设项目。近十年了，我们学校什么建设项目都没有。……现在就只有这栋旧楼给学生住了。教室大多是活动板房。我们共有九个班，其中七个班安排在活动板房里上课。学生有些也住板房，就像那个(校长指着旁边的一栋板房)，我们最多时安排30人住。”

学生的宿舍是用旧教学楼改成的，没有教师宿舍，学生的洗澡水是用三口大锅来烧的，而冲凉房也是临时搭建的。

(图摄于2014年11月18日，寨安中心小学，烧水洗澡的锅)

看到操场边上三口被水泥砖支起的大铝锅，露天的厨房，烧柴火的灶台，问其原因，校领导无奈地说：“这样子方便。”问：“下雨了怎么办？”“备有个大雨伞，雨来了撑着咯。”问：“筑个灶台很难吗？”“灶台改造不需要多少钱，不过本地的师傅不行，现在会做这种烧木柴灶的人不多了，我们这几年农村小学改造成幼儿园，都不会做这种灶了。有些老师宁愿去接受培训,都不敢接这个活。接这个活,900 块钱,但是师傅他不敢做。”

在学校小操场上的一棵大树底下,有一张小木板桌上放着一个用来接收电视信号的天线小锅盖,锅盖上的导线穿过树丫横跨到操场边的一栋平房里。电视就放在房间窗口上。孩子们透过窗条可以看到电视节目。学校领导坦陈:即使是这么简单的电子设备,也是来之不易,“它是‘村村通’、‘户户通’的成果”,“需要很多手续才能弄得到的”。

(图摄于 2014 年 11 月 18 日,寨安中心小学,电视信号接收器)

除此之外,学校里老师、学生们的生活、学习设施、用具、物品,摆放得比较临时、随意和杂乱,存在不安全的隐患。校领导解释:“现在这个办学条件只能是这样。学校没有教室(放电视)。原来我们在少先队员活动室那里放,但是后来改为教室,若是同学们都进去看的话,管理起来比较麻烦,会把原来的教室搞乱,而且有些同学的作业本又在那里,怕弄烂弄丢,干脆就不给在那里看。”

这主要是因为当地学校在教育政策执行过程中出现偏差而导致的。在学校布局调整的过程中,一些地方片面强调整合资源,不顾实际情况盲目“撤并”,大搞“寄宿制”,以求符合有关撤并的“标准要求”,而忽略了当地孩子对上学的实际需求。结果在撤并政策执行过程中出现了未预期到的不良效果,如学生宿舍不足、教学硬件设备满足不了教学的要求、饮食医疗安全建设不达标等方面的问题。寨安乡中心小学便是一例。

2. 学校软件和硬件条件滞后,教育政策执行困难

由于地理位置以及历史的原因,使得边境民族地区教育发展长期处于落后状态,虽然国家政府投入了大量资金,但是都只是还历史的旧账,缺口太大,还未能从根本上改变边境民族地区教育的落后现状。

寨安中心小学的教学条件较差,县领导告诉我们:寨安中心小学的新教学楼做起来,如果简单的话,2015 年 9 月份可能可以搬;如果要一步到位的话,就比较难实现了。

寨安中心小学的一位教师在访谈时告诉我们:“现在我们教室都不够,就建几个板房,下面4个,上面3个,就7个板房,用活动板房来做教室,冲凉房也是板房。之前有两个多媒体教室,现在有一个是拿来当办公室,一个是教室,现在老师上课想用多媒体都不行。”

(图摄于2014年11月18日,寨安中心小学,学生在活动板房教室上课)

国家层面实施的民族教育政策,更多地注重政策的普惠性而缺乏民族边境地区的针对性。而边境民族地区,由于特殊的地理位置及文化认识差异,其教育发展与一般民族地区相比更需要政策的特殊扶持。例如,宁明县寨安中心小学师资严重匮乏,在调研访谈时,校长告诉我们:由于没有专门的教师,从2011年开始学校就没有开设英语课程。边境民族地区学校由于教学设施落后、师资力量薄弱等条件束缚,基础教育新课程改革等政策自然无法有效执行。

在教育政策执行过程中,政策执行者基于自身的认识水平与利益价值,会对上级制定的教育政策进行再理解、价值取向的再选择,从而形成对该项政策价值取向的重新阐释,并在执行中形成相应的具体目标、实施策略和评估等一系列规范措施,这就会导致教育政策价值取向出现不一致和偏差。[①] 因此,教育政策在龙州县金龙中学的执行过程中取得了一些喜人的成绩,但是在寨安中心小学却出现了诸多问题,个案地区在政策的执行过程中出现了偏差,导致了不同的效果。

---

① 敖俊梅.民族预科教育政策文化分析[D].北京:北京师范大学,2007.

第七章　跨境民族地区学校管理研究

质量是跨境民族教育的生命线，也是推进跨境民族教育改革与发展的关键所在。而跨境民族地区学校教育的质量和效益来自有效的、科学的管理。提高跨境民族地区学校管理水平，提升跨境民族地区学校教育的质量和效益，是当前跨境民族教育改革与发展的重大主题。

一、跨境民族地区学校管理概述

(一) 学校管理的概念

1. 管理的概念

管理是人类社会劳动的产物。关于管理的定义，迄今为止，还没有统一的说法。马克思说："一切规模较大的直接社会劳动或共同劳动，都或多或少地需要指挥，以协调个人的活动，并执行生产总体的运动——不同于这一总体的独立器官的运动——所产生的各种一般职能。一个单独的提琴手是自己指挥自己，一个乐队就需要一个乐队指挥。"[①]这里的"指挥"和"协调"都属于管理的范畴。古典管理理论的代表人物法约尔认为："管理就是实行计划、组织、指挥、协调和控制。"[②]现代管理科学决策学派的创始人之一西蒙认为"管理就是决策"[③]。刘邦奇和齐平在《现代教学管理系统》中给管理下的定义是："管理是管理者通过计划、组织、控制、激励、领导等职能去协调组织的全部资源，使其朝既定的目标运作，从而顺利实现组织目标的行为过程。"[④]《教育大辞

① 马克思. 资本论(第1卷)[M]. 北京：人民出版社，1975：367.

② [法]H・法约尔. 工业管理与一般管理[M]. 周安华，译. 北京：中国社会科学出版社，1982：5.

③ [美]H・A・西蒙. 管理决策新科学[M]. 李注流，译. 北京：中国社会科学出版社，1982：33.

④ 刘邦奇，齐平. 现代教学管理系统[M]. 石家庄：河北教育出版社，1997：5—7.

典》(第1卷)中将"管理"解释为:"管理是为了实现一定目标,由专门机构和人对组织中的各种资源进行计划、组织、指挥、协调和控制,以达成最大的功效而进行的活动。"①以上种种权威定义表明了管理具有以下基本特征:(1)管理是管理者和被管理者共同的社会实践活动。(2)管理的基本职能是计划、组织、指挥、协调和控制,管理过程的核心是决策。(3)管理是一种有目的的活动,其基本目的是提高系统的效率和效益。

2. 学校管理的概念

学校管理是以学校教育为对象的一种社会活动,是管理的一种形式,是管理的一般特征在学校教育领域中的特殊表现。学校管理可分为广义和狭义两种。广义的学校管理是指国家和政府及其所属各级各类教育行政部门对学校的管理,又称教育管理或教育行政。狭义的学校管理指的是学校自身的内部管理。本书研究的是狭义的学校管理。张济正将学校管理定义为"学校管理者通过一定的机构和制度,采用不定期的手段和措施,带领和引导学校的师生员工,有效充分利用校内外的现有资源和条件,整合优化学校教育工作,来实现学校工作目标的组织活动"②。本书中的学校管理将使用这一定义。

(二) 跨境民族地区学校管理的要素

要素是组成系统的单元、因素、部分。学校管理要素是指构成学校管理活动的必要因素或必要组成部分。构成跨境民族地区学校管理活动的要素概括起来主要有人、财、物、事、时间、空间和信息等。

1. 跨境民族地区学校管理的基本要素

人是学校管理诸要素中最活跃的一个基本要素。学校是由人组成的社会系统,"它是通过将各种互动的个体整合在一起形成有机关系而组织起来的"③。学校中的人是指全校的师生员工。跨境民族地区学校的领导、师生员工,或者说学校的管理者与被管理者,其素质及结构状况、人员组合、活动方式、工作精神、心理特点等如何,直接关系着学校管理水平的高低。因此,提高跨境民族地区学校各类人员尤其是管理人员的素质,调动师生员工的积极性,发挥师生员工的主观能动作用,是搞好学校管理的

---

① 顾明远. 教育大辞典(第1卷)[M]. 上海:上海教育出版社,1990:257.

② 张济正. 学校管理学导论[M]. 上海:华东师范大学出版社,1990:22.

③ [美]韦恩·K·霍伊,塞西尔·G·米斯克尔. 教育管理学:理论·研究·实践(第7版)[M]. 范国睿主译. 北京:教育科学出版社,2007:21.

关键。

财、物也是学校管理的基本要素，指的是学校的办学经费、校舍、仪器设备、图书资料等。财、物管理不善，不仅会造成经济上的损失，而且会直接影响到学校工作的正常开展。目前跨境民族地区多数学校的办学条件较差，办学经费短缺，图书资料不足，更需要加强对财、物的管理，使有限的经费用之得当，财尽其利，物尽其用，更好地为提高学校教育质量服务。

2. 跨境民族地区学校管理的特殊要素

时间是学校管理的一项特殊的要素，也是一项限制的要素，存在于管理活动的全程之中。做任何工作都是在时间中进行的，学校工作的有效性与时间的利用率直接相关。因此，跨境民族地区学校管理者要加强对时间的管理，科学支配时间，充分发挥时间的效应，提高学校管理活动的有效性。

学校管理活动是在一定的空间范围内进行的。校内外空间的利用状况直接与学校管理活动的有效性相关联。跨境民族地区学校位于边境地区和民族地区，学校所处地域环境的特殊性和复杂性决定了跨境民族地区学校管理者不仅要加强对校内空间的管理，更要重视和加强对校外空间的管理。

信息指与学校管理活动有关，对学校管理活动产生作用和影响的各种情报消息、书报资料、指令文件等。信息的流通、贮存、处理、使用存在于跨境民族地区学校管理过程的各个环节和各个方面。跨境民族地区学校管理者只有建立和完善上下级之间、学校各部门之间、人与人之间的信息沟通联络渠道，充分获取和利用信息，才能做到正确决策，相互沟通，及时反馈，有效控制，实现学校管理的预定目标。

3. 跨境民族地区学校育人之事的管理

学校是专门培养人的场所，育人之事是学校管理活动的重要因素，学校管理活动的最终成果是育人质量。跨境民族地区学校是国门学校，“一定程度上，国门学校教育就是通过对边境青少年个体的社会化，促使其由一个生物体的自然人发展成为一个适合生活于边境社会的社会人”[①]。跨境民族地区学校育人之事的管理主要包括以下三方面工作：

教学工作管理。民族性和地方性是跨境民族地区学校教育的基本特征，学校教学目标的确立、教学内容的设置、教学方法的选择等都要根基于这一基本特征。由此，在

---

① 王枬，柳谦. 边境国门学校研究：以广西、云南为例[M]. 桂林：广西师范大学出版社，2013：112.

教学工作管理中，跨境民族地区学校要加强双语教学及地方性课程的管理，结合跨境民族文化开发课程资源，“给边境青少年以学习文化的工具及思维方式的训练，对边境青少年进行边境社会生活中所需的知识、技能的传递与培养，使青少年成为能够生活于边境地区的人”①。

学生思想品德和政治教育工作管理。在学生思想品德管理中，跨境民族地区学校要“按照边境社会的要求，向边境青少年传播一定的文化和价值观念，并以此去规范边境青少年的道德行为，提高他们处于边境地区的特殊社会道德”②。在学生政治教育工作管理中，跨境民族地区学校要加强国民教育和国防教育，强化学生的国家认同感和国防意识。

体育卫生工作管理。在体育卫生工作管理中，跨境民族地区学校除了要重视提高边境青少年的身体素质外，还要通过开展形式多样的民族文体活动，建立学校传承跨境民族文化的长效机制，提高学生对跨境民族文化的认识，使他们自觉形成保护跨境民族文化的意识和能力。

二、跨境民族地区学校基础设施建设

（一）跨境民族地区学校基础设施建设状况

近年来，各级党委和政府高度重视跨境民族地区教育事业的改革发展，在政策、项目、资金等方面对跨境民族地区教育发展给予了大力支持。在国家的支持下，跨境民族地区先后实施了国家贫困地区义务教育工程、农村中小学危房改造工程、中西部农村寄宿制学校建设工程、中西部农村初中校舍改造工程、农村中小学校舍维修改造项目、边境国门学校建设工程、农村义务教育薄弱学校改造计划、中小学校舍安全工程、农村义务教育学生营养改善计划和学校食堂建设工程等一系列教育专项工程。与此同时，各边境市、县也加大了教育投入来维修校舍、配置教学实验仪器设备、修建运动场等配套设施，不断改善学校办学条件。通过实施教育专项工程和加大教育投入，跨境民族地区学校基础设施建设逐年改善。如，宁明、大新、龙州、凭祥等4个边境县(市)义务教育学校在基本教学条件方面，已全部消除D级危房，并且全部更新农村义务教育学校学生课桌椅，总配备率为100%。在生活设施方面，这4个边境县(市)除教

① 王枬，柳谦.边境国门学校研究：以广西、云南为例[M].桂林：广西师范大学出版社，2013：112.

② 王枬，柳谦.边境国门学校研究：以广西、云南为例[M].桂林：广西师范大学出版社，2013：112.

学点外，村完小以上学校建有水冲设施厕所，能满足学生课间用厕的需要；农村义务教育学校的学生都能享受营养餐。在信息技术教育设施方面，县城初中和乡镇中心小学都已配置数字教育资源接收和播放设备；部分学校配置有多媒体教学设备，每个教学班级实现“班班通”。

在调研中，龙州县一所县城中学的校长告诉我们：“县委书记Q书记上任以后，很重视我们学校，县政府拨出了700多万元，给县城学校的每个教室都配了一套投影仪。我们学校还建了三间计算机教室，配备了150多台学生用的电脑。”

龙州县某乡镇中学校长说：“我们学校的教室都有多媒体白板，实验设备也有不少，教学设备还是不错的。”

在大新县，某县城中学校长也有同感：“我们在教学设施方面，每间教室都有白板，是投影的那种；为了提高教学质量，我们还开通了‘班班通’，教育局网上的那些课件，我们点击一下就能下载了。”

（二）跨境民族地区学校基础设施建设存在的主要问题

尽管跨境民族地区学校基础设施逐年改善，但由于受历史、经济等多方面因素的制约，跨境民族地区学校普遍基础设施欠缺，广大乡镇及农村学校办学条件严重不足，存在着配置不足和管理不善双重问题。

1. 配置不足

跨境民族地区学校建设由于教育经费投入有限，基础设施配置不足，学校的办学条件整体水平比较低，直接影响到学校的管理及教育教学工作的正常开展。

（1）基本办学条件不达标

边境县（市）因为财政有限，跨境民族地区学校的基本办学条件整体水平比较低，相当部分学校生均校舍面积、生均运动场地、生均图书等没有达到国家标准，中小学校标准化建设推进任务艰巨。如，目前宁明县城中镇5所公办小学校园总面积57 189平方米，生均占地8.7平方米，生均占地面积远远低于国家一般标准。

龙州县某县城中学校长对我们说：“按标准来说，学校最重要的基础设施是要有运动场地，但我们学校的运动场地仅是两个篮球场，这应该是不达标的。”

(2) 农村学校办学设施较差

城乡学校的办学条件差距较大，城市及县城学校办学条件相对较好，农村学校的办学条件较差，乡村学校绝大部分设施简陋，制约了城乡教育的均衡发展。

大新县某乡镇中学校长说："我们学校面积很小，运动场地很小，我走了很多学校，像我们学校的运动场所我也无可奈何，我们的篮球架还是水泥柱，我们这里也没有钱硬化，地面都是泥巴，一到下雨学生就没办法做操了。学校经费很少，我们虽然是国门学校，但从来没有达标过；我们的校园文化建设，像我们的楼道几乎没有钱搞，班级文化更是没钱去做了。"

有的乡镇学校连必要的基础设施，如教室等，都不能满足教学的要求。如，宁明县某乡中心小学的基础设施非常不完善，有的教室、宿舍还是活动板房。该校校长对我们说："我们共九个班，有七个班的学生住在活动板房里，人数最多的宿舍住了30个人……来这个学校工作了一年，我们感到压力很大，上次那个台风'海鸥'登陆广西，风很大，我们有200多个学生住在活动板房里，那晚上我们的老师都在学校值班，如果台风把我们房子吹倒了，我们就成烈士了。"

教学点的办学条件更是十分薄弱，校舍破旧成了边境学校普遍存在的突出问题。在凭祥市，农村的教学点几乎没有符合要求的厕所。在边境地区工作多年的崇左市教育局X局长感慨地说："边境学校的校舍极为破旧，尤其是教学点，有的被戏称为'三无学校'：无围墙、无厕所、无运动场。"

(3) 教学装备缺口较大

跨境民族地区学校各功能室的建设标准还比较低，信息化建设刚刚起步，中小学校尤其是村完小、教学点的教学仪器设备、信息技术教育设施相当缺乏，与内地差距较大。如，大新县教学仪器配备达到Ⅰ类标准的只有1所学校，达到Ⅱ类标准的有4所学校，其余的8所中学和17所中心校均为Ⅲ类及以下。目前，全县90%的学校功能室配备不齐全，计算机教室空缺32间，缺电脑815台，无法正常开设信息技术课。

大新县某乡镇中学校长说："在硬件方面，我们现在有6间教室，其中5间教室开有'班班通'，这是国改项目，我们95%以上的老师都能利用这个来辅助教学。但像微机室这种我们就没有了，还有其他信息教育这块也是空白。去年我们学校来了一位信息技术课的走教老师，但是我们没有电脑，根本没办法上信息技术课。”

(4) 配套设施不够完善

我们在调研时感到，边境学校的配套设施基本上都不完善：一是部分学校食堂面积不足，缺额食堂建筑面积比较大；部分学校食堂加工间小，布局达不到规范要求；部分学校则有食堂无餐桌。如，宁明县的213所义务教育学校，仅96所学校的食堂建筑面积达标，达标率为45%；56个教学点中仅有11个达标，达标率不到20%。二是寄宿生床位不足，还存在少量大通铺现象。如，宁明县有寄宿制学校72所，除初中寄宿生床位配备率为115%外，乡镇中心小学寄宿生床位配备率仅为86.65%，村小寄宿生床位配备率则低至10.12%。三是厕所蹲位不足。四是部分学校不具备安全用水。边境地区除县城和周边学校以及乡镇所在地的学校能提供饮用安全水外，其他相当一部分村级学校、教学点采用蓄水池或引河沟水来作为师生饮用水源，存在饮水卫生安全隐患。以下是我们对龙州县某乡镇中学学生的访谈记录：

研究者：你们在宿舍洗澡有没有热水？

学生：没有。洗澡要到饭堂打热水，有时去迟就没有了。还有就是我们年纪小，到饭堂提热水太麻烦了，有时我们提到四楼宿舍，热水都快洒完了。

研究者：你们宿舍没有卫生间洗澡房吗？

学生：每一层楼只有一间洗澡房，洗澡要排队等很久，晚上洗澡人太多，很浪费时间，你提前去又没有热水。有的时候在规定的时间去，还碰上停水了。宿舍也经常停水停电，而且宿舍里面没有插头，没有办法给手机、复读机充电。

研究者：到食堂打饭，排队时间久吗？

学生：久。

2. 管理不善

跨境民族地区学校对基础设施存在着重投入、轻管理的现象。具体表现在：

一是由于管理不到位，部分学校基础设施存在着卫生、安全等方面隐患。如，我们在宁明县某乡中心小学调研，发现不少教室、宿舍的电线杂乱无章，用来为学生烧洗澡水的三口大锅就架在露天。

二是部分学校配备的电脑、多媒体等教学设施无法正常使用和维修，造成资源的闲置和浪费。一些教学设备、设施使用效率低，有一些甚至用不上。一些学校现代教学设备由于缺少场地或者房子不牢固而不敢安装，甚至还没有打开包装，有的设备即便安装了，但缺少日常维护和管理，无法使用或难用，落满灰尘，闲置角落。如，宁明县某乡镇中学已覆盖网络，教室为多媒体教室，但学生并未开设信息技术课，电脑室里的40台电脑已过时不能使用。在云南省德宏傣族景颇族自治州陇川县某国门小学，课题组调研时看到，用中央财政资金购买的60个葫芦丝、10台电子钢琴、一套音响设备、钢琴、小号和象脚鼓等乐器，因学校没有功能室，只能堆在陈旧的音乐教室里，成了摆设。

三是部分学校由于管理不善，校舍门窗损坏比较严重。如宁明县213所义务教育学校中，仅有38所学校教室和寝室门窗完好无损，完好无损率仅为17.84%。大新县191所义务教育学校中，仅有29所学校教室和寝室门窗完好无损，完好无损率为15.18%，绝大部分学校的校舍门窗存在不同程度的损坏。

(三) 加强跨境民族地区学校基础设施建设的策略

1. 加大经费投入力度，进一步改善办学条件

财、物是支撑跨境民族地区学校教育活动开展的必要条件，其中经费是关键。如果经费保证了，实验室、教学仪器、设备等就有了保障。如果经费缺乏，学校办学就会成无米之炊。

> 正如在访谈中大新县某乡镇中学校长所说："我认为我们的学校管理还是过得去的，国改项目也给过我们一些相应的硬件、功能室，但这些都是杯水车薪，还需要我们加大投入，把我们的运动场地完善起来。我们有运动场地，但没有资金去建设好。包括学生宿舍、教师宿舍、饭堂、饮水设备，这些我们学校根本没能力去改善，我们的饭堂连饭桌都没有，学生只好打饭回宿舍吃，很不方便。"

为改善学校办学条件，边境地区学校想方设法多渠道筹措资金，不断加大基础设施投入。如，凭祥市2014年财政教育预算14 980万元，比2013年12 258万元财政教育预算增加了22.2%。其中，用于义务教育10 750万元，占财政教育预算的71.7%；安排基建项目资金3 500万元、教育教学设施设备经费600万元，努力推进义务教育学校标准化建设。又如，龙州县2014年投入义务教育学校标准化建设10 661.62万元，

力争2015年义务教育学校达到标准化建设目标。再如，宁明县近三年投入1 040万元建设桐棉中心小学和峙浪中心小学学生宿舍楼和教学楼；投入287.5万元为边境地区学校建成16所村小学校食堂。宁明县教育局某领导向我们介绍："在今年的'双千计划'里，县里有4 900万元的经费，其中有800多万元用来建设学校多媒体(教室)，力争使县内的10所初中全覆盖多媒体教室与电脑室。"

2. 采取有效措施，切实解决基础设施建设中存在的突出问题

针对学校基础设施建设中存在的突出问题，边境地区积极采取有效措施，努力破解基础设施建设中的瓶颈问题。如，为解决学校安全饮水问题，宁明县采取了以下措施：一是加大对缺水学校师生生活用水基础设施建设的投入力度，确保师生在校生活用水有保障。二是做好学校的改水工作，加快自备水源安全饮用改造建设步伐，购置改水设备，为师生提供安全用水。三是加强对学校生活饮用水卫生安全的管理。积极创造条件，尽可能使用城乡统一的自来水。对于目前不具备条件而只能使用自备水的学校，加强水源卫生安全管理。建立健全饮用水卫生安全管理组织和制度，确保师生在校有充足的开水供应。四是定期开展水质监测工作，确保学校生活饮用水卫生安全。

三、跨境民族地区教师队伍建设及管理

教师是学校最重要的人力资源，教师管理是学校管理的重要内容。教师的发展和成长是跨境民族教育发展的核心。跨境民族地区教师队伍建设及管理的成效将直接影响到学校的整体办学质量和跨境民族地区教育的质量。

(一) 跨境民族地区教师队伍的现状分析

1. 跨境民族地区教师队伍的基本情况

改革开放以来，特别是兴边富民行动实施以来，通过为跨境民族地区大力补充优质师资、开展教师培训等举措，我国跨境民族地区的教师队伍取得了一定程度的发展，专任教师的数量和学历层次有了很大提高，教师的综合素质得到明显提升。如，龙州县中小学教师学历合格率达100%。在实地调研中我们也发现：龙州县金龙镇中学23名专任教师中，本科学历14人，大专学历9人；龙州县水口镇中学19名专任教师中，本科学历15人，大专学历4人。这两所学校专任教师学历合格率都达到100%。又如，大新县2013—2014学年度全县小学、初中专任教师学历合格率分别为98.98%、99.18%。素质较高、数量可观的专任教师队伍，为跨境民族地区教育的发展提供了有

力的保障。

2. 跨境民族地区教师队伍建设中存在的问题

虽然跨境民族地区的教师队伍建设得到了很大的提高，但仍然存在不少困难和问题，有些还相当突出。这些问题如果得不到及时、有效的解决，势必影响到跨境民族地区教育的持续发展。当前跨境民族地区教师队伍建设主要存在以下问题：

(1) 农村学校师资短缺

农村学校教师数量严重不足。农村由于学校分散、学校规模及班额较小，需要较多的教师，尤其是一些边境县村屯小学地处山区，交通不便，不能撤并。由于城乡教职工编制标准倒挂，造成跨境民族地区农村学校教师数量不足。如，宁明县寨安乡、爱店镇、桐棉镇、峙浪乡等4个边境乡镇距离边境线3公里内有小学(含教学点)21所，共有教师61人，学生884人，尽管师生比达到了1∶14.49，但平均每校教师不足3人。又如，大新县龙门乡苦丁村小学现有一年级学生1人，学前班幼儿6人，教师1人；昌明乡新民村龙掌屯教学点现有学生1人，教师1人；昌明乡五榕村小学现有学生2人；教师2人；昌明乡腊屯教学点现有一年级学生3人，幼儿5人，教师1人；福隆乡布陆小学现有学生1人，教师1人；福隆乡五兆小学现有学生4人，教师2人；福隆乡中山小学现有三年级学生4人，学前幼儿4人，教师3人。崇左市教育局X局长无奈地跟我们说："边境地区师资力量严重短缺。在一些教学点上，几乎都是一个老师，有的甚至是一个老师同时给几个班的学生上课。"

教师结构性缺编明显。教师队伍学科结构性矛盾突出，尤其是农村学校，一些学校任语文、数学科目的教师占到全校教师总数的80%，音乐、体育、美术、英语、计算机等学科教师十分缺乏。按照国家新课程要求，学校要开设的课程很多，但由于编制少，很多教师要跨年级、跨学科任课，不少农村中小学教师一人兼任几个班级的全部课程，或一人兼任多门课程，教师长期超负荷工作。

> 在调研中，大新县某县城中学校长介绍："目前我们还缺编10个，比如体育我们就缺老师，现有体育老师都是50岁以上的；我们还缺音乐老师，我们有两位音乐老师，都是女老师，现在53岁了，再过两年就退休了；再一个是缺心理健康老师，毕竟我们的学生比较多，在学生心理疏导方面确实需要专业的老师，我们虽然平时通过政教处在德育方面做了工作，但感觉在学生心理健康方面也不怎么会疏导，我们很需要专业的老师，但确实没有人愿意来，特岗也没有。"

大新县某乡镇中学校长跟我们说:“我们学校只有15个老师,其中在编8人,特岗7人。按编制规定,我们应有24个人,目前缺编很多。另外,师资方面,专业老师比较缺乏,这个学期三个年级只有一个数学老师,我们只好安排其他老师来充数,由美术老师上语文,体育老师上地理,生物老师上化学,物理老师上数学。”

龙州县某县城中学校长也说:“我们学校现有教师学科结构不合理,有的科目(老师)多,有的科目(老师)缺,像生物、地理这些以前的冷门课,基本上没有专业的老师。”

教辅人员缺乏。大部分农村寄宿制学校没有配备校医、食堂、寝室管理等教辅人员,后勤管理工作都由在职教师兼任,从课堂教师到生活辅导员,从寝室管理员到保卫人员,从食堂监管员到校医,教师集教育教学、后勤保障功能于一身,全方位兼顾,工作量超重,严重影响了教师的正常教育教学,给教师的工作增加了难度。

龙州县某乡镇中学校长向我们表示:“现在我们最头痛的是没有生活老师。学校293名学生全部是寄宿生,学校没有配生活教师,学生的内务管理工作全部落在教职工身上。教师除了正常上班,把课上好,中午和晚上休息时间还要到学生宿舍值班,这个工作量可想而知。”

大新县某乡镇中学校长反映:“我们的老师那么少,还要兼管那么多事,水电工也是我们做,还要兼修水管、管理学生、各种安全检查等工作。我们没有一个工勤人员编制,连学校饭堂三个工友都是自己出钱聘的。我是教导处的,既要做教导处的所有工作,又要上课,跟个打杂的没什么区别。管后勤的副校长也要把后勤的全部工作做完。中层的教导主任、政教主任、德育主任都没有。”

(2) 教师专业素质偏低

教师的专业素质主要包括专业知识、专业能力和专业精神三大部分。当前跨境民族地区教师的专业素质偏低,主要体现在专业知识和专业能力方面。

就教师队伍学历构成而言,虽然当前跨境民族地区中小学专任教师学历合格率基本达到国家平均水平,但相当部分教师合格学历是在国家关于教师学历达标的要求提出后,通过“后补学历”弥补的,教师的知识结构老化、教法陈旧、观念落后,自身的专业素养及教育教学水平亟待提升。如由于历史原因,受多年边境战争的影响,宁明县有近 1/3 教师是由原民办教师、代课教师及转岗到公办教师队伍当中的人员组成，大多数教师的合格学历是通过在职学历提高弥补的，多数没有接受过系统的专业训练，其教育理念、知识结构和教育方法等与当前教育发展的需求还存在较大的差距。而从外地到边境地区任教的年轻教师则大都不熟悉民族政策和民族教育规律，不了解边境地区的民族语言、民族文化、风俗习惯以及少数民族学生的心理特征，其专业素质亟待提高。

在专业能力方面，跨境民族地区教师的信息技术能力令人堪忧。如前所述，跨境民族地区学校的信息技术水平较低。究其原因，既与硬件投入不足、教育教学环境不佳等有关，同时也与教师信息技术素养不高有关。

> 龙州县某乡镇中学校长说："由于教师老龄化问题突出，影响了先进教学设备的使用和管理，同时学校里缺少相关专业技术人员，不少教学设备都得不到维修，以致于废弃。"
>
> 崇左市教育局某局长认为："农村教育均衡发展最关键的问题是老师，但其中最大症结是远程教育的普及。现在所有的教学点都已经全覆盖远程教育，所以国家层面对这方面很重视，也很舍得投入，不断地更新。但是，怎么用？怎么样取得预期的效果？从全市的层面来说，必须保证所有的老师会用、能用。你老师都不会用，那你放在那里干吗？这是第一。第二，要搞平台。老师不仅仅能够开电视、用光碟，而且还要通过平台来解决联盟方面的问题、教研方面的问题、课改方面的问题。第三，每一个县都要组织一个技术团队。为什么设备用不了？因为有很多技术上的问题解决不了，比如说这个灯烧了，在哪里买啊？解决不了。我们要组织一个技术团队，解决这些问题。"

(3) 年龄结构失衡

跨境民族地区教师的年龄结构失衡，教师队伍年龄老化严重，后继乏人趋势日益严峻。在调研中，调研小组发现边境乡镇教师约有 30% 是从原民办教师、代课教师以及买工、买干转为公办教师的，其教学理念、知识结构等与教育发展的需求还存在较大的距离。近年来进入退休高峰期，教师的补充问题更为突出。

很多农村学校难觅 30 岁以下的教师，绝大多数教师年龄在 50 岁左右。以大新县为例，全县教师队伍中，30 岁以下 54 人，占 1.99%；31 至 40 岁 712 人，占 26.23%；41

至 50 岁 1 244 人，占 45.83%；51 至 60 岁 704 人，占 25.93%。特别是村完小及教学点的教师，绝大部分年龄都在 56 周岁以上。2014—2017 年，全县将有 421 名中小学教师达到退休年龄，其中 2014 年 122 名，2015 年 101 名，2016 年 87 名，2017 年 111 名。仅 2014 年和 2015 年，两年内村屯小学就有 116 名教师退休，如果不予以补充，五年后全县村屯教师将面临严重空缺，无人上课。

大新县某县城中学校长向我们介绍："我们学校 112 个老师当中，年龄老龄化特别严重，平均年龄达到 43 岁。"

大新县教育局某局长说："经统计，教学点上的老师基本在 50 岁以上，三年内边境一线将有 40%以上的老师要退休。这批教师退休后，谁去教学点任教，教学点是否能正常教学，是我们正面临着的严重问题。"

在龙州县，县教育局的某局长也反映："我们做过一次统计，全县的初中老师 55—60 岁的有 220 多人，小学老师 55—60 岁的有 390 多人，占全县中小学教师的 1/5。"

调研小组在调研过程中了解到，目前崇左边境地区教师老龄化问题突出，不仅制约了教学质量，也影响了先进教学设备的使用和管理。同时大多数学校都缺少相关专业技术人员，不少教学设备都得不到维修，以致于废弃。

(4) 福利待遇偏低

跨境民族地区教师工资待遇偏低，难以吸引优秀人才到校任教。比如，大新县教师工资均比其他地区低，且差距越拉越大。大新县教师十级岗位工资为每月 2 700 元左右，而邻近的扶绥、隆安等县教师十级岗位工资为每月 3 200 元左右，比大新县平均每人高 500 元。这就形成教师社会流动的"马太效应"，越是工作条件艰苦的地方，工资待遇越低，教师队伍越无法稳定。据大新县教育局梁局长反映：因大新县处在边境，特岗教师在同样的待遇和工作条件下，都会选择去扶绥等其他地方，因为扶绥靠近南宁。为了补上教师空缺、稳定教师，由大新县县政府财政出资，编外的高中教师比编内的每个月多 1 000 元，即每个月 3 000 元的工资。且少部分无高中教师资格证的人员也上岗教高中。在国际上，普遍来说，越是边远、经济欠发达的地方，教师的待遇就应该越高。据大新县教育局梁局长反映，过去每年边境县的教师工资比崇左市里的少 10 000 元，从 2014 年开始，有所提高，但仍旧比崇左市里的少 5 000 元，与扶绥、凭祥相差 2 000 元。对于此问题，当地政府有关部门人员提出，希望边境教师由国家免费培养并定向安排，以确保边境县教师资源的质量和数量。

跨境民族地区教师住房紧缺，教师难以安居乐业。跨境民族地区近年来实施教师安居工程，努力解决教师的住房困难，但乡村教师住房紧缺问题仍然突出。比如，大新县乡镇中小学教师住房紧缺，有部分小学甚至连教师休息间、简易伙房都没有，教师只能走教。边境一线的大新县硕龙镇中心小学现有教职工 38 人，8 人住学校教师集资房，12 人暂时安排在学生宿舍住，2 人到外单位借住，16 人走教；宝圩乡中心小学现有教职工 28 人，8 人住学校教工宿舍，8 人到校外租房住，12 人走教。这种状况不利于教师安心在边境山区工作，大中专毕业生也不愿意到这些艰苦山区工作。龙州县水口镇中学校领导反映，在前几年国家给盖起了安居楼，但现在不断有新老师进来，安居楼不够住，剩下的三四名教师就暂时住学生公寓。

教师补助办法有待完善。连片贫困地区农民教师生活补助标准过低，不利于调动教师工作积极性。国家补助标准为每人 200 元，而边境民族地区地域宽广，学校布局分散，乡镇与县城距离有的超过 80 公里，并且有的农村学校距乡镇所在地也超过 10 公里，如实行一律平均的补助办法，则难以体现补助的公平性。宁明县寨安中心小学的一些教师在接受访谈时反映，由于评职称受限制，工资待遇低，工作积极性受到打击。又因条件差、待遇低，县里的特岗教师名额都招不够。英语课因为缺少专业教师而无法开设，特岗教师来了又走，信息技术、图音体等专业教师缺乏，之前有，但已经调走。

> X 县长给调研小组分析当地实际情况："比如讲，从本学期开始，每个老师，边境地区的教师每月 200 元补贴，本学期开始发放。但是 200 块钱也有个很大的问题，国家在制定政策的时候，没有依据每个县每个省的实际情况实施，200 块钱只能给到村一级的完小。在乡镇一级是没有这个待遇的。举个例子来讲，在爱店镇中小学任教就没有。只有在春季才能拿到这 200 块钱，但是基本教学条件是差不多的。他们的工作状态、生活环境是差不多的，没有特殊区别，只是在乡镇或者小学而已，有的村小学跟镇中学相距不超过 1 公里或者 2 公里，但是镇中学老师却没有生活补助。政策的制定不太切合实际，这是我们大家需要反映的一个问题。……对特岗教师的政策我们希望能进一步地加强和改善。对特岗教师来讲，他们两万五的工资也是偏低的。因为大学本科生——特岗教师的要求是本

科——还要有教师资格证。我们从这里来看呢，本科学历特岗教师占的比例大概在30%到40%左右。今年我看应该能达到这个比例。但对他们来讲待遇是偏低的，一年两万五在边境地区来讲，两千块钱一个月，如果他们回去一趟，可能花费的路费、自己的开销都要两千多。工资待遇确实很低。”

宁明县X县长在调研座谈会上感慨道：“边境线上的爱店镇有三所小学，距离边境线最近的只有两三公里，其中一所小学几乎就在边境线上。学校里的老师们相当艰苦，而且老师一直在那里连续工作十几年、二十年。他们的敬岗爱业、教书育人、吃苦耐劳的精神很令人感动。有的老师有病有痛、行动不便，但那些学校一个萝卜一个坑，没人顶课，为了孩子们只好带着病痛坚持教学。有一所学校，就一个老师。这个老师呆在这个村小学一干就是21年。21年如一日，从不向组织提条件、要求，不讲报酬，不计得失。本来也曾有机会调出村小，调到县镇学校去任教。但他放弃了机会，说是习惯了不想动。有时候我自己下去调研，看到这个群体‘吃的是草，挤的是奶’的精神和信念，看到他们生活、工作状态都忍不住敬佩和心酸。边境线的教育都是靠我们这些老师在那里支撑着，他们对教育、对孩子们确实热情，充满感情。按道理讲对待这样优秀的老师，我们应该出台一些政策予以鼓励和回报，包含精神上、物质上的，包括生活条件和工作条件的改善。”

从注重国门形象，加强边境安全的考虑出发，邻国越南也比较重视边境教育的发展。据了解，近二三十年以来，越南对与我国相邻的边境教育更加重视了：每年过年时政府都会给每个边境村屯发放折合人民币3 000元的文体活动补贴；大中专毕业的优秀师范生毕业生必须到边境支教3—5年；边境教师的工资高于内陆地区教师，数额折合人民币大约500—700元，边境学校的教师与内陆教师相比还有特殊的节假日；边境学校、“国门学校”的建设规定有统一的标准，等等。

(5) 骨干教师流失严重

由于跨境民族地区学校办学条件较差、教师福利待遇偏低、负担过重等多种因素，致使部分教师外调、改行、参加公务员考试等，骨干教师流失严重。针对这一现象，龙州县某局局长认为：“龙州县集‘老、少、边、山、穷’于一身，人均耕地面积少，外出务工人员多，留守儿童多，在经济、教育、卫生方面的人才少。国家推行兴边富民政策后各方面有了改善，但与内地依旧存在较大的差距。福利待遇差、生活环境差，导致地方留不住人才。如何使人才安心于基层工作，是我们探索了多年而未能解决的问题。”崇左市教育局某局长无奈地表示："教师素质偏低，人员缺乏，补充难度大，稳定难度更大。教师无论是特岗的，还是支边支教的，有多少人能够安心在这里工作?"

从教师流动的去向来看，跨境民族地区教师的流动主要有两类：一是"职业圈"内的上位流动，即农村教师向县、镇学校流动，县、镇教师向市、省学校流动；二是"职业间"的流动，即离开教育岗位而转向其他行业，这在一定程度上影响到学校正常教学工作的开展。如，为了满足开设越语课的需要，东兴市教育与科学技术局选派广西京族学校的两名教师到广西民族大学进修一年，学习越语。但目前只有一位老师还在学校从事教学。①

> 大新县教育局某局长认为："大新县教师有 2 500 多名，每年大概有 20—30 人往市里或内地流动，占全县总教师人数的 1%。总体而言，虽人数不多，但大新县难以补充人员到调走教师的岗位上，而且离开的几乎都是经过多年培养的精英骨干，致使部分学校甚至有几门主课没有老师教。比如，在下雷村有一个学校只有一位英语老师。"

从教师流失的数量来看，乡镇学校教师的流失现象较其他学校严重。由于骨干教师流失严重，部分乡镇学校存在着教师年轻化的倾向。年轻教师占主体的状况有喜也有忧。喜的是反映出学校现有教师队伍潜藏着较大的发展后劲和潜力，但同时也透露出十分不利的信息，即有经验的教师的匮乏，这是令人担忧的。如大新县某乡镇中心校共有 24 名教职工，年轻教师(35 岁以下)有 11 人，占 45.83%。

从流失教师的来源来看，外地教师比本地教师更易流失。正如大新县某乡镇中学校长所说："学校的教师绝大部分是外来的，而且离家很远，本地没有几个，我也不是本地人。老家在本县的教师只有四五个，其他的来自来宾、梧州、百色、钦州等地。外地来的教师一般待不到两三年，大都通过公务员考试、事业单位考试回到本地。"

(二) 跨境民族地区教师队伍的人事管理

2002 年发布的《国务院办公厅关于完善农村义务教育管理体制的通知》明确了义务教育教师队伍实行以县为主的管理体制，县(区)具有对农村中小学教师的资格认

---

① 徐书业，梁庆. 国际化背景下跨境民族教育发展的若干思考[A]. 张诗亚主编. 百川横流：全球化背景下的多元文化教育国际论坛论文集[C]. 桂林：广西师范大学出版社，2007：75.

定、招聘录用、职务评聘、培养培训、调配交流和考核等管理职能。

1. 教师的编制管理

长期以来，我国中小学教师编制标准存在着编制整体偏紧、城市偏向和城乡严重倒挂的突出缺陷。按照国家所制定的教师编制方面的标准，城市小学师生比是 1∶19，县镇小学的师生比是 1∶21，而农村小学的师生比却是 1∶23。此标准实行以来造成我国跨境民族地区学校尤其是农村学校教师编制大幅减少。由于编制少，很多农村学校教师要跨年级、跨学科任课，严重影响教学质量和教师的专业成长。此外，若按国家规定的标准配备边境村屯小学的教师，乡村小学由于班额小，按生师比例标准配备，教师无法开齐课程，难以保证教育教学的正常运转。在跨境民族地区，多数边境县（市）寄宿制学校和非寄宿制学校执行同一个编制标准，宿舍管理员、保安、食堂工友等工勤人员没有专编可用。

课题组调研中发现，部分学校教师超编缺编并存，这是由于在核编时，数量或许超编了，而实际教师不足。如大新县 2013—2014 学年度，全县小学专任教师 1 569 人，小学生数与专任教师的比例为12.8∶1（广西要求比例为 21∶1）；初中专任教师 611 人，初中生数与专任教师的比例为13.4∶1，（广西要求比例为 16∶1）。从整体来看，大新县义务教育教师超编。但实际情况是，许多农村学校教师结构性缺编。这种情况在其他边境县也同样存在。

2. 教师的岗位聘任

目前，跨境民族地区学校已普遍实施岗位聘任制。主要操作方式通常是行政部门定岗定编，再下发文件给学校，学校根据文件要求制定岗位聘任细则，由学校根据岗位设置结构比例标准和学校教师的实际情况，提出高、中、初级专业技术岗位聘用方案，经教育行政部门审核，人社部门备案后，对在册的教师进行聘任。

课题组在调研中发现，跨境民族地区学校存在着职称与岗位设置不符合实际的情况。由于学校实施评聘分开的办法，一些评上了中级、高级职称的教师得不到聘用，评聘矛盾较为突出。尤其是乡镇学校由于核准岗位数有限，更容易出现评聘矛盾，岗位设置就会出现教师因受岗位数的限制（满岗）而不能晋升级别的现象。课题组在宁明县某乡镇中学调研时，一位教龄为 27 年的农老师反映，其职称为中一，工资档次本应为第十档，但是由于职称没有与工资挂钩，现在领的工资为第八档，比第十档工资月均少一千元左右。此类现象在其他边境乡镇学校普遍存在。教师的岗位聘用与职称相脱钩，这在一定程度上制约了教师专业化发展与对职业生涯的追求。

3. 教师的招聘录用

跨境民族地区由于学校环境较差、福利待遇较低、缺少发展机遇，中小学教师尤其是乡镇学校教师招聘较为困难。为了补上教师空缺，大新县采取政府购买的形式，由财政出资聘请了一些编外教师，编外的高中教师比编内的每个月多 1 000 元，即每个月 3 000 元的工资，少部分无高中教师资格证的人员也上岗教高中。

在特岗教师的招聘中，跨境民族地区的情况也不容乐观，且已招聘的特岗教师队伍极不稳定。

龙州县教育局某局长告诉我们："乡村教师很难找，我们的特岗几乎每年都招不满，我们原本的指标是招四五十个，但后来只招到 23 个。我们想招够人，但是招不到。现在很多年轻大学生，不愿意来边境地区农村工作。"

大新县教育局某局长说："大新县 2014 年招特岗教师，有 15 个英语教师的名额，最终只招到 6 位。"

宁明县某乡镇中学校长则认为："宁明的特岗老师通常留不住，他们开始工作后都卧薪尝胆，等着去报考事业单位，或者去考公务员，最终很多人都考走了。原来我在思乐中学的时候，有十多个特岗老师，现在只留下两个人，其他的都调走了。"

此外，由于教师人事制度尚未理顺，跨境民族地区中小学教师在招聘录用中，教师招考与使用脱节的问题突出。教师的招考使用行政考试的办法，与学校的学科专业要求相脱节，学校因没有用人权而不能选择需要且看中的教师，而人事部门选上的人员对学校却不一定合用。

正如大新县某乡镇中学校长所说："这些老师都是县里统一招来分给我们的，不是我们主动想要的，我们想要的专业他们又不给我们……我们学校过去最多时有 3 个体育老师，要这么多体育老师做什么？因为我们要老师嘛，他们就随便给，不管专业对不对口，给你人就完了。"

4. 教师的调配交流

为促进县域内义务教育教师资源配置趋于合理，跨境民族地区通常推行教师交流服务期制度，调配交流教师。如，建立城乡中小学教师支教工作制度，把是否有支教经历作为教师职称评定、评优的重要依据，实行城镇与农村学校间相互对口交流，即城镇中小学派出教学经验丰富的教师到农村学校交流任教，农村学校选派年轻教师到城镇学校学习锻炼。针对学科教师结构性缺编的情况，一些边境地区采取支教、走教的方式配置教师，以缓解边境农村地区的师资紧缺问题。如，2014—2017 年龙州县每年将在县城各学校、各乡镇中学、中心小学、完小选派出支教走教教师 147 名。县财政给予支教教师每人每月 300 元的补贴，走教教师按课时补助每节 30 元；给予支教走教教师每人每年补助购买意外保险 200 元，交通费补助按实际支出，支教走教补助经费每年合计支出约 88 万元。这些措施在跨境民族地区具有一定的推广性。

课题组在调研中发现，教师支教效果并不是很好，主要是城镇学校派出的教师并不全是质量较高的或所派非所需，有应付了事的现象。以下是课题组对宁明县某乡镇中学校长的访谈记录：

研究者：你刚才谈到，你们学校派人去支教是通过抽签的方式决定的？

校长：抽签，不抽签会打架呀！当然，要先把那个名额、规则说清楚。

研究者：支教名额是县里分给你们学校的吗？

校长：嗯，是分名额下来，给我们 10 个名额，选出的那 10 个支教老师就是通过抽签产生的。但我最后只派了 3 个人去。

研究者：还有 7 个人为什么没去？是你觉得学校派不出？

校长：不是，是去支教的学校不需要他们。选谁去支教不可能由你来挑啊，我是按照我的顺序选出来的，我的规矩就是由我抽老师。

研究者：哦，就是按你们学校的规定？

校长：去支教的学校只需要告诉我需要多少老师，而不用告诉我你要哪个学科的老师。所有老师一起来抽，就当年校长、副校长不用去，毕业班老师不去，会计师不去，其他人都给我抽。我们也抽签，如果我们不在那个职位上，到时候就轮到我们了。

(三) 跨境民族地区教师队伍的激励机制管理

教师管理的关键在于调动教师的积极性。美国社会学家贝拉等人把工作划分为谋生、职业和事业三种价值取向。[①] 教师作为一种社会职业同样存在这三种价值取向。谋生型取向教师的工作动力主要来自物质利益，职业型取向教师的工作动力来自个人的发展，而事业型取向教师的工作动力来自对教师事业的认同。这三种价值取向同时存在于跨境民族地区的教师队伍当中。

1. 影响跨境民族地区教师积极性的因素

跨境民族地区教师在职业生涯不同阶段对工作的价值取向是动态变化的。在理想状态下，总体而言，其价值取向是从谋生型朝着职业型，最终到事业型的趋势发展。工资待遇、福利待遇、工作环境及配套的管理制度等因素是影响这一发展趋势的关键。目前，影响跨境民族地区教师积极性的因素主要有：

(1) 收入偏低

如前所述，跨境民族地区教师的工资待遇偏低，不能有效激励教师的工作积极性。当前我国公办教育事业教师的工资待遇主要由县财政拨款支付，实施"以县为主"的管理体制。受地方经济发展水平的制约，跨境民族地区教师的工资待遇普遍比非边境县低，且差距有越拉越大的倾向。以边境县宁明县某乡镇中学教师为例，该校教师的工资待遇比崇左市左江区等非边境地区同等级(如第八档)工资每月低1 000元左右。课题组调研中还发现，虽然国家逐渐缩小教师与当地公务员工资待遇的差别，但跨境民族地区教师的工资待遇与当地公务员的工资相比还是有差距的。

龙州县某县城中学校长告诉我们："与邻县同行相比，我们的工资偏低了，而我们与邻县的距离仅仅一个小时的车程，我们消费水平并不比他们低。很多老师觉得不理解，心理不平衡，工作积极性受到了影响。"

在广西跨境民族地区，课题组了解到与我们接壤的越南，出台了让大学刚毕业的教师到边境学校服务三年以上的规定，其边境教师的工资待遇水平与发达省市的公务员相当，比当地公务员的工资水平要高三四百元。

龙州县某乡镇中学校长介绍："越南那边的老师工资蛮高的，工作也没那么

① [美]罗伯特·N·贝拉，等. 心灵的习性：美国人生活中的个人主义和公共责任[M]. 周穗明，翁寒松，翟宏彪，译. 北京：中国社会科学出版社，2011：40.

累，负担并不重，有时候早上上课而下午不用上课，碰到农忙，学生下午回家劳动去了。而且越南的边境老师待遇比内地高很多，按人民币来算每个月多三四百，所以一般大学、大专那些优秀的老师先安排到边境去支教。按照越南生活水平跟我们相比，越南的教师地位比我们的高，教师的待遇比其他岗位高。”

在调研中，不少老师还向我们反映：连片特困地区乡村教师生活补助标准过低，不利于调动教师工作的积极性。边境线上的学校（或教学点、完小）大都处于乡镇或农村。考虑到乡村工作环境的艰苦，国家财政对乡村教师实施每个月200元的生活补贴政策，该生活补贴只发给乡村教师，已经改为镇的乡村的教师不得享受。但事实上边境县地域宽广，学校布局分散，有的乡距县城仅10公里得到补贴；而有的镇距离县城超过70公里，反而没得到补贴。课题组在调研中发现，边境县（市）部分镇级学校教师对于该政策的公平性存在异议。这种政策上带来的不公平现象影响着教师工作的积极性。

(2) 工作负担过重

由于农村学校师资短缺，跨境民族地区农村教师工作负担过重，小学教学点一般一人多科或一人多岗，有的学校一个教师包一个班级的课程。农村初中教师一人包几个班级的全部课程，或多门课程。寄宿制学校由于缺少专职生活教师等，教师教育教学及管理工作量非常大，教师轮流守班、值班。再加上农村外出务工农民较多，造成跨境民族地区农村学校留守儿童较多，给农村教师额外增添了工作任务和压力。教师工作负担过重，影响了教师工作的积极性。

大新县某乡镇学校校长对我们说：“老师们很辛苦，我们也没有什么额外的补贴，只是靠奉献精神支撑下来的。很多老师都是非专业出身的，跨年级、跨学科地教学，我前个学期就同时上了三年级、八年级、九年级的课，太累了！”

大新县某乡镇中学校长也有同感：“我们在乡下的学校很困难，‘麻雀虽小，五脏俱全’，所有的工作都由老师兼职去做，老师的工作量很大。我们管理学生每天从早上起床后一直跟到晚上十一点，中午还有老师要值班，下午老师要上课，没办法！边境学校的社会环境比较复杂，要紧绷着弦，不敢有一点怠慢。”

(3) 职称评聘存在问题

为了提高教师的地位和待遇，中小学教师实施职称制度，优秀教师的职称最高可以被评为高级，并享受相应的工资和福利待遇。教师职称等级的不断提升，不仅可以促进其专业化的发展，同时也可以提升教师的幸福指数和工作的积极性。如前所述，跨境民族地区存在着教师职称与岗位设置不符合实际的情况，一些评上了高级职称的教师由于得不到聘用而影响积极性的发挥。除教师职称评定存在着职称与待遇水平相互脱钩、滞后的现象外，还存在着职称评定难，评定不公正、不公平等问题。这些问题严重影响着教师的工作热情，甚至使教师产生职业倦怠感，失去对职业发展的追求。课题组在调研中发现，跨境民族地区教师职称评定机制并不能满足边境地区，特别是边境线上教师的实际需要，相当数量的教师对职称评定机制持怀疑的态度。教师职称评定往往由县里组织所有教师统一进行考核，但边境线教师与非边境线教师进行竞争时存在一系列的劣势。如，评职称时要求教师获得各级比赛相应的奖励、发表论文等，在这些方面边境线教师存在明显的劣势，导致教师对职称评定的积极性大大降低。

2. 跨境民族地区教师队伍的激励机制

激励，顾名思义，激发鼓励。为调动教师工作的积极性，跨境民族地区建立了关注教师谋生手段和职业发展双重体验的激励机制。

(1) 待遇激励

跨境民族地区不断完善边境学校教师政策性福利保障制度，切实提高跨境民族地区教师待遇。课题组在调研中看到，在云南省德宏傣族景颇族自治州瑞丽市姐告国门小学，其教师每月工资基本有 3 300 元左右，高级教师将近 4 000 元，工资组成包括当地政府发放的每个月 500 元的菜篮子补贴及整个州都发放的 600 元边境补贴。此外，在实施连片特困地区乡村教师生活补助政策的过程中，为了保证政策的公平性，有的边境县利用自身财政对已经改为镇的乡村的教师补足每月 200 元的生活补助。如龙州县政府对响水、金龙、水口和下栋等镇义务教育学校总共约 220 名教师，给予每人每月 200 元的生活补助，每年共计金额 100 余万元。

> 龙州县某镇中学校长对我们说："连片特困地区乡村教师生活补助由自治区统一发放给乡村教师，我们在镇里的教师就得不到，而我们镇是离县城最远的乡镇。很多老师对此很有意见，觉得靠近县城的乡村老师享受到了生活补助，而我们离得最远的反而不能享受，这样太不公平了。后来大家就把意见反映上去，受到有关领导的重视，县政府就从地方财政拿出钱补助给镇里面的老师。"

(2) 绩效激励

目前跨境民族地区义务教育阶段学校普遍实行了绩效工资制。各学校根据本校专业技术、管理、工勤等岗位的不同特点，制定相关量化评分标准，从师德师风、工作业绩、科研成果、工作量、获奖情况等方面进行考核，以多劳多得、优绩优酬的办法激励广大教师。

据龙州县某乡镇中学校长介绍："绩效是每个月发给你70%的工资，另外的30%期末考核合格再发放。学校根据老师的上课情况发放奖励性绩效工资，老师旷工、请假都要扣分，都跟绩效工资挂钩。"

采用参与激励的方法可以调动教师工作的积极性。教师能否参与学校决策特别是关于教职工共同利益的决策是教师普遍关注的问题。对奖励性绩效工资的分配，大部分学校能广泛征求广大教职工的意见，经教职工讨论通过后实施。《龙州县金龙镇中学2014年1—6月份教职工奖励性绩效工资实施方案》中明确规定："以提高教师队伍素质为核心，以促进教师绩效为导向，建立科学、规范、合理的奖励性绩效工资分配机制，充分调动广大教职工的工作积极性、主动性和创造性，激励广大教职工爱岗敬业、扎实工作、开拓进取。"该校在奖励性绩效工资的分配中，坚持"不劳不得，多劳多得，优绩优酬"的原则，重点向一线教师和骨干教师倾斜，教职工的工作量津贴及岗位工作质量奖励分别占分配总金额的43%和29%，教育教学成果奖励占分配总金额的6%，用于奖励教育教学、教育科研效果显著的一线教师，以充分发挥绩效工资分配的激励导向作用。同时，为妥善处理学校内部各类人员的奖励性绩效工资分配关系，防止差距过大，学校还拿出了分配总金额的6%作为岗位津贴，用于奖励学校行政管理等岗位人员，包括副校长，教导处、科研处、总务处正副主任，以及团委书记、会计、出纳、教研组长、党支部副书记、宣传委员、组织委员等。设立班主任奖励津贴，分配金额同样为总金额的6%；班主任奖励津贴的20%按班级人数奖励，80%按班主任个人考核得分奖励。

跨境民族地区学校在推进绩效工资制的过程中，有相当一部分教师对绩效工资政策有抵触心理。由于学校的兼职学科人员较多，学校领导与普通教师、班主任与非班主任、任课教师与工勤人员之间的绩效分配成了学校绩效分配方案的焦点和难点。此外，由于绩效工资改革尚缺乏具体操作政策，绩效工资在部分学校实施过程中没有收到应有的、预期的激励效果，尚未更好地激发优秀教师投身民族教育的热情，在部分学校甚至影响了教师的和谐团结和工作积极性。

对于绩效工资政策，龙州县某县城中学校长认为："现在由于政府对学校的人员配备不足，老师的工作时间远远超8小时(感到为难)，而对教师超工作量的补助一直很难鉴定，没有明确的文件规定可以补助多少，发放补助合理不合法，(因此)处于两难境地。老师付出劳动了却没有补助，没有政策支持。老师值日，早晚自修值班；班主任身任数职，既要上课，又要做生活老师，有时还做校警，上级对这些事项能不能作出明确的规定？这样我们有依据、有标准，免得学校提心吊胆。"

龙州县某乡镇中学校长说："有的老师喜欢钻空子，绩效考核不到的事情，如果学校不明确要求他去做，他就不会主动去做。因为所有的工作都跟利益挂钩了，那些与利益无关的工作，大家不是很愿意做。当然我们学校老师基本没什么问题，只有个别资格老的老师容易摆资格，不理你那一套。"

龙州县某乡镇中学校长则抱怨："校长没什么人事权，你叫老师去做工作，他给你面子就去做，不给你面子就不做，你也奈何不了他。"

(3) 荣誉激励

为进一步激发教师的工作热情，提高教师工作的积极性，边境地区建立了教育工作表彰奖励机制。每年教师节以政府名义表彰一批优秀教师、优秀班主任、优秀教育工作者等。财政每年都安排专项资金，奖励教育教学质量成绩突出的学校。如，大新县从2011年起，设立了教育奖励基金，每年由县财政安排150万元，用于奖励在教育管理、教师育人、教育科研等方面有突出贡献的先进个人和先进单位。与此同时，大新县每年在教师节期间安排140余万元开展表彰先进学校和先进教师等系列活动。又如，龙州县从2014年起，对优秀教师、优秀班主任和优秀校长进行考核与奖励。对评为教学明星、骨干校长、学科带头人的老师，政府每月奖励300元；对优秀教师、优秀班主任、优秀教育工作者，政府一次性给予每人200元的奖励。此外，该县还增设校长、副校长奖励绩效工资，按优秀、良好和合格等次分别给予1 200—3 600元的奖励。通过表彰先进、典型示范来鼓舞斗志，调动广大教育工作者献身跨境民族教育事业的积极性。

(4) 竞争激励

引入竞争机制，选调优秀教师到城区学校任教。随着城镇化进程的加快，跨境民族地区义务教育适龄人口向城镇集中，加上进城务工人员随迁子女进城就学，使得边境县的县城生源不断增加，而县城学校由于教师编制不足，师资偏紧。为解决城区学校扩大招生后教师编制短缺的问题，同时满足在农村学校工作多年的教师渴望回城的愿望，一些边境县建立了竞争激励机制，实行公开竞争性调配，通过公开选调农村优秀教师进城的方式，选调农村优秀教师到城区学校任教。竞争激励机制的建立，有效地促进了农村教师的合理有序流动，极大地调动了跨境民族地区农村教师的工作积极性。如龙州县通过竞争激励机制，在学校布局调整中，新组建的龙州县第一中学的教职工全部实行竞聘上岗，部分农村教师通过竞聘成为新龙州一中的教师。

新龙州一中的校长赵志民感慨道："教育资源整合，110多名乡镇教职员工经过竞聘上岗来到县城工作。到新一中后，他们接触先进的教学理念，迅速转变观念，跟上学校管理的步伐，适应教育教学的要求。而原来在县城任教的教师也充分感受到了'危机'，开始形成了教学大比拼的竞争氛围。"

(5) 情感激励

在边境教师工资待遇、福利水平较低的现实条件下，为了调动教师的工作积极性，学校管理者往往采取感情留人的策略。

课题组在大新县某乡镇中学调研时，采访了三位刚入职不到三个月的特岗教师，他们分别来自非边境县的钦州市、平果县和天等县，其中一位还是90后。当我们问到在学校的生活情况时，他们都表示很满意，主要是因为学校管理者对他们非常关心，在生活上非常照顾，工作上也很信任。在这样良好的工作及人际关系氛围下，全校老师的工作积极性很高。尽管该校的师资力量并不强，但最近几年学生的学习成绩在县里都名列前茅，2013年还获得了县教育局奖励一万余元。然而，当我们问到如果有机会调到其他地方工作，是否会继续留在本校任教？他们的回答有点令人失望，对继续留在本校教书的意愿比较低。这或许是因为离家太远不方便，或许是自己的家乡各方面的条件更优越，更有利于未来职业的发展。

(6) 培训激励

教师的专业化发展离不开对教师的培训。开展教师培训，引导教师通过参加培训促成自身专业成长，可以调动教师工作的积极性。而且跨境民族地区教师专业化水平的高低在某种程度上决定着跨境民族教育的质量。

在教师培训激励方面，跨境民族地区间和学校间发展不平衡。在经费捉襟见肘的情况下，边境县及跨境民族地区学校仍然努力为教师专业化水平的提高创造条件，开展形式多样的教师培训，使教师的专业化发展需求得到一定程度的满足。如龙州县从2014年起，每年筹措200万元资金开展多层次的教师培训，着力培养名师、名校长等。该县教师培训的内容以校长岗位培训、壮汉双语教师培训、教师职业技能培训、“国培计划”农村骨干教师远程培训、“国培计划”学科教师置换脱产培训为主。2014年春季学期，龙州县共完成教师培训1 900人次，覆盖率近100%。龙州县某乡镇中学校长说：“我们学校的教师每个学期都外出培训，几乎每个人都有机会去，就怕你不愿意出去。有些是学校主动派出去的，有些是上面的培训项目要求学校选派去的。”

在龙州县民族中学调研时，课题组看到该校对于教师的教研活动、外出学习不仅提供了制度保障，而且有专门的经费支持。该校一位W姓老师在访谈中也证实，教师培训的机会还是很多的。据他介绍，最近他刚参加完在柳州市举办的广西地理微课培训，县教育局对差旅费有专门的经费保障；除了外出培训之外，在学校还有网络培训。

在调研中，我们正好遇到一位校领导刚参加完广西教育厅法制办组织的依法治校培训，他说：“最近几年自治区级、县市级培训很多，过两天我又要去南宁参加自治区教育厅民族教育处举办的民族中学校长培训班。一般来说，对科任教师的培训，如省培、国培等，往往安排在假期。”

除了派教师外出参加各类培训，跨境民族地区学校也很重视开展校本培训，指导和帮助教师提高教育教学能力，从而激发其工作热情。各学校每学期都会组织校内教师开展听课、评课、说课与教研室备课等活动，甚至会组织教师到当地的兄弟学校进行教学研讨，促进教师之间的交流切磋。由于各学校的具体情况不同，每个学校的校本培训模式也不一样。如，龙州县金龙镇中学制定了“抓好校本教研‘五个一’活动”的校本培训计划，规定：教师每个学期读一本教育教学理论专著，完成五千字的读书笔记；写一篇教育论文或总结；上一节有创新性的公开课；转变一批后进生；研究一位名师授课，写出心得体会。

然而，我们对跨境民族地区教师培训的情况进行深入调查后发现，跨境民族地区教师的培训激励机制还有待完善。当前制约培训激励效果的主要有以下影响因素：一是教师工作地点较分散和偏远，外出培训不方便；二是教师培训经费仍然保障不足，经费和时间都制约了教师的外出培训，各种培训基本上是在各县所在的市或县城进行的；三是培训内容难以满足教师的需求，教师对培训的积极性并不高；四是涉及信息技术、音、体、美等学科的培训偏少；五是部分学校的校本培训活动缺乏创新，缺乏专业的指导，更多的是流于形式，其效果并不是很好。

大新县某乡镇中学校长向我们介绍："平时我们的老师参加培训主要是到崇左市、县城进行一些听课交流，脱产学习是没有的。去培训半年或一年，一方面经费上不允许，另一方面工作脱不开身，能去一周已经是最多的了。"

(四) 加强跨境民族地区教师队伍建设的建议

1. 建立和完善边境教师激励保障机制，做到感情留人、待遇留人、事业留人

第一，大幅度提高边境教师工资标准，对长期在0—20公里边境地区工作的一线教师予以工资倾斜，确保边境地区教师比非边境地区教师工资高20%—30%。

第二，完善连片特困地区乡村教师生活补助办法，增拨专项经费，给予边境镇所在地学校教师同等生活补助；争取中央财政安排专项资金，设立边境教师特殊岗位津贴，并把特殊岗位津贴加大到足以吸引人的程度。

第三，出台边境农村中小学教师职称评定和职务岗位设置的专门政策。降低边境地区中小学教师职称评审条件，取消论文、科研课题、培训进修证书等要求，着重考察教书育人业绩和边境民族地区教学经历，让边境教师感到更有尊严和名分。

第四，加快边境地区农村教师保障性住房和周转房建设，在边远艰苦地区建设一批布局合理、实用适用的农村学校教师保障性住房和周转宿舍，切实改善边境地区农村教师特别是特岗教师、支教交流教师、离城镇较远地区教师、寄宿制学校管理教师的住房条件，确保边境教师安居乐业。

2. 修订完善边境中小学教职工编制标准，对边境教师编制设置采取相对灵活的政策

对中小学教师编制实行动态调整，在核定义务教育发展需要的中小学教师编制时，应充分考虑跨境民族地区农村学校紧缺教师补充问题，将教师编制资源向边境农村学校倾斜，新增教师优先满足边境农村学校的需求。适当提高边境地区教师编制比例，缓解边境中小学教师结构性超编及学科教师断层等突出问题。边境县办学规模较小的村屯小学应根据实际情况落实教师数，而不宜简单按教育部师生比标准核定教师编制数，以确保边境地区村屯小学有教师上课。支持和鼓励打破县域教师学校固定编

制，所有教师定期轮岗。

3. *创新边境农村教师补充机制，吸引更多优秀人才到边境乡村从教*

实施定向招聘政策，对边境县（乡）定向招聘该县（乡）主体少数民族和生源地或常住户口为所在本县的人员；研究出台边境村屯学校教师补充政策，针对一些紧缺人才的职位，适当降低乡镇偏远村屯小学教师的招录标准，面向社会公开招聘边境村屯小学教师，使优秀的人才能够进入到教师队伍中来，积极补充边境乡村教师；研究出台边境寄宿制学校专职生活教师及心理辅导教师配备政策，给边境寄宿制学校配备专职的生活教师及心理辅导教师。

4. *加大培养和培训力度，大面积提高边境教师的素质和能力*

加大英语、体育、美术等紧缺薄弱学科师范生的培养力度，缓解边境农村学校部分学科教师紧缺问题。建立紧缺学科教师定向委托培养制度，培养在边境地区能“下得去、留得住”的“本土型”教师队伍。以边境县（市）为单位做好紧缺学科教师预测，依托地方院校开展紧缺学科定向委托培养，打破边境县（市）新教师招聘和特岗计划无人应聘的尴尬，有效缓解边境农村学校教师的结构性缺编问题。

加大培训力度，切实提高教师培训实效。除了“中小学教师国家级培训计划”和“中小学教师自治区级培训计划”的实施向边境地区教师倾斜，对边境义务教育骨干教师有针对性地进行专业培训外，还要充分发挥民族团结教育师资培训基地、壮汉双语教育培训基地等培训基地的作用，着力开展民族边境中小学团结教育教师、民汉双语教育教师、心理健康教育教师的培训。在教师培训内容方面，除了要加强信息技术的培训外，还要注重边境民族地区教育发展的特殊要求，考虑让学员深入了解民族理论与民族政策、民族历史文化及国防安全知识等。加强对校本培训的指导，在内容、形式、标准等方面统一规范校本培训。

5. *加大教育对口支援力度，帮助边境地区建设合格的教师队伍*

实施教育对口支援专项措施，如“三区人才支持计划教师专项计划”，支持和鼓励内地教师到边境地区支教，加大跨境民族地区教育对口支援力度。建立区域内优质学校与薄弱学校对口帮扶长效机制，按照因地制宜、县域统筹、政策引导、城乡互动的原则制定区域内义务教育教师交流管理办法，教师按照每年不低于专任教师总数 10%、骨干教师按照每年不低于骨干教师总数 10%的比例进行城乡交流，缓解边境农村义务教育学校师资紧缺和无法开齐课程等压力。加强对教育对口支援项目如“中小学教师支教走教计划”的监督、评估和指导，提高教育对口支援的质量和效益，帮助边境地区建设合格的教师队伍。

四、跨境民族地区学生管理

学生是学校管理最大的群体，是学校管理的出发点和归宿。学生管理是跨境民族地区学校管理的重要方面，学生管理是否得法、是否符合其身心发展的特点，直接影响到跨境民族地区学校教育目标的实现。

（一）跨境民族地区学生的基本情况

1. 跨境民族地区学生的数量

随着国家及各级政府对跨境民族教育的大力支持，跨境民族地区学校中小学在校生数量不断增加，入学率也得到了相应的提高。如龙州县2014年秋季学期小学在校生15 038人，小学适龄儿童入学率为100%。又如，大新县2013—2014学年度小学在校生20 156人，小学适龄儿童入学率为99.94%。在城乡学校学生数量方面，呈现县城学校学生数量逐年增加、乡镇及以下学校学生数量逐年减少的趋势。

2. 跨境民族地区学生的民族成分

跨境民族地区学校的学生绝大部分是少数民族学生。如大新县2013—2014学年度小学在校生20 156人，其中少数民族学生19 838人，占98.42%；初中在校生8 203人，其中少数民族学生8 124人，占99.04%；高中在校生3 383人，其中少数民族学生3 293人，占97.34%。又如，宁明县初中在校生1 427人，其中壮族学生1 301人、瑶族学生15人，少数民族学生约占92%；小学在校生6 824人，其中壮族学生6 114人、瑶族学生72人，少数民族学生约占91%。

3. 跨境民族地区学生的家庭经济状况

由于历史、自然、社会、战争等原因，跨境民族地区经济发展缓慢，一些地区经济发展水平相对落后，这是一个普遍现象。例如，云南陇川县景颇族因其社会发育程度低，经济起步晚，缺乏支柱产业，自我发展能力较差，与其他民族的贫富差距继续在加大，贫困现象仍十分突出，大多数山区景颇族的人均纯收入在500元至600元之间，人均口粮也只在100公斤至200公斤之间。2007年的统计表明，陇川全县贫困人口89 591人，其中景颇族31 280人，占贫困人口的34.91%，占2007年景颇族总人口的68%。由于经济发展水平的落后，跨境民族地区学校学生的家庭经济状况一般不是很好，家庭经济困难的学生较多。尽管跨境民族地区得到了不少救助贫困生的项目和经费，但由于贫困生数量过大，学生生活仍十分困难。

4. 跨境民族地区学生的寄宿情况

农村寄宿制学校的建设可以弥补农村适龄少年儿童在学习时间、学习条件上的弱势，为农村孩子的就学提供良好的环境。由于农村学生上学路程较远，跨境民族地区很多学生选择了在学校寄宿，寄宿生的比例较高。如大新县2013—2014学年度有小学145所，教学点56个，小学在校生20 156人；初中10所，在校生8 203人。全县10所初中学校及14所乡镇中心小学和县城2所小学均为寄宿制学校，共有寄宿生13 715名(小学生5 848人，初中生7 867人)，寄宿生约占全县义务教育阶段学生总数的48%。

5. 跨境民族地区学生的学习状况

课题组在调研中看到跨境民族地区学校部分学生的学习成绩优异，校园门口贴着光荣榜，这些学生普遍在学习上很刻苦。正如大新县某乡镇中学校长所言："部分同学还是很努力学习的，如果家里支持，他们都希望能升学读书。我们晚自习是九点半放学，但有不少同学晚上自习到十一点半。他们自习回宿舍就让别的同学开门，而值班的老师也会等所有同学都回来了才去休息，管理得很到位。"

然而，部分学生的学习动力不足，学习不用功甚至厌学，农村学校的学困生比较多。如，大新县某乡镇中学八年级(2)班语文学科学困生人数14人，学困生率50%；数学学科学困生人数26人，学困生率高达92.86%；英语学科学困生人数22人，学困生率78.57%；物理学科学困生人数16人，学困生率57.14%；历史学科学困生人数20人，学困生率71.43%；地理学科学困生人数16人，学困生率57.14%。

> 对此，大新县某乡镇中学校长认为："我们农村的学生尖子基本都流失去外面求学了，剩下的大都是学习比较困难的。我们这边每年从小学上来的学生主要来自中心校，而中心校的教学在全县是倒数的。学生尽管入学时基础很差，但经我们教了三年后都会有所进步，只是进步不够大而已。"

此外，由于受各方面因素的影响，跨境民族地区学生辍学现象还比较严重。如2014年龙州县初中学生的辍学率为2.07%。苏德和陈中永等人的调查研究也表明："内蒙古地区部分旗县和乡镇的民族中学一直存在流失和辍学现象，有的地方初中辍学率高达25%，民族中小学在校生数逐年减少。"[①]跨境民族地区学生的辍学问题绝非

① 苏德，陈中永. 中国边境教育论[M]. 北京：中央民族大学出版社，2012：119—120.

单一的教育问题，而是地域环境、社会历史、文化、经济，以及族群与个体等诸多因素错综交杂的社会问题。

6. 跨境民族地区学生的毕业去向

跨境民族地区学校的小学生毕业后一般都升学继续读书。如大新县 2013—2014 学年度小学毕业升初中率为 100%，龙州县 2014 年小学毕业生升学率也为 100%。但初中毕业生的去向呈现多元化，有的升学继续读书，有的直接回家参加劳动，有的外出打工等。国内就业竞争压力的增大、教育投资效应的滞后性，以及外出打工所能带来的经济满足及时性，使得许多学生对进入高中继续接受学校教育的意义持怀疑态度，因此毕业生去向呈现多元化态势。

在调研中，龙州县某乡镇中学校长告诉我们："我们的初中毕业生 50% 出去打工，50% 继续深造。"而龙州县另一乡镇中学的校长则说："我们的初中毕业生继续升学读书的不到三分之一，很多学生初中一毕业就出去打工了，而有的女学生才十六七岁，毕业出去就嫁人了。"

课题组在调研中通过访谈发现，部分初中毕业生没有选择继续升学读书是由于家庭经济困难。我们曾问一位初中校长："你们每年的毕业生有 100 多人，他们是不是都继续读高中？"校长回答说："每年能有 20% 的毕业生继续读高中就不错了！2013 年那届我们有 20 多人去读高中，结果我们受到了县教育局的奖励。毕业生是否选择继续读高中，主要看家庭的经济条件。我们曾经有不少学生学习成绩很好，也很想读书，但是家里面没有经济能力支持他们继续读书。"

初中毕业生的多元化去向制约了跨境民族地区高中教育的发展。从以下与大新县某乡镇中学校长的访谈中就可看出跨境民族地区高中的发展不容乐观，这在一定程度上影响了跨境民族地区劳动者素质的提高。

研究者：高中录取有门槛吗？

校长：高中招生有录取分数线。

研究者：那我们这里的毕业生达到普通高中的上线率是多少？

校长：现在我们县里只有两所高中，大新中学要求中考成绩至少达到 B 以上，而民族高中只要你想读，不管多少分都可以进去。

（二）跨境民族地区学生的安全管理

安全管理是学生管理的一个重要组成部分。跨境民族地区学生能否安全、健康地成长，不仅关系到边境学校的稳定与发展，也关系到跨境民族教育事业的顺利发展，关系到社会的稳定与和谐发展。

1. 跨境民族地区学生的安全隐患

（1）校园安全

近年来，虽然跨境民族地区学校的办学条件有很大改善，但正如前面分析的那样，仍然有部分农村学校，尤其是村小、教学点办学条件还很差，安全设施不齐全，学校安全管理存在明显漏洞，这无疑给学校安全留下了隐患。学校内部学生打架斗殴事件屡禁不止，学生宿舍盗窃案件时有发生，宿舍安全问题不容忽视。以下是对龙州县某乡镇中学学生的访谈记录：

研究者：平时有同学打架吗？

学生1：打架是常有的事。有时同学之间开几句玩笑，都会发生争执、打架。

研究者：是单挑，还是打群架？

学生1：都有。

研究者：你们老师平时管得严吗？

学生2：班主任管得严。平时班主任一来全班都鸦雀无声，但班主任一离开就乱成一团。

学生3：学校的环境很不好，很“坑爹”。

研究者：还有哪些不好的地方？

学生3：宿舍里的东西经常被偷。

研究者：每栋宿舍不是有管理员吗？

学生3：没有。除了中午和晚上有老师值班，其他时间都没有人管，宿舍的门锁都被撬坏了。我们宿舍的门都是木门，一撬就坏。我们锁门了，但是小偷随便一撞就能进去了。

（2）交通安全

边境地区义务教育学校学生上下学存在一定的安全隐患，主要表现在处于公路沿线的学校校门口没有树立学校标志牌，或没有标志人行道或设立减速带等。如宁明县某乡镇教学点就处在公路边的一个小山头上，课题组在调研中看到，此地公路无减速带、安全警示、学校标志等交通安全举措来确保学生上下学的安全问题。另外，部分农村学校学生上学路程较远，寄宿制学校寄宿生周末往返乘车安全没有保障，学生坐“三无”车辆和农用车往返学校的现象屡禁不止，接送学生上下学的车辆也有超载现象，存在严重的安全隐患。

> 大新县某乡镇中学校长告诉我们：“我们的学生放学回家一般坐三轮车，坐面包车的也有，都是学生自己联系的，由自己村的人开车来接。至于这些营运车辆是否合法、安全，交警都管不了，我们不让学生坐也没办法。我们还有两个村的二三十个学生是走路回家，他们村里没有车接，以前还有农用车来接，但是后来政府制止了，说那种车不安全，学生只好走一个半小时到两个小时回家。冬季天黑比较快，如果下午五点钟放学，回家天都黑了，我们只能提前放学，没有办法。”

(3) 食品安全

随着农村义务教育学校营养改善计划的实施及学校寄宿生的增加，跨境民族地区学校越来越多的学生在校就餐，这给学校带来了学生食品安全问题。从课题组调查和了解的有关情况来看，部分学校食品采购环节不够规范，自行选择供货商，学校与供货商签订合同不够规范；部分学校食品存放、蔬菜浸泡、餐用具消毒、加工、分餐、留样过程未按相关食品安全规范要求流程操作；部分学校食堂卫生环境较差，三防设施较差；个别学校食堂工作人员卫生意识淡薄。如此种种，给学生带来了食品安全隐患。

2. 跨境民族地区学生安全管理的策略

(1) 加强校园内部安全管理

加强制度建设，强化责任落实，健全校园安全管理长效机制是加强校园内部安全管理的关键。目前，边境学校管理者普遍重视校园内部安全管理制度建设，建立了如《校园校舍安全制度》、《建立门卫登记管理制度》等多项安全管理制度，不断加强校园内部安全管理。如，龙州县某乡镇寄宿制中学采取了以下宿舍安全管理措施：在宿舍安全的管理上，继续加强和完善教师值日制度，值日老师对各寝室的清洁、纪律天天检查打分，实行量化评比。每个月评出 3 个文明宿舍，对评出的文明宿舍进行物质奖励。加强学生规范管理，严格出入。严格请假制度，有事、因病出校门的学生须有班主任同意的请假条并做好登记。

课题组在调研中看到，边境学校制定的校园内部安全管理制度在日常管理中一般都能得到严格执行，并在执行中根据实际情况进行不断地修正和完善，从而使校园内部安全管理得到切实加强。

(2) 加强学生交通安全管理

学生交通安全管理是一项需要社会各界多方参与、集体协作的系统工程。建立部门协助联动机制，是加强学生交通安全管理的关键。边境地区教育主管部门和学校积极主动地与有关部门联系，强化部门协助联动机制，综合协调交通公路、公安和乡(镇)政府，加强对村级道路交通安全监管，进一步规范村屯交通运输车辆的管理，完善学校周边道路的交通安全设施，在学校门口设立学校安全标志牌、人行道标志、减速带，确保学生上下学安全。课题组在调研中看到，边境地区各学校在上下学时间段，均组织教师在校门口地段护送学生。县城内交通人流较多的学校，当地交警部门也派人到校门口地段进行交通疏导，确保学生出入安全。

(3) 加强学校食品安全管理

为确保农村义务教育学生营养改善计划食品安全，跨境民族地区一些地方政府的有关部门出台了明确的制度，做出了相应的防范措施。例如，广西出台了《广西农村义务教育学生营养改善计划食品安全保障管理办法(试行)》和《广西农村义务教育学生营养改善计划供餐企业(单位)和托餐家庭(个人)准入管理暂行办法》等政策文件，建立了食品安全保障机制，制定了学校食品安全事故应急预案。为加强食品安全督导检查，确保规范管理，广西还出台了《学校食堂、供餐企业(单位)、托餐家庭(个人)食品安全职责及管理制度》等10多项管理制度，编制了督查工作手册，对供餐各个环节进行全过程监督，从制度上予以保障。

边境学校对学生的食品安全管理日益重视，许多学校加强了食品安全管理和安全检查的力度，特别是加强对学校食堂设施设备和工作人员的管理。以下是龙州县某乡镇中学2014年春季学期的工作总结①，从中可以看出边境学校重视通过建立制度化、规范化的食品安全管理制度保障学生的食品安全：

> 在食堂安全方面，我校完善了一系列食堂管理制度，并主动接受卫生行政部门的卫生监督。从业人员持证上岗。学校要求食堂工作人员每年参加一次健康体检，领取合格的《健康证》后方可上岗工作；确保餐饮用具的卫生。食堂工作间

① 龙州县金龙镇中学. 2013—2014学年春季学期工作总结[Z]. 2014年7月10日.

与餐厅隔开，非工作人员不得入内。要求工作人员保持个人卫生，穿戴清洁的工作衣帽；销售直接入口食品时，必须使用售货工具。保持食堂内外的环境卫生，经常对餐具用具进行清洗消毒，生熟食物、案板刀具等分开存放。

对食品的采购、贮存严格把关。学校要求食堂严把进货关，坚持从正规单位、正当渠道，以正常价格采购，建立进货登记制度，并设置档案。采购人员不能采购来路不明的食品。放食品的仓库必须干燥、通风，采取消除苍蝇、老鼠、蟑螂和其他有害昆虫的措施，贮存食品的容器安全、无害，防止食品污染。教育学生不买街头小贩的"三无"食品。

学生营养餐方面。为了使每个学生一天3元的营养补助真正吃到学生肚里，吃得有营养，我校专门成立工作领导小组，严格按照上级工作要求，各部门协调分工，总务处负总责，某主任具体负责实施，并建独立账户。从食品购买、食品加工、食品发放等各环节都严格把控，并做好记录。保证学生吃得有营养、吃得安全、吃得放心。本学期学校的营养餐工作顺利完成。

(4) 加强学生安全教育

加强学生安全教育有利于提高学生的安全防范意识和安全防范能力。近年来，边境地区学校能针对跨境民族地区学生的心理和生理特点，开展形式多样的安全教育活动，不断提高学生安全教育的效果。如开展学生饮食卫生习惯养成教育，防止食品安全事故的发生，确保学生健康安全；开展学生上下学安全专项教育活动，加强学生道路交通安全教育。如，龙州县某乡镇中学重视加强学生安全教育，其主要做法如下：一是从平时的安全教育入手，消除思想上的隐患。学期的开学第一周，学校就举行安全知识讲座；放假前，学校也强调安全；每周的国旗下讲话都强调安全。各班级加强对学生平时的安全教育与管理，充分利用板报、广播宣传安全常识；班主任教师利用班会进行安全教育。2014年6月26日学校按上级工作布置，成功举行了禁毒宣传报告，在活动中还进行了学生签字仪式。二是实地演练，提高学生实际应变能力。2014年上半年开学初，学校就安排学生进行防地震、防火灾应急演练，在整个演练过程中教师各尽其责，学生疏散有序，效果很好。

(三) 跨境民族地区留守儿童的管理

本文所指的留守儿童是指父母双方或一方从农村居住地流动到其他地区3个月以上，孩子留在农村居住地，不能和父母双方共同生活的处于义务教育阶段的儿童。

跨境民族地区留守儿童的管理问题关系到留守儿童自身的健康成长，关系到跨境民族地区教育、经济和社会的发展。

1. 跨境民族地区留守儿童的现状

由于历史、地理、自然等原因，跨境民族地区的经济和社会发展相对滞后，人民的生活条件比较艰苦，人多耕地少，生活水平普遍不高。为了改变这种现象，在社会经济日益发展的今天，很多青壮年农民纷纷外出到沿海发达地区打工，跨境民族地区留守儿童大批出现，农村留守儿童数量急剧增加。如，据初步统计，大新县 2014 年春季学期 28 359 名义务教育阶段在校生及 11 139 名在园幼儿中，就有 17 100 多名学生(幼儿)为隔代托养或亲戚监护，占全县义务教育阶段在校生及在园幼儿总数的 43.29%。跨境民族地区留守儿童具有数量多、分布广的特点。在课题组调研过的龙州县某乡镇中学，该校 293 名在校生中，有留守儿童 102 名，占全校总人数的 34.8%。而龙州县某县城中学校长在访谈中告诉我们，该校学生中的留守儿童约占 40%。

2. 跨境民族地区留守儿童存在的主要问题

(1) 心理健康问题

父母外出务工致使留守儿童心理关怀缺失，情感发育不良。跨境民族地区留守儿童的心理健康问题是一个亟待解决的突出问题。正如大新县人民政府所指出的那样，“‘留守儿童’父爱、母爱缺失，不利于其身心健康发展，绝大部分‘留守儿童’性格比较孤僻、偏激，这是大新县留守儿童存在的一个突出问题”[①]。龙州县某乡镇中学通过对该校 102 名留守儿童的调研，同样指出“亲情缺失严重，心理发展异常”是该校留守儿童存在的主要问题。

龙州县某中学留守儿童现象调研报告[②]

我校留守儿童在生活、情感、心理卫生、安全、关爱等(方面)出现的主要问题有：

亲情缺失严重，心理发展异常。青少年期是个性发展和形成的关键时期，父母的关爱、良好的家庭环境和教育对青少年个性的健康发展起着无法替代的作用。但是，农村留守儿童们由于其父母长时间不在身边，家庭的“缺陷”使留守子女无法享受到正常的亲情关爱，生活中的烦恼无法向亲人倾诉，成长中的困惑无

① 大新县人民政府. 大新县边境少数民族聚集区教育发展情况汇报[Z]. 2014-11-15.

② 龙州县某中学留守儿童现象调研报告[Z]. 2014-11-16.

法得到父母的正确引导和鼓励……久而久之，无助感、失落感和被遗弃感逐渐形成，严重影响着留守子女的心理健康。调查中，我们发现绝大多数留守儿童与父母很少见面，缺少沟通。其中，与父母见面半年一次的为53%，一年一次的为44%，两年一次的有3%，还有一个孩子的父母双双外出六年未曾回过一次家。农村留守儿童在个性心理上表现极为异常，有这样两种典型“症状”：一是性格内向、孤僻、自卑、不合群、不善于与人交流；二是脆弱、脾气暴躁、冲动易怒。

(2) 思想品行问题

跨境民族地区留守儿童目前生活的“家庭”类型主要是隔代托养或亲戚监护。而隔代教育给跨境民族地区留守儿童的成长造成极大的影响，由于缺乏父母管教，部分留守儿童存在日常行为不良等问题。崇左市教育局某局长忧心忡忡地指出，随着城镇化建设对教育的影响，边境教育普遍存在着隔代教育的突出问题。

龙州县某乡镇中学校长反映：“我们的学生起码有一半是留守儿童，因为这个地方外出务工的人比较多，留守孩子就很多，给我们的教育管理带来一定的困难。有时学生违反纪律，我们通知他的家长来，家长都不在，就叫爷爷奶奶来，但是爷爷奶奶管不了他。”

亲戚监护的部分跨境民族地区留守儿童同样存在着思想品行问题。以下是龙州县某中学留守儿童现象调研报告的部分内容[①]：

农村留守儿童中，有一部分孩子是被父母寄养在亲戚或朋友家中的。被寄居的孩子总有一种寄人篱下的感觉，因为他们毕竟不是和自己的亲人一起生活起居。他们中有一些人总感觉在亲戚家里没有在自己家里那样自由，束手束脚的，看起来胆小怕事，很本分，但一旦离开了亲戚，就像老鼠离开了猫，就无法无天了。也有一些孩子胆子很大，亲戚根本管不住，有的还可能跟亲戚顶撞，亲戚稍微说重了，就怀恨在心或是逃离出走，使得亲戚无可奈何而不敢管教，只能放任自流了。

---

① 龙州县某中学留守儿童现象调研报告[Z]. 2014-11-16.

(3) 学习问题

跨境民族地区留守儿童居住地分散,父母流动性强,教育难度大。大部分留守儿童是少数民族或来自边远地区,学习成绩普遍不佳。一些留守儿童由于父母外出打工,家务活、农活增多或学业辅导缺失,学习成绩下降。部分留守儿童由于学习成绩不良而产生厌学情绪,加上新"读书无用论"影响,逃学辍学现象时有发生。大新县在边境少数民族聚集区教育发展情况汇报中指出:"留守儿童"家庭教育缺位,学习成绩都普遍较差,厌学情绪都比较高。[①]

(4) 人生观和价值观问题

部分外出务工的父母由于长期不在留守儿童身边,往往因内心愧疚而对孩子采取物质补偿的方式,这容易使留守儿童养成享乐主义人生观和功利主义价值观。龙州县某乡镇中学指出,"父爱母爱失常,孩子志向模糊"是该校留守儿童存在的突出问题[②]:

> (留守儿童)父爱母爱失常,孩子志向模糊。外出务工的父母由于长期不在孩子身边,内心往往会出现一种愧疚感,加上在外打工,经济较为宽裕,对这些孩子生活的经济支付能力较强。因此,他们往往对孩子采取物质补偿的方式来表现自己对孩子的全部的爱,孩子要什么就给什么,从不迟疑,也从不打半点折扣。这种爱的方式,使儿童逐渐形成了"金钱万能"的价值观和"逍遥享乐"的人生观。很容易导致他们没有任何勤俭节约与艰苦奋斗的概念,没有人情味,没有正确的价值取向与人生取向。

3. 跨境民族地区留守儿童的管理策略

(1) 充分发挥学校在农村留守儿童管理中的积极作用

由于农村留守儿童在家庭教育上的缺失,需要学校充分发挥其自身的功能加以弥补。跨境民族地区学校充分利用其自身优势,不断加强对农村留守儿童的管理,促进其健康成长。有的学校根据农村留守儿童的身心特点,深化教育教学改革,积极开展双语教学,不断改进教学方式,激发学生的学习兴趣。有的学校重视全面提高农村留守儿童的心理素质,或增设心理健康教育课程,或开展心理咨询活动,或将日常的教学

---

① 大新县人民政府. 大新县边境少数民族聚集区教育发展情况汇报[Z]. 2014-11-15.

② 龙州县某中学留守儿童现象调研报告[Z]. 2014-11-16.

与学生的心理健康教育有机结合起来。有的学校注重加强和改进农村留守儿童的思想品德建设,引导农村留守儿童树立正确的人生观和价值观。有的学校通过多项控辍保学措施,降低农村留守儿童的辍学率。有的学校则建立了农村留守儿童档案和联系卡制度、结对帮扶制度、关爱制度等,通过制度设计来促进农村留守儿童健康成长。

以下是龙州县某乡镇中学对加强农村留守儿童管理所采取的措施①:

> 第一,建立健全留守儿童工作机制。为了更好、更有效地对留守儿童进行管理,我校成立了以校长为组长、副校长为副组长的留守儿童工作领导小组,领导小组下设办公室。
>
> 第二,构建留守儿童关爱体系,关心留守儿童的健康成长。校长和班主任、科任教师签订责任状,把关爱留守儿童纳入教师绩效考评和年度考核范畴。
>
> 第三,下大力气优化儿童成长的社会环境。改革开放以来,我们国家的社会经济取得了飞速发展。但与此同时,大量的社会矛盾也日益加剧,使得年轻一代成长的社会大环境在不断恶化。因此,学校必须下大力气从小事抓起,严肃治理不断恶化的社会环境,严厉打击破坏儿童成长环境的人和事。

(2) 加强农村寄宿制学校的建设和管理,创建农村留守儿童健康成长的良好环境

寄宿制学校教师可以对学生的学习和生活进行全方位、全天候指导;学生之间也有更多机会互相交流、学习,而社会中的消极因素也被挡在校门外,无法影响学生的积极性。② 农村寄宿制学校的建设为农村留守儿童的成长提供了良好的环境,有利于提高留守儿童的学习成绩,有利于培养留守儿童良好的生活习惯和人际交往能力,有利于保障留守儿童的人身安全。跨境民族地区重视加强农村寄宿制学校的建设和管理,积极创建农村留守儿童健康成长的良好环境。

跨境民族地区各级政府根据农村留守儿童分布的特点,积极兴办寄宿制学校,鼓励农村留守儿童到寄宿制学校上学。如2014年宁明县有寄宿制学校82所,其中初中10所,乡镇小学12所,村完小49所,教学点11个;大新县有寄宿制学校35所,其中初中10所,乡镇小学16所,村完小9所,基本满足农村留守儿童寄宿读书的需要。

农村寄宿制学校不断加强学校的"硬件"和"软件"建设,以使农村留守儿童"住得

---

① 龙州县某中学留守儿童现象调研报告[Z]. 2014-11-16.

② 王嘉毅,吕国光. 西北少数民族基础教育发展现状与对策研究[M]. 北京:民族出版社,2006:172.

安心、学得尽心、家长放心”。有的学校优先安排农村留守儿童寄宿，优先给予贫困家庭农村留守儿童生活补助及捐资助学资金。有的学校加大基础设施投入，大力改善留守儿童寄宿条件。有的学校则通过加强学生宿舍管理、丰富寄宿生的课外生活等措施来强化学校的内部管理，为农村留守儿童提供了较好的环境。

五、跨境民族地区学校教学质量管理

教学质量是学校的立足之本。教学质量的高低与否，不仅关系到跨境民族地区学校的生存与发展，也关系到跨境民族地区经济、社会的建设与发展。

（一）跨境民族地区学校教学质量的现状分析

教学质量指学校教学是否达到了一定的培养要求，即在一定的时间内和一定的条件下，学校学生在知识掌握、能力发展、态度情感形成等方面的水平是否达到了国家规定的要求。[①] 目前，跨境民族地区学校的教学质量主要呈现以下几个特点：

1. 学生的学业成绩不理想

教学质量最直接的表现形式是学生的学业成绩。从总体上看，跨境民族地区学校学生的学业成绩从城镇学校、中心校、村完小、教学点呈现从高到低的特点，城镇学校最好，中心校次之，村完小又次之，教学点最差，城乡学校学生的学业成绩存在着较大的差距，且日趋明显。如表 7－1 显示，从大新县 2011 年不同地域初中学生中考各科平均分来看，县城中学学生的平均成绩明显高于乡镇中学学生，镇中学的学生略高于乡中学的学生。

表 7－1　2011 年大新县不同地域初中学生中考成绩比较

学科平均分 / 学校类别	语文	数学	英语	物理	化学	政治	历史
某县城中学	88.45	68.02	65.64	68.59	63.18	35.39	30.91
某镇中学	80.75	44.6	39.9	54.05	53.4	30.9	20.95
某乡中学	75.91	50.88	33.94	49.65	50.44	28.88	19.94

大新县某镇中学校长向我们解释：“我们学校虽然规模小，但这几年的教育教学成绩跟其他乡镇相比，属于中上水平。像 2014 年中考成绩我们拿了一个优秀奖和一个二等奖，县里面奖给我们一万块钱。每年的期末考试一等奖、二等奖我

① 王嘉毅，李颖. 西部地区农村学校义务教育教学质量研究[J]. 教育研究，2008(2)：21—32.

们都拿了不少，这是有真凭实据的。这靠我们老师的敬业精神，包括我们新来的特岗老师，初次走向讲台，但也很勤奋努力。我们学生入学的门槛很低，在全县六十几个班级中入学成绩是倒数一、二名的，但是期考、中考的成绩却不是倒数一、二名。我们的校风、学风、教风还是比较好的，我们的学生只要有心读书，基本上都能在这里完成学业。”

表 7-1 同样显示，除语文学科及县城中学的数学、英语、物理、化学等学科外，跨境民族地区学校学生的学业成绩普遍不理想。下面是 2011 年大新县初中毕业生参加崇左市中考的成绩统计：参加中考的学生 1 963 人，其中语文平均分 81.78 分，合格人数 1 537 人，合格率 78.3%，优秀人数 381 人，优秀率 19.41%；数学平均分 56.65 分，合格人数 698 人，合格率 35.56%，优秀人数 123 人，优秀率 6.27%；英语平均分 54.1 分，合格人数 516 人，合格率 26.29%，优秀人数 189 人，优秀率 9.63%；物理平均分 57.47 分，合格人数 928 人，合格率 47.27%，优秀人数 437 人，优秀率 22.26%；化学平均分 54.73 分，合格人数 813 人，合格率 41.42%，优秀人数 284 人，优秀率 14.47%；政治平均分 32.63 分，合格人数 1 325 人，合格率 67.5%，优秀人数 413 人，优秀率 21.04%；历史平均分 25.95 分，合格人数 789 人，合格率 40.19%，优秀人数 312 人，优秀率 15.89%。由此可知，大新县初中生语文学科的学业成绩相对较高，语文学科的教学质量总体较好，合格率达 78.3%；政治学科次之，合格率为 67.5%；其他各学科的成绩普遍不理想，教学质量较差，合格率均低于 50%，尤其是数学、英语学科教学质量很差，英语的合格率不到 1/3。

在对大新县某乡镇中学调研中获得的数据也反映了学生的学业成绩普遍不理想。从表 7-2 可以看出，边境农村初中教学质量不容乐观，语文、数学、英语、物理等学科的教学质量均未达到课程标准的要求，各科及格率均没有达到 50%，数学、物理、历史、地理等学科没有 1 人能考及格，英语仅 1 人考及格。

表 7-2　大新县某乡镇中学八年级(2)班学生期中测试各科成绩

项目	语文	数学	英语	物理	思品	历史	生物	地理
实际人数	30	30	30	30	30	30	30	30
参加考试人数	28	28	28	28	28	28	28	28
平均分	36.2	17.5	25.3	31.2	50.9	24.1	50	31.1

续表

项目	语文	数学	英语	物理	思品	历史	生物	地理
及格人数	7	0	1	0	13	0	10	0
及格率(%)	25	0	4	0	46	0	36	0
优秀人数	0	0	0	0	6	0	0	0
优秀率(%)	0	0	0	0	21	0	0	0
最高分	77	45	60	58	90	52	76	56
最低分	4	0	5	0	6	6	16	8

2. 学生的知识结构不够合理

学校课程政策的执行对学校教学目标的达成和教学质量的提升具有重要的作用。按国家课程标准开足开齐课程是衡量学校教学质量的一个关键指标。跨境民族地区由于普遍缺乏教师,部分学校未能按国家规定开齐开足课程。如 2014 年大新县、凭祥市、宁明县、龙州县等 4 个边境县(市)541 所义务教育学校中开齐课程的学校有 169 所,开齐率为 31%,尚有 69%的学校未能开齐课程。其中初中 32 所,开齐课程的学校 15 所,开齐率为 47%;乡镇小学 49 所,开齐课程的学校 26 所,开齐率为 53%;村小 324 所,开齐课程的学校 80 所,开齐率为 25%;教学点 136 个,开齐课程的学校 48 个,开齐率为 35%。各学校未能开设的科目主要有英语、音乐、体育、美术、信息技术等课程。为解决这个棘手的问题,当地教育行政部门采取走教、支教的方式,在一定程度上缓解了学校未能开齐开足课程的问题,但未能从根本上解决。这意味着部分孩子长大后知识结构不够合理,其综合素质相对也不够高。

3. 学生辍学率较高

学生辍学率是反映学校教学质量水平的一个重要指标。由于受各方面因素影响,跨境民族地区学校学生辍学率居高不下,并呈现出学段越高辍学问题越严重的趋势。2014 年 11 月对边境县学校实地调研中获得的数据也反映了相似的情形。如,大新县某乡镇中学,在该校就读学生 178 人,2014 年中途辍学 12 人,辍学率达 7%。又如,宁明县某乡镇中学,在该校就读学生 422 人,2014 年中途辍学 19 人,辍学率达 5%。这两所边境学校的学生辍学率都超过了国家规定初中 3%以内的辍学率控制标准。

4. 教学点的质量令人担忧

由于教育经费投入不足,教学点的办学条件相对落后。教学点往往是最为艰苦的校点,地理位置偏僻,交通、通信不便。大部分教学点的教师属于老、弱或是教学水平相对较差的教师，相当部分老师普通话说不准、汉语拼音不规范，更不用说音乐、美术、体育等课程了。而进入教学点的孩子正好处于刚到学校接受正规教育的启蒙阶段，在这样的教学环境中接受教育的孩子的学习质量普遍不高，基础知识薄弱。虽然后来教学点的孩子能够到村或乡镇中心小学读中高年级，但由于原来基础不扎实，学习往往跟不上其他的同学，成为学困生。教学点的教学质量实在令人担忧。

崇左市教育局某局长向我们介绍："我做了初步的统计，在我们这些少数民族山区里面，村小、教学点这两部分，从乡镇里来计算，它的学生占当地适龄儿童的30%左右。这30%的学生还留在村小、教学点，如果你疏于管理，质量上不去，那将影响他们一生的发展，从而就延伸成为我们这个地方控辍保学的问题。我们最基础的教育——村小、教学点没有办好，条件差，师资力量不足，开课也不足，质量差，这30%的学生到了高年级以后，根本就没有办法跟上，学生的辍学率达到30%。"

(二) 跨境民族地区学校教学质量的影响因素

跨境民族地区学校的教学质量受到诸多因素的影响与制约，既有学校内部的因素，也有学校外部的因素。下面对影响学校教学质量的主要内部因素进行分析。

1. 学校管理的因素

学校教学质量与学校管理息息相关。学校管理的制度化、科学化与规范化对教学质量起着至关重要的作用，学校管理者的工作态度、工作方式等也影响着学校的教学质量。学校领导体制是学校管理的根本性制度。由于学校领导体制方面的问题，教学点的质量从总体上来说偏低，这已成为掣肘跨境民族教育发展的一大因素。

目前，教学点由乡镇中心校的校长统一管理，各乡镇已撤销乡镇教育辅导站，中心校校长政教合一。这种体制在人口居住相对集中的地区可能是合适的，但在边境地区，中心小学与各村屯完小、教学点分散，中心校校长本来负责管理的本校教务性工作就不少，时间、精力难以顾及教学点，校长甚至一两个月都难以到每个教学点一次，有的偏远教学点就更难有机会了。中心校设有两位专职辅导员，但他们不能履行校长的职权，只能调研反映情况，上传下达。为此，教学点的教学情况、教学质量问题就难以掌控了。

正如崇左市教育局某局长所指出的那样："教学点管理不到位，教学点基本没有人管理。过去乡镇里面还有一个教辅站，现在已经改名为教委会，原本是由这个教委会来负责管理整个乡镇的学校，但现在是由乡镇里的中心校负责监管那些教学点。但是，中心校根本没有人力及精力去管理这些教学点，致使这些教学点长期以来处于一种无序的状态。因为没有人管理，教研这类活动根本上是没有的。"

课题组在宁明县某乡中心校调研时，看到该乡中心校设有一位校长及一位常务副校长，校长除了管理中心校外还要负责全乡的村完小及教学点，同时安排两位文化辅导员管理教学点，常务副校长仅负责中心小学的教育活动及管理。从下面与该中心小学校长及有关人员的访谈中，可以看出教学点的管理中存在着许多问题，制约了教学点教学质量的提高。

访谈录一

研究者：中心校管村完小及教学点，共有多少个小学？

校长：我们有中心校 1 所，村完小 14 所，教学点 8 个。

研究者：是不是所有老师都管？

校长：所有老师都管。

研究者：那中心校有多少个老师？

校长：老师 28 个，学生一共 116 个。全乡有 1 193 个小学生。

研究者：那么多村小、教学点您怎么管？

校长：每个村小学都有村小校长，村小校长管理教学点，一级管一级。

研究者：那您管什么？

校长：我管我们本部，管村小的校长，教学点由村小校长去管。

研究者：那您管理这些学校采取什么措施？

校长：我个人主要管常务，管十来个村小校长，教学点布置什么工作我都找村小校长，校长自己选主任。

研究者：这些村小校长是由您任命，还是由教育局任命？

校长：中心校的副校长、村小校长、文化辅导员都由我选择，报到县教育局任命。

访谈录二

研究者：您每周都要到教学点去吗？有几个教学点？

校长：我们有14个村完小，8个教学点。

研究者：完小和教学点加起来就有22个。那您每个点能保证每个月去一次吗？

校长：我争取每周下去两天。周一、周五在这里，因为要开例会。

研究者：每周两天，已经很不错了。一周有五天工作日，您下去两天，只有三天在中心校。

校长：文化辅导员去得多一点。这位就是文化辅导员，姓L。

研究者：那L辅导员每周有多少天去教学点？

L辅导员：至少三天。

研究者：你三天，校长两天，那你能做到每月都到每个教学点一次吗？

L辅导员：每月不可能去完所有的教学点。

2. 教学基础设施的因素

学校教学基本条件是影响教学质量的重要的物的因素。学校为了维持教学活动的正常运行，必须提供教学活动所需要的基本物质保障。如前所述，由于跨境民族地区教育经费投入的不足，影响了义务教育学校的有效供给，导致跨境民族地区学校办学条件普遍薄弱。办学条件的落后，尤其是教学基础设施的缺乏，制约了跨境民族地区学校教学质量的提高。

3. 教师的因素

教师的数量和质量是决定学校教学质量高低的核心因素之一。如前所述，跨境民族地区教师队伍数量缺乏、整体素质不高，这严重影响了跨境民族地区学校的教学质量。尤其是教师队伍的不稳定，影响了学校教学质量的提高，从而造成跨境民族教育的“贫困”。

据龙州县某乡镇中学校长说：“没撤并之前，我们几个乡镇中学成绩都是差不多的。我们这里比较偏远落后，撤并之后，很多优秀的教师调到了县城，新分配下来的6个老师还要慢慢磨才能成长起来，所以教学质量很难保证。”

此外，农村教师所学专业与任教学科不相符的现象普遍存在，这是导致农村学校教学质量低下的重要原因。

大新县某乡镇中学校长向我们反映："我们学校有3个生物老师，而全校只有七、八年级开生物课，一个生物老师足够了，其余的生物老师只能一人上化学，一人上数学。有的学科缺本专业的老师，其他专业的老师就得去上。我跟他们说：'不管怎么样，你能维持纪律，学生不出事，就达到了最低的要求。'有学生向我们要求换一个数学老师，他们听不懂老师在课堂上讲什么。老师本身就不是这个专业的，讲课学生听不懂，那也没办法啊。学生家长只好想办法把小孩转到其他学校，我们学校每年都有很多学生转学。"

大新县还有一位乡镇中学校长说："我们能够按照国家规定开设课程，体育课每周都是3节课，美术、音乐我们都开，但是没有相应的专业老师，是老师兼职上的，效果也不怎么样，课时方面尽量安排。我们缺美术、音乐的专业老师已经将近十年了，学校里很少听到歌声，别的专业老师去上音乐课，根本上不了，只能用录音机播放音乐给学生听，让学生做其他科目的练习。我们的学生五音不全，我估计让他们完整地唱完国歌都做不到。我自己的孩子在那边小学读三年级，也都没有音乐课。"

4. 学生的因素

学生作为教学活动中的主体，是影响学校教学质量的人的因素之一，其学习态度、学习动力等是教学质量提高的关键因素。如前所述，部分跨境民族学生学习基础差，学习热情不高，学习动力不足，甚至产生厌学情绪而导致辍学，这在很大程度上制约了学校教学质量的提升，并严重地影响了跨境民族地区九年义务教育的巩固率。

龙州县某乡镇中学校长认为："我们的学生主要受社会风气的影响，相信读书无用论，对学习不是很感兴趣。每年春节有的家长从外面打工回来，跟孩子说别人家的小孩出去打工每月挣三四千元，哪像你还在花我的钱，然后就带自己的孩子一起出去打工了。学校在管理方面，因为有的学生本身不想学习，硬逼着他们学习是很难达到目的的。学生的思想不端正，怎么都压不住。当然，有的学生不怎么爱学习，是因为他们学习很困难。有的学生经过小学六年的学习，上初中时连简单的加减乘除都不会,初中还怎么读下去啊?”

5. 大班额的因素

大班额也影响着学校的教学质量。随着我国城镇化进程的加快,义务教育适龄人口向城镇集中,加上流动人口随迁子女进城就学,跨境民族地区部分义务教育学校大班额问题突出。大班额现象主要集中在边境县城学校。如,大新县 2014 年春季学期县城小学平均班额 64 人(小学班额标准为 40—45 人),初中平均班额 63 人(初中班额标准为 45—50 人)。又如,宁明县 2014 年县城 3 所中学共 79 个班,学生数 4 238 人,平均班额 53.6 人,其中 46—55 人班数 37 个,56—65 人班数 31 个,66 人以上班数 2 个。县城城区小学 12 所,共 178 个班级,平均班额达到 54 人,其中 46—55 人班数 37 个,56—65 人班数 82 个,66 人以上班数 11 个。边境乡镇中心小学大班额问题也比较突出。如宁明县桐棉乡中心小学全校 34 个教学班,平均班额 58 人,其中 46—55 人班数 7 个,56—65 人班数 27 个。大班额现象给学校管理和教学质量造成了严重影响。由于班额过大,大大增加了班级管理的难度,给教师带来了较大的工作负担和精神压力,同时,基础教育新课程改革所倡导的探究教学、合作教学等新的教学方法难以落实,不利于教师开展分层教学与因材施教,教学质量难以提升。大班额现象不但影响了学校的教学质量,也在一定程度上影响了教育公平。

(三) 跨境民族地区学校教学质量保障的策略

提高跨境民族地区学校教学质量是一个体系性问题,涉及政府、社会、学校等方方面面。为了提高学校的教学质量,跨境民族地区除了逐步推进学校标准化建设、合理规划学校布局、培养和引进高水平师资、加强学生管理外,还重视建立以提高教学质量为导向的管理制度和工作机制。

1. 加强教学常规管理

加强教学常规管理是提高学校教学质量的根本保障。边境学校重视建立健全教学常规管理制度,并将之有效地应用于教学管理的全过程,不断提升教学质量。以下是龙州县民族中学的教学工作常规[①]:

第一,教学常规制度

① 龙州县民族中学管理制度汇编[Z].2013 年 9 月 1 日。

（1）计划：教研组、备课组制订教学活动计划和教研活动计划，安排好模块教学制度。

（2）备课要做到“六备”：备课标，备教材，备学生，备教法和学法，备教具，备习题。实行每周一次集体备课，集体备课要有中心发言人，对教学的目的、要求、知识要点、难点、基本作业量尽量统一，教法不强求一致。

第二，课堂管理

（1）上课、辅导不能迟到、早退、缺席，不得私自调课（调课需开调课通知单），提倡教师候课，不得提前下课。

（2）各位老师必须要把优化教学过程作为一切教学的核心。……要运用启发自学、交流互动讨论、精讲精练、归纳反思四段程式来组织学科教学。

第三，作业布置与批改

作业布置与批改实行量化管理，以量保质。其中数学作业为课时数的80%，理化生为课时数的60%，其他科目为课时数的40%。

第四，对教研组、年级备课组的要求

（1）教研组要对学科教学质量负责。教研组要详细制订教研组工作计划，做好公开课、研究课、观摩课、教材研究等教研活动的安排。

（2）年级备课组要对本年级的教学质量负责，为年级教学的正常进行保证良好的学风，让学生想学、会学、乐学。特别是要做好分类指导的协调工作，扩大优生比例，缩小后进生人数。

第五，考核办法

考核办法有平时考查、周考、月考、段考、期考。

正是通过狠抓教学常规管理，明确对教学的各个方面和各个环节的具体要求，规范教学行为，把教学过程中的每项工作真正落到实处，跨境民族地区学校的教学质量才能不断得到提升。

大新县某乡镇中学校长告诉我们：“学校就按那个常规四十二条去管理，去要求学生。从老师的备课、批改作业，到平时的考试、检测、质量分析、活动课、外出培训、课堂的教学环节，基本上都能达到要求，如果做不到我们也不会有这种成绩出来。”

2. 建立九年一贯制学校

针对农村学校规模逐步萎缩、师资数量不足等问题，为促进教学资源整合、师资优势互补，进一步提高学校的教学质量，跨境民族地区采取了学校逐步合并、适当集中办学的模式，建立了九年一贯制学校。

> 龙州县某乡镇中学校长在访谈中向我们表达了对九年一贯制的看法："县里面这么一决定并建成从小学到初中的九年一贯制，学生的学习养成就应该好一点，初中管理就不那么累了。大部分学生都能够上普高、职高等高一级的学校，否则有的学生什么都不懂，毕业后就只能出去打工了。"

3. 加强村小(教学点)管理

村小(教学点)在整个跨境民族地区学校中占有相当大的比重。如 2014 年大新县有村小 120 所、教学点 44 个，占全县义务教育学校 191 所的 86%；宁明县有村小 137 所、教学点 51 个，占全县义务教育学校 216 所的 87%。提高跨境民族地区学校的教学质量，关键是提高村小(教学点)的质量。而提高村小(教学点)的教学质量，关键在于管理。

> 如何加强村小(教学点)管理，崇左市教育局某局长如是说："关键在于如何盘活'末端教育'。提出末端教育的问题，是因为在整个教育体系里面，农村的村小、教学点就是最末端的教育。怎么样去盘活它呢？这要求我们从整个乡镇出发，从师资力量的匹配，老师待遇的提高，还要发展教研活动，这样才能真正地盘活末端教育。还有一个更好的方式，那就是远程教育，通过远程教育实现优质的教育资源共享，这就是我们搞义务教育必须重视的一个关键问题。"

4. 建设特色课程

质量和特色是相互依存、相互影响的。质量是学校的生命线，特色是支撑点。以特色提升学校影响力，以特色吸引学生，以特色提高学生学习兴趣是跨境民族地区学校教学质量保障的重要策略。"课程是人类文化的精华，是人类文化传承的一个重要组成部分。"[①]跨境民族地区学校普遍重视建设特色课程，增强课程对民族特点的适应

---

① 滕星. 族群、文化差异与学校课程多样化[J]. 江苏社会科学，2003(4)：24—29.

性和对民族地区、边境地区的适应性，通过特色文化促进学校教学质量的提高。

> 龙州县某乡镇中学校长说："优秀的学生都往市里、县里发展，所以我们的优秀学生少了一点，学生基础比较差，我们只能因材施教，结合民族方面的特长兴趣来培养学生。"

在特色课程的实施中，跨境民族地区学校重视课程的地方性知识，重视建设民族特色课程，使学校课程与民族文化传承有机结合。一些边境学校采取了开发民族文化校本教材的形式实施特色课程。如，云南省陇川县的拉影国门小学设置了反映民族优秀文化成果的地方课程，该校学生单周上乡土教材《爱我陇川》，双周三、四年级上"中华大家庭"，五、六年级上"民族常识"。其中乡土教材《爱我陇川》为陇川县教育局编写，是陇川县中小学乡土教材读本。一些学校则依托学校大型民族文化活动或常规活动等实施特色课程。民族特色课程的开发与开设，不仅提高了跨境民族送子女入学的积极性，激发了跨境民族学生的学习兴趣，还弘扬了跨境民族的传统文化。

> 据龙州县某县城中学校长介绍："我们学校开展过唱山歌的比赛，组织学生唱壮语的山歌，用壮语讲故事。我们的学生到崇左市参加用壮语唱山歌、讲故事比赛还获了奖。摔跤、打鼓是我们学校的强项，学生代表崇左市去参加自治区的比赛，也获得过奖。"

课题组在调研中也发现，虽然一些跨境民族地区学校尝试挖掘当地的民族传统文化，开设一些适合当地学生实际的民族特色课程，但由于种种原因，民族特色课程实施起来并不容易。如，天琴是壮族优秀的非物质文化遗产之一，龙州县很多学校都开设了天琴教育特色课程，聘请县文工团的人作为兼职教师，而距离县城较远的龙州县某乡镇中学却由于师资问题无法开设。

> 该校校长无奈地说："学校原计划办一个天琴班，但师资还不知道从哪里来。别的学校聘请文工团的人来教，而我们学校离县城比较远，聘请外地老师是不现实的。我们有部分学生会弹，是他们家的老人教的，但是我们没有一个自己的天琴老师是不行的。买设备要花钱，请老师也要花钱，这个事情我也跟镇政府、县教

育局汇报了，他们都没有表态。”

跨境民族地区学校特色课程建设的内容除了民族传统文化外，还包括国防教育等方面的内容。作为国门学校，跨境民族地区学校有其特殊的培养目标。以国防教育为主要内容的特色课程不仅可以增强跨境民族学生的国防意识，加强爱国主义教育，而且还可以促进学生德智体美全面发展。而培养德智体美全面发展的社会主义建设者和接班人，正是学校教学工作的出发点和落脚点。从龙州县某乡镇中学校长的访谈记录中，可以看出边境学校重视开发适应边境需求的国防教育特色课程，这对于提高边境学校的教学质量具有重要的作用。

研究者：作为一个边境学校，你们有没有开展国防教育？

校长：有，每周安排一节课。这也是全县的统一安排，每个学校都开设了国防教育课。

研究者：那教师主要由谁来担任？

校长：主要靠我们的老师，比如历史老师或班主任找一些题材来讲。我们没有专门配备这方面的师资。每个学期我们还会请派出所的武警过来做一两个报告。

第八章　跨境民族地区跨文化教育研究之一：理论辨析

在古代，当不同的相邻国家发生接触时，常会出现一个模糊的、基于双方国家实力消长而不断变化移动的交界地带，因此当地的居民对政权归属及认同都是模糊且变化的。这些生活在跨境边境地区的民族共同体伴随着国家边境的政治分隔、人口迁移等原因，在政治上常表现出一种半独立性，对国家的归属感也具有摇摆性。随着历史的迁移和国家文化发展的不同导向，这些跨境民族因不同的政治选择、地域划分、文化影响等因素而出现了历史、文化、语言乃至血缘方面的认同差异，并由此出现了代表不同民族认同圈利益的身份判断和认识。当这些民族利益集团出现利益冲突时，会表现为摩擦性的，甚至对抗性的跨文化冲突。这种跨文化冲突因为民族的政治、地缘、历史、文化等诸多影响因素而具有普遍性、尖锐性、复杂性和长期性，若得不到政府正确和合理的对待，极可能会引发如民族分离主义、民族独立主义等极端的民族问题。因此，跨文化教育在跨境民族地区有着不同于其他地区的重要的、特殊的使命与内涵。

伴随着经济全球化的发展，各国在经济、政治、文化等各个层次、方面都开展频繁交往。同时，社会历史发展的进程以及文化生态环境的差异，使不同国家与民族在价值观、人生观、信仰观等意识形态及相应的生活方式方面都有巨大差异。这种民族性和地域性的差异往往可能会在交流中因文化交往不当而引发冲突，甚至演变为经济或政治方面的矛盾。为此，许多国家希望通过双语或多语教育、多元文化教育、跨文化教育等教育途径，促进不同民族、国家间文化的理解和交流。要准确理解跨境民族地区跨文化教育的内涵，就有必要对双语教育、多元文化教育的内涵以及跨境民族地区、民族教育的特性进行适当的理论挖掘和分析。

一、跨文化教育的基本内涵

从 20 世纪 50 年代出现的移民潮开始，许多国家开始遭遇移民问题，如移民对移居国的生活与文化不适应，甚至发生冲突。为此，许多学者专门针对新进移民如何快速适应和融入移居国的文化与生活环境，促进不同文化间的交流与融合，开展了专项的移民教育，如双语或多语教育。然而，语言教育的开展并未能完全解决文化冲突带来的各项问题，也由此在70年代的美国开始出现了多元文化教育研究热潮，并延续至今。与之相伴的，包括澳大利亚、西班牙，甚至德国在内的移民国家或传统民族—国家都开始了以多元文化为导向的跨文化教育研究。

（一）跨文化教育的概念阐释

跨文化教育的实践历史虽然悠久，但是关于其理论概念的探讨是从20世纪70年代开始的，90年代才在联合国教科文组织的文献中正式地出现学理性概念。联合国教科文组织在1992年的“第43届国际教育大会”上对跨文化教育作出了学术性阐释：“跨文化教育是面向全体学生和公民设计的、促进对文化多样性的相互尊重和理解的丰富多彩的教育……跨文化教育包括了为全体学习者所设计的计划、课程或活动，而这些计划、课程或活动，在教育环境中能促进尊重文化的多样性，增强对于可以确认的不同团体的文化的理解。此外，这种教育还能促进学生的文化融入和学业成功，增进国际理解，并促使与各种歧视现象作斗争成为可能，其目的是从理解本民族文化发展到鉴赏相邻民族文化，并最终发展到鉴赏世界性文化。”[①]随后，联合国教科文组织又在1996年发布的《国际理解教育：一个富有根基的理念》专题报告中强调了跨文化教育的重要使命和意义：跨文化教育可以促进国际理解，可以在学校教育、课程和教学过程中开展。[②]

可以说，这两次会议对跨文化教育的发展起到了重要的指导意义，在关于跨文化教育的目的、范围、原则、策略，以及质量标准等各方面都作出指导，使跨文化教育思想在世界范围内得到明确的、广泛的认同。首先，提出了跨文化教育的首要方向是培养学生和公民在跨文化交往中的观念态度，即能“尊重、理解”、“鉴赏相邻民族以及世界性的文化”；其次，对跨文化的重要意义作出说明，即能“增进国际理解”，“同各种歧视现象进行斗争”等；最后，从文化和教育的本质上对跨文化教育的范畴进行了拓展，即其不但包括了一般意义的民族国家层面的多元文化教育，国家之间的国际理解教育，还包括了国家内部不同民族之间的教育文化交流。

---

① 联合国教科文组织.全球教育发展的历史轨迹：国际教育大会60年建议书（1934—1996）[M].赵中建，译.北京：教育科学出版社，1999：498—499.

② Noor Nkake, Lucie-Mami. Education for International Understanding: An Idea Gaining Ground[R]. UNESCO, 1996.

尽管这一概念的提出和解释一定程度上推动了跨文化教育不同教育功能与使命的逐渐明晰，但是仍缺乏对跨文化教育的本质与内涵的学术界定，即因联合国教科文组织作为表现国际立场的组织，难以很好地诠释作为国家民族文化主权之内的文化选择问题。而我国在1998年《教育大辞典》中对跨文化教育的界定是：跨文化教育是在多种文化并存环境中同时进行多种文化的教育，或以一种文化为主兼顾其他文化的教育；在某个文化环境中成长的学生，到另一个语言、风俗、习惯和价值观、信仰都不相同的文化环境中接受教育；专门设置跨文化的环境，让学生接受非本民族语言、风俗、习惯和价值观的教育。① 这一界定虽很忠实地反映了我国当时的价值立场和研究视角，但对于当今的跨文化实践活动有很大的局限性。

可以说，跨文化教育在不同的组织、国家、地区，会因其不同的历史使命和研究视角而产生出不同的内涵或外延，甚至与其他许多相似教育概念出现内容或功能重叠。比如，聚焦于文化全球化的全球教育、侧重于国家间教育活动比较的比较教育、专注于国家间教育流动与合作的国际教育、突出人类和平和尊重人权的和平教育、强调现代国家法制意识的公民教育，以及关注某一特定政治、经济、文化方面的联盟或共同体发展区域中文化合作与认同的区域教育、欧盟教育等。在这些交叉概念的讨论研究中，跨文化教育逐渐成为一门新兴的跨学科的应用型社会科学，其中包含了对个人、机构和社会团体的探究性解释、适应和转型作用的研究，其特殊性是关注全球化与多元文化社会中教育和社会化的发展。②

目前，从研究视角上，跨文化教育基本上可分为宏观层面的全球视角，即在全球化发展中促使人们强化多元文化与文明的存在意识，尊重他族文化，维护人权发展和人类团结；中观层面的国家视角，即帮助人们正视在多民族文化社会中不同种族、民族间的社会公平与社会资本分配；以及微观层面的个人视角，即发展个人在对不同文化、民族交流时的跨文化适应能力、交际能力、理解能力等。同时，针对我国当前的教育现状，针对每位中国公民同时具有三种身份，即作为中华民族族群中某一“民族成员”身份、作为中华民族国家成员的“公民”身份以及作为全球化背景中的“世界公民”身份，跨文化教育承担了三个层面的使命：首先，应开展乡土教育，培养学生的乡土情怀和族群认同；其次，须开展公民教育，培养学生的公民意识和国家认同感；最后，要开展多元

① 顾明远.教育大辞典：增订合编本[M].上海：上海教育出版社，1998：916.

② 黄志成，韩友耿.跨文化教育：一个新的重要研究领域[J].比较教育研究，2013(9)：1—6.

文化教育，培养学生的跨文化能力、全球意识和全球认同感。

为此，基于对跨文化教育已有成果的梳理，本书中的跨文化教育可界定为：跨文化教育是对持有某一文化的受教育者进行关于其他民族或族群文化的教育活动，主要通过学校的教学、课程等各类教育活动实施，并通过家庭、文化机构等各类社会教育途径开展，以此实现受教育者具有丰富的跨文化知识，平等、尊重、客观的跨文化态度，有效的跨文化认知、选择、传播能力，最终成为具备全球认同、国家认同、民族认同的现代公民。该概念主要是从个人接受跨文化教育的微观层面进行界定，同时提出了跨文化教育培养具有“三种认同”意识的现代公民的教育使命。

值得注意的是，作为多层次概念内涵的“文化”一词在不同层面和立场的文化关联中赋予了跨文化教育不同的概念范畴和价值取向。因血缘、地缘、地位、职业等不同而使人们在自我身份认同上产生差异并形成文化关联，如，汉族文化与某少数民族文化、中国民族文化与美国民族文化、商场文化与官场文化、高收入阶层文化与低收入阶层文化等，这些文化群体间都可能在一定程度上存在文化的吸引或排斥，从而出现跨文化冲突。因此，跨文化教育的概念范畴可以涉及不同国家、种族、民族、宗教、地域甚至性别等不同社会群体间的教育活动，而本书主要所界定的跨文化教育是一种狭义理解，不涉及不同阶层、宗教群体的跨文化以及在家庭教育、社会教育途径开展的跨文化教育，而主要是针对不同国家、民族之间的，在学校教育领域中实施的，为了维护祖国统一，增强受教育者的国家政治认同与文化认同而实施的教育活动。

(二) 跨文化教育的功能与特点

如前所述，跨文化现象形成的历史原因主要是维护国家内部的主权统一，消减殖民或移民后的文化冲突，以及促进各国间各领域的合作交流。跨文化教育活动涉及两套甚至两套以上体系在语言、文化、政治甚至经济等诸多领域的相互交流和了解、冲突和融合，具有比普通教育活动更为复杂的特点以及重要的功能。

1. 跨文化教育的基本功能

不同社会和历史境遇下的跨文化教育教学活动有了不同层次和维度的教育功能内涵，主要可以从政治、文化和经济三个方面进行解读。政治内涵方面，跨文化教育教学应是由一个国家的文化政策驱使的教育活动，代表了官方的意志和利益，最终目的是维护政权稳定、国家统一或民族团结等。由于文化是一个国家和民族的灵魂的象征，更是该国家和民族地位的体现，因此跨文化教育教学活动的政治功能在许多移民国家和多民族国家得到极大重视，通常被视为国家政治工具，并被作为一种基本国策加以推行。跨文化教育在学校中的推行，一方面可以通过跨文化教育的主流文化教学为弱势文化群体提供相对平等的教育机会，体现国家各民族群体间“自由、平等、民族”等政治信念；另一方面可以通过公民教育和乡土教育培养学生对中华民族族群的文化情感，增强各民族之间的相互理解与尊重，逐渐影响并规范各民族的政治观念、价值取向和社会行为，从而维护社会稳定和国家主权统一。

经济内涵方面，跨文化教育应是各国顺应经济全球化浪潮而展开的以了解和熟悉外国语言文化的语言或非语言教学，主要目的是培养具备两种文化交往能力，多元文化视野，以及全球公民意识的涉外人才。在经济全球化、知识信息化时代，经济的发展和知识的传递已经完全突破了地域空间的局限。现代化的劳动者素质不再局限于一般意义上的文化知识素养或思想政治素养，更应包括知识创新能力和跨文化沟通能力等。而跨文化教育在进行科学文化素养提升的同时，注重培养受教育者的跨文化视野和语言沟通能力，这无疑有助于受教育者突破单一文化带来的思维局限，在多维信息中逐步对知识进行检索、比较、迁移、融合、创造。

文化内涵方面，跨文化教育教学应是促使各民族文化相互交流、汲取、融合、创生的教育教学活动。一般而言，文化可分为显性文化与隐性文化两种类型。显性文化主要包括知识文化、交际文化等，如该民族的历史、地理、政治、经济、生活方式、社会传统等。而隐性文化包括该民族的意识形态和行为规范等，如价值观、伦理观、行为方式等。显性文化是隐性文化的外延，勾勒出各民族文化的整体框架；隐性文化是显性文化的内涵，具有认知和价值取向功能。一个民族的演进过程是不断维护自身民族传统，实现本族文化自我认同的发展过程。因此，跨文化教育教学活动产生于多民族多元文化的社会背景，通过各民族间的显性文化交流活动逐渐实现隐性文化的相互渗透和濡化，一方面在各主亚文化的博弈中帮助亚文化群体不断学习、适应、融入主流文化，另一方面则是在各主亚文化的张力中保护本族文化的传承，从而确保本族文化能在现代化改革中传承和发展。可以说，跨文化教育过程就是要平等地对待不同民族文化，肯定和尊重每一种文化的价值，客观、公正地进行文化的传播与交流，实现真正意义上的多元文化教育。这种文化教育的目的不是要统一各民族的价值观念或行为方式，而是要认识并理解本族与他族之间的价值取向、社会习俗以及生活方式等方面的差异，并基于这种理解和视野，对本族文化进行理性评价，对本族文化特征产生更深刻的认识，并最终实现本族文化的传承和创生。

2. 跨文化教育的主要特点

跨文化教育作为横跨教育学、语言学、人类学、心理学等多学科领域，纵深基础教育、高等教育、职业教育等各层各类学校教育系统的复杂教育现象，不但具有普通教育教学活动所具备的公共的教育要素，更有不同于其他教育现象的复杂性特点。首先，跨文化教育的复杂性源于教育目的的差异性。如前所说，不同国家、地区、学校在不同的社会背景和发展阶段中实施跨文化教育的目标是差异的和动态变化的，这使得其课程设置、实施模式、师资培养、评价标准都出现改变。如，在美国的一些少数族裔聚居地区，学校为了能帮助该地区英语水平薄弱的学生尽快获得平等接受主流文化教育的机会和条件并最终实现教育结果的公平，将英语教学和主流文化课程提升到较高地位，学校所有课程都采用英文进行教学，使学生的英文听、说、读、写能力得到全面提升。然而，为兼顾对少数民族语言和文化的保护和传承需要，许多国家在少数民族聚居地学校会开展采用两种语言进行非语言学科教学的、真正意义上的跨文化教育。如，广西的许多农村地区学校的教师会在小学开设壮语课程，并开展各种形式的壮族歌舞活动课，以避免壮族文化的流失。另一方面，许多国家为适应全球化改革，会在学校教育中普遍推行以本国语为第一语言、外语为第二语言的跨文化教育活动。在国际化改革初期，许多学校首先关注的是跨文化教育的语言功能，即将外语作为一门学科课程进行教学，目的是将外语作为现代社会的生存技能教给学生，使其在未来各职业领域中具备基本涉外能力。而随着国际化改革的深化，许多国家开始注重开发跨文化教育的文化功能，即通过双语教学或外国文化课程等形式实施跨文化教育，使学生在不断熟悉外语文化的显性活动过程中逐渐熟悉本国和外国的隐性文化内涵。如，改革开放初期，我国政府一直在不断提升英语教学的教学地位，一度将英语课程列为基础教育、高等教育中最重要的课程。而随着我国国际化脚步的加快，当前国家政府已经开始逐渐调整英语教学在各个学科中的教学地位，并进一步加强中华民族文化教育，中国跨文化教育战略由此从过去单向的外国语言和文化输入转为中外文化的交流与输出。

其次，跨文化教育的复杂性体现了教育功能的强制性。跨文化教育活动在各国都被视为一项重要的战略层面的文化政策，这是基于其特殊的功能与使命。从功能来看，跨文化教育基本上可以分为文化添加性教育和文化缩减性教育两种类型。前者的教育功能是培养学生两种文化的互融，体现了多元文化思想；后者则是为了最大限度提升学生对外来文化的接纳和吸收，体现了文化同化思想。两种类型体现了国家政府对待跨文化教育功能的不同要求。文化添加性教育主要体现经济和文化这两方面的发展功能，即通过促进两种文化间的交流，有助于对本族优秀文化的传承与传播，有助于培养多元的文化视野，使两种文化群体在相互理解和融合中获得文化、经济以及技术等方面的革新发展。文化缩减性教育活动体现了国家在民族团结、社会稳定方面的政治要求，即通过取代性的文化教育渗透帮助亚文化群体尽快融入主流社会，从而消除可能因民族间的文化冲突产生的民族与国家统一问题。如美国、中国等移民国家或多民族国家中对移民学生、少数民族学生实施的双语教育政策，都是通过在学校教育中采用统一的主流文化、语言来同化各种亚文化民族文化、语言，帮助这些学生顺利且快速地融入国家主流文化群体，从而得到平等和充分的发展。

再次，跨文化教育的复杂性涵盖教育模式的多样性。正是由于跨文化教育在不同国家、地区以及历史阶段中承载着不同的使命，也因此呈现出多样的教育模式。不同的模式反映出这个国家或地区在这一发展阶段的经济状况、政治取向、人口结构、民族关系等。目前，在实施多元文化主义政策的国家中，基本可以划分出四种跨文化教育模式，即国家模式、民族补偿模式、公民模式和文化边界模式。① 其中，国家模式是在国家主流文化框架下讨论文化的差异，是一种主流文化融合与整合非主流文化，容易导致少数民族文化边缘化的国家认同模式。在这种模式中，国家文化被认为是需要国家共同成员代代相传的认同文化，跨文化教育则要培养那些从事少数民族文化、移民文化或是国际贸易相关的人具有跨文化能力。民族补偿模式主要是以一种政治性的民族观念来应对当前的意识形态方面的需要和挑战。这种范式运用了社会冲突理论，对跨文化团体的分析是由政治上的文化冲突、不公平和社会正义概念支配的，忽视了跨文化交流理论、文化适应理论、社会交换或社会融合理论。这种以美国为典型代表的跨文化教育模式通过培养多元文化视野以及补偿性政策来帮助因历史原因而处于不利地位的小团体在教育中获得补偿。公民模式则是在现代公民社会及其价值框架下将种族、民族、文化差异等问题进行边缘化，强调“公民”、“公民参与”等基本概念。文化边界模式则是以澳大利亚、加拿大、英国为典型，强调主流核心文化与少数民族文化两种文化价值并存。只要少数民族文化不与主流核心文化发生冲突，则两种文化长期处于交互、发展过程，并形成一种不断移动的文化边界。②

---

① Krystyna M. Bleszynska. Construction intercultural education[J]. *Intercultural Education*, 2010,(11): 537 - 545. 转引自：黄志成，韩友耿. 跨文化教育：一个新的重要研究领域[J]. 比较教育研究，2013(9)：1—6.

② 黄志成，韩友耿. 跨文化教育：一个新的重要研究领域[J]. 比较教育研究，2013(9)：1—6.

最后，跨文化教育的复杂性包括教育对象的终身性。随着信息技术发展和经济全球化趋势的加强，教育资源国际间流动频繁，跨境教育与远程教育蓬勃发展，跨文化教育已被视为适应现代化发展的终身教育活动，应贯穿一个人受教育经历的始终。在高等跨文化教育发展初期，人们通过各类国际高等教育交流项目赴国外或在国内接受来自不同国家的跨国教育。然而，知识的无边界交流使人们开始在教学过程中遭遇语言和文化的边界乃至冲突，这使跨文化教育作为一个重要的研究领域被人们重视。可以说，跨文化教育已不是过去理解中的公办的、正规的、针对基础教育学龄开设的教育活动，而是已经演进为贯穿人的一生(from cradle to grave)的终身教育。这种教育教学活动不再仅仅局限于学校教育，而是不断延伸至家庭教育和社会教育，其包含了一个人从出生开始不断适应社会文化与语言、适应现代化和国际化环境的过程；更是学生学习多元社会文化知识、培养全球化技术技巧、树立自身民族价值观和信仰的过程。

(三) 跨文化教育及相关概念澄清

跨文化教育在教育使命方面通常会与国家认同教育、民族团结教育、爱国主义教育、民族教育等不同层次或类别的教育概念有所重合，在教育实践与功能方面又常常会与双语教育、多元文化教育的概念产生一定的混淆。要明晰跨文化教育的内涵就需要对多元文化教育、双语教育、民族教育等几个重要概念进行澄清。

1. 多元文化教育

20世纪90年代，各国对于多元文化教育的研究在概念上逐渐得到了统一，认为多元文化教育是使所有受教育者，不论其在性别、种族、宗教、语言、经济地位等方面的差异，能开放且平等地认识和理解所处社会的不同民族间的文化。这其中包括培养受教育者在社会主流文化中生存所需要的跨文化知识、态度和能力。可以说，多元文化教育就是以尊重不同文化为起点，以各文化群体平等为基础，旨在促进不同文化群体间的相互交流、理解，并有目的和有计划地促进教育与社会的平等。多元文化教育(multicultural education)与跨文化教育(intercultural education)在多民族社会中有着极其相似的内涵，但两者在文化观上又有一定的差异，并由此在教育理论、目标、课程以及政策上有所差异。多元文化教育承认文化之间存在着差异，认为不同民族的历史、语言与文化都拥有平等的地位且受到应有的尊重。同时，多元文化教育在理论上是一种本质主义倾向，认为文化是一种界限分明、内部连贯、稳定不变的静止形态，而多元的相对主义立场仅仅是一种将不同文化静置悬挂和强调对非主流文化平等态度的敏感性。然而，在全球化背景下的文化急剧接触和碰撞中，一种静态的文化观在许多文化对话与整合方面常常因为与现实动态的不契合而显示出一种态度或方式的模糊性，不利于文化冲突和问题的有效化解。

与之相比，跨文化教育虽然与多元文化教育一样，承认不同文化间的差异性和平等性，但其坚持一种动态的文化观，即认为文化在不同文化中是具有普适性的，不同文化间是在不断进行相互动态交流、融合和创新的。这一观念无疑为当今全球化的文化互动形势所接受，在一个能平等展示各自文化差异的平台中，通过平等且开放的态度进行文化间的互动、沟通、比较、选择与融合，从而挖掘人类文化中存在的普遍价值观和生命力。同时，跨文化教育相较于多元文化教育，除了具有更加复杂的动态内涵，还有着更宽泛的领域外延。相较于多元文化教育主要针对多文化社会不同民族间的教育，跨文化教育更包括不同国家、不同种族、不同宗教之间的教育，以及不同地域、不同性别等社会群体之间的教育。

2. 双语教育

双语教育有着许多与跨文化教育相同的功能和使命，是跨文化教育发展的萌芽阶段，更是跨文化教育实质性开展的基本前提。双语教育是由英文 bilingual education 翻译而来的汉语概念，在许多英文论著中也可看到一些相似的提法，如，bilingual instruction、dual language education、bilingual schooling、bilingual teaching 等，不同的表达对这一概念的内涵或外延理解都有一定的差异。《国际教育百科全书》认为双语教育是指一种采用两种语言进行非语言学科教学的教学法，这种教学法的最低操作标准应是，可以不同时甚至不在同一学期内使用，但应在整个学制中连贯使用两种语言进行教学。① 我国学者普遍认可的定义则是认为双语教育可分为广义和狭义之分，即：广义双语教育是学校中采用两种语言的所有教育，包括外语课程；而狭义双语教育则是学校中使用第二语言传授非语言类的学科内容的教育，不包括各类外语课程。②

双语教育作为跨文化教育的萌芽阶段，通常产生于两个语言共同体之间使用两种语言进行交际的过程中。从历史上看，双语教育的产生主要源于三类原因，即民族统一、移民扩张、国际交流。首先，语言是一个民族的象征、符号，语言的统一象征着民族和国家主权的统一。双语作为维护民族统一的一种沟通活动在国家意志下得到强力推动和发展，在多民族国家中推行的双语教育发挥着促进社会稳定的重要作用。其

① Torsten Husén and T. Neville Postlethwaite. *The International Encyclopedia of Education* [M]. Elsevier Science Ltd., 1994:531.

② 王斌华. 双语教育与双语教学[M]. 上海：上海教育出版社，2003:4.

次，世界上许多国家或地区，因为历史上的殖民扩张或是外交政策导致大量移民，从而产生了该地区社会同时存在两种或两种以上民族的历史文化，并在文化的交融中自发形成双语教育需求。最后，在当前科技现代化促进经济、文化国际化的进程中，不同国家和地区间频繁的经济、政治与文化交流促使了国际语言的使用。由于语言特有的民族性与文化性，各国政府都会积极而谨慎地对待本国与外国间的双语发展，双语教育多以两种语言和文化共存互通为目的。

尽管学界对双语教育的概念界定繁多、复杂，但从许多概念中可以提取出普遍接受的核心共识，即都是在学校教育这一领域内，同时或间隔性采用学生的第一语言与第二语言对诸如科学、音乐、数学等非语言类学科进行教学的一种教育制度、教育体系或教学方式。其教育目标中基本包括语言和文化两方面目标，即使学生在双语教育的应用中能较好地习得第二语言，并熟练运用两种语言进行学习和思维，从而了解、尊重两种语言所蕴藏和传递的民族文化，进而拓宽多元文化知识视野，逐渐被培养为符合社会需求的多元文化人才。因此，双语教育作为各国文化传承和发展战略的重要策略，都被纳入正规的国家教育制度或作为基本国策。值得注意的是，当某些"双语教育"演变为单纯采用第二语言进行学校所有非语言学科教学时，其严格来说已经不能称为真正意义上的双语教育。因为这样的教育已经脱离了双语教育的本质目标，不仅不能促进多元文化人才的培养，而且可能对本民族文化的传承与发展造成伤害。

3. 民族教育

民族教育在许多教育实践中常常与跨文化教育在教育内容与目的上有所重合。民族教育在内涵上通常有广义与狭义之分，前者多是指在多民族社会中对全体受教育者进行关于所有民族的文化传承的教育；后者则是特指在多民族社会中对少数民族受教育者实施的多元文化教育，包括了对主流社会文化和少数民族自身文化的传承与共融。[①] 可以看出，无论是广义或狭义的民族教育，其内容都包括了其他民族与本民族文化。其中，关于其他民族文化部分是属于跨文化教育内容，而关于本民族文化部分则属于本民族文化教育，而不属于跨文化教育。民族教育在教育目的上主要表现为促进本民族经济与文化水平的提升，也包括促进民族聚居地的民族团结、社会稳定、共同发展。显然，前者并非跨文化教育在民族地区的教育目的，而后者则是其主要使命。从教育内容上可以看到，尽管民族教育中的民族团结部分和民族文化交流部分是跨文

① 哈经雄，滕星. 民族教育学通论[M]. 北京：教育科学出版社，2001：8—9.

化教育内容，但是跨文化教育还包括了国家间、阶层间等不同层面上的文化交流。同样地，跨文化教育虽然能极大促进民族团结教育，但却缺少民族教育中本民族文化教育的内容，两者在内容上虽有一定重合，但也表现出许多的差异。

二、跨境民族地区跨文化教育的使命

跨文化教育在1992年被联合国教科文组织界定为“在两种文化间进行的教育”。这里的“两种文化”既包含了不同国家的民族文化，又涵盖了同一国家内部不同民族、不同阶层、不同地域的群体间文化。[①] 可以说，跨文化教育是一个涉及语言学、文化学、民族学、教育学、政治学等众多学科领域、形态复杂的问题。而受地域因素影响，我国跨文化教育整体上呈现出不同的区域性特征。在民族文化结构较为单一的中心地区，跨文化教育更多是以目的语国家文化为内容，以汉族文化为参照。然而，由于教育的文化交流主体与环境同时面临跨国境、多民族这双重特性，跨境民族地区跨文化教育肩负着重要的、明确的教育使命，其绝不同于一般意义上全球化时代下的跨国教育，也不同于普通民族地区的民族团结教育。

（一）跨境民族地区的认同特殊性

随着全球化的发展，民族国家的传统力量不断消减，国家统治形式与权力的合法性受到削弱，国家认同作为一种界域性和排他性的政治集体认同面临新的危机。民族国家越来越受到超国家和次国家权威的制约，不得不认可其公民所持的那些相互交叉、竞争的忠诚。[②] 在新干涉主义影响下，许多国家会通过挑起多民族国家内部的民族矛盾来制约其正常发展，从而获得自身发展的国际竞争优势。我国边疆地区一直是境外敌对势力进行“分化”渗透进而破坏我国统一发展的要冲，也是我国进行反政治渗透、反文化渗透、反宗教渗透的战略前沿。跨境民族地区与我国政治文化中心在地域上、经济上、文化上都有一定程度的现实与发展差异，这使得跨境民族的民族认同与国家认同存在交错和张力。若跨境民族国家认同方面的特殊性没有得到正确认识和处理，民族意识和民族情绪在别有用心的蛊惑和煽动下会严重影响或威胁国家的安全与统一。因此，跨境民族地区的国家认同具有特殊意义和属性。

---

① 联合国教科文组织. 全球教育发展的历史轨迹：国际教育大会60年建议书（1934—1996）[M]. 赵中建，译. 北京：教育科学出版社，1999：498—499.

② [英]马丁·阿尔布劳. 全球时代：超越现代性之外的国家与社会[M]. 高湘泽，冯玲，译. 北京：商务印书馆，2001：237.

首先，跨境民族的认同具有历史特殊性。跨境民族形成的历史过程决定了其国家认同的特性与程度，即与国家间边界划分、该民族的历史人口分布以及相邻国家现代化进程有直接关系。一些民族主体在境外，且形成政治实体的跨境民族，会更加关注本民族与境外同族的发展状况，有更为强烈的民族意识，民族认同与国家认同之间张力较强；而一些民族主体在国内，且未形成强烈民族自我意识的跨境民族则更容易受到国家主流文化的影响，各国族群之间渐行渐远，其共同的民族认同趋向弱化，而各自的国家认同相对明晰。

其次，跨境民族的认同具有地域特殊性。由于国家背景的差异，跨境而居的同一民族之间的社会差异有着鲜明的国家烙印。在这种"异域"空间中，跨境民族的身份认同有着较其他内陆少数民族更复杂的参照体系。跨境民族在自我意识与认同上不仅会与国内其他民族，尤其是主体民族进行比较，还会与境外同族比较。在多种参照系的比较中，跨境民族所在国家的综合发展水平以及本族所处的政治、经济地位等条件都会影响到该族成员的国家认同。通常来说，若跨境少数民族在跨境国家为主体民族或两国社会发展差距明显，该民族的民族认同与国家认同较易出现失衡或冲突现象。

再次，跨境民族的认同具有发展特殊性。社会发展水平高低会在跨境民族进行"异域"比较时影响其国家认同程度，但提升跨境地区经济和社会发展水平并不能解决国家认同冲突问题。对于跨境地区少数民族来说，社会发展与国家认同是对立统一的，即贫困可能成为分离的理由，富裕也可能成为独立的借口。一方面，地区经济的现代化高速发展与民族历史文化传统会出现矛盾差异，从而造成跨境民族对国家认同的削弱；另一方面，经济发展落后又会造成跨境民族对本族在境外日益扩大的经济实力而产生失落感，或因与境内其他地区的发展差距而产生不公平感。可以说，加大跨境地区经济发展有可能使跨境民族因生活水平与综合实力提升而产生对国家的认同和自豪感，也可能导致其产生离心的狭隘民族主义情绪。跨境民族的国家认同问题是文化、政治、经济及民族历史条件等多方因素影响的综合问题。

（二）跨境民族地区跨文化教育的本质规定

在多民族国家的跨境民族地区，人们民族认同与国家认同之间的关系，对于社会的稳定与发展既是潜在的解构性力量，也是现实的整合性力量。作为一个特殊群体，跨居边境内外的跨境民族一方面在诸如语言、信仰、血缘、风俗等上具有相似或相同的原生性文化认同要素，另一方面在政治信仰上却因国家不同而造成差异。在经济、文化、政治上相互影响或渗透的跨境地区，这种原生性的民族认同常会对国家认同造成冲击甚至危机。教育作为维护国家与政治合法性，以及统治阶级进行精神统治的现实途径，具有整合各跨境民族与主体民族共同意识形态的内在规定。

跨文化教育是民族国家在建构发展过程中的重要内容，也是国家认同建构的基本方略，其作用主要是帮助多民族国家处理好两类关系，即民族—国家内部各族群间的关系以及民族—国家作为整体与其他民族、国家间的关系。根据滕星教授提出的"多元文化整合教育理论"，跨文化教育的目的应主要包括继承国家、民族的优秀文化遗产，加强民族间与国家间的文化交流，通过跨文化交流促进民族间、国家间在经济和文化上的共同发展，政治上的相互尊重、平等与和睦相处，维护各民族团结与世界和平。① 同时，胡锦涛同志在2005年中央民族工作会议上提出的民族和谐理论，强调民族间应"尊重差异"与"包容多样"。结合跨境地区国家认同特殊属性，跨境民族地区跨文化教育的本质规定性应是以"民族和谐"来消除民族与国家的内在紧张，通过跨文化教育实现民族认同与国家认同的和谐共生。这一本质规定性内涵主要表现在三个方面。

首先，跨文化教育应强调国家意识主导性。在多民族国家，对非主体民族国家认同的强化是国家安全稳定的基本前提。跨境地区的跨文化教育是将国家认同作为第一性的，强调学生在进行跨文化交流前应具备强烈的国家意识，即包括对我国主流意识形态的信仰，对中华民族的归属感，对祖国发展的使命感等。只有具备这样深厚的中华民族国家认同，才能在与不同民族、国家进行文化交流时，坚定自身的政治立场，自觉协调民族与祖国的利益关系，将民族发展与祖国发展统一起来。强调国家意识的主导并不是要削弱对民族文化的发扬，而是要在国家认同范畴内按照一定的规约对民族文化进行传承与传播。

其次，跨文化教育应体现民族交互主体性。真正的主体只存在于主体间相互承认与尊重对方主体身份的交往过程中，这种主体间性实际上是一种交互主体性。② 不同于多元文化教育，跨文化教育更强调民族文化间动态的交互主体性。跨国境、跨民族的文化交流强调学生具有民族主体间性，即能尊重其他民族文化，积极主动去了解其他民族的风俗、历史、思想，消除民族间或国家间的偏见、隔阂或歧视，使各民族都处于同等地位，通过交往，增进理解，促进和谐。

最后，跨文化教育应具备文化发展自觉性。文化自觉是指"生活在一定文化中的

---

① 陈学金，滕星. 全球化时代"三种认同"与中国民族教育的使命[J]. 广西民族大学学报（哲学社会科学版），2013(3)：75—79.

② 郭湛. 论主体间性或交互性[J]. 中国人民大学学报，2001(3)：32—38.

人对其文化有'自知之明'，明白它的来历、形成的过程、所具有的特色和它发展的趋向”。[①] 也就是说，跨文化教育强调学生摆脱其民族文化的原生自发性，能对本民族文化进行深入了解和理性分析，主动以社会主义先进文化价值规约和引导本民族传统文化的发展和创新。这种对本民族文化发展的自觉意识在本族文化与他族文化间进行交流时，能通过对本族消极文化的剔除和优秀传统文化的传播，主动创新民族文化要素，重构传统文化的功能结构，整合传统与现代观念，实现民族文化在现代主导文化体系中的融合与发展。

(三) 跨境民族地区跨文化教育的基本使命

跨境民族地区跨文化教育的本质规定性决定了其必须将促进国家认同与民族认同的和谐共生作为基本使命，即以民族文化认同为发展基石，以国家政治认同为指导框架，强化国家意识形态一元性，使学生能自发超越狭隘的民族文化观念，实现国家认同与民族认同相互规约、共同发展。也就是说，跨文化教育是在以情感为纽带的民族认同与以民主为核心的国家认同张力之间培养具有批判理性意识的爱国公民，其具体的教育使命可分为“加强政治文化认同，培养理性爱国主义情怀”的政治使命和“促进民族文化整合，培养当代中华民族情感”的文化使命。

1. 坚持主流政治文化统领，培养理性爱国主义情怀

马克思认为：“任何一个时代的统治思想始终都不过是统治阶级的思想。”[②]教育的本质是意识形态性的，是国家政府思想的产生与分配以及对意识形态实施统领的重要渠道。跨文化教育应有助于受教育者的政治社会化，即使意识形态衍化或固化为一种信念、习惯、传统或信仰。只有确保国家主流意识形态在国民意识中的主导地位，才可能进行开放且平等的跨文化交流。一直以来，我国的主流政治文化是代表先进生产力要求的社会主义文化，以“人民当家作主”为核心，以社会主义核心价值观作为所有中国公民共有的主流文化与价值观。在此基础上，各少数民族在其政治与文化发展历程中形成了具有自身特色的民族性政治文化。“若一个社会的多元化超过一定界限，民主制度反而无能为力。”[③]这些具有异质性的政治多元亚文化虽然值得保护与多元

① 费孝通. 跨文化的“席明纳”——人文价值再思考之二[J]. 读书，1997(10)：16—25.

② [德]马克思，[德]恩格斯. 马克思恩格斯选集(第一卷)[M]. 中央编译局，编译. 北京：人民出版社，1995：292.

③ [美]弗朗西斯·福山. 历史的终结及最后之人[M]. 黄胜强，许铭原，译. 北京：社会科学出版社，2003：137.

发展,但更需要主流文化的整合和统领,否则有可能会对主流文化形成威胁,进而被民族分裂分子和国外敌对势力所利用,对国家统一产生危害。因此,跨境民族地区的跨文化教育的首要使命是维护跨境地区思想意识形态的秩序稳定,通过宣传代表国家意志的思想观念、道德规范、政治观念等教育内容,对跨境民族进行文化价值引导,协调其政治属性并提升其政治觉悟,培养理性的爱国主义情怀。

同时,理性的爱国主义情怀意味着要超越狭隘的民族主义爱国走向民主的法制爱国。伴随着现代化与全球化发展,全球各族的思想文化已经超越了地域、族群等传统束缚,形成了以人权、民主及法制意识为核心的共同价值观念和情感的公共空间。在这一社会共同体的思想领域,各族成员对国家的认同不再是基于传统的臣民式服从,而是现代自主沟通的选择性价值认同。跨文化教育正是要帮助公民在全球多样化的文化选择中形成理性的价值判断力,正确处理民族与国家间的关系。这种文化间的价值选择并非利益的权衡,而是直接根植于本民族历史文化传统之中,是国家民主法制精神与民族信仰、习惯的价值契合。正如哈贝马斯所言:"宪法的原则只有置身于民族国家的历史情境中,并与公民的动机与信念建立联系,才能形成社会实践,并驱动建构自由与平等的公民联合体。"[①]我国法制精神所包含的自由、民主、平等、和谐等核心价值观依赖于每个特定民族而存在,体现着整个中华民族的文化精神气质。

因此,跨文化教育在政治使命方面应包含以培养公民意识与爱国主义情怀为宗旨,以民主法制为核心内容的公民教育。它可通过学科课程与活动课程结合进行,学科课程包括国家历史课、语言课、政治思品课等,而活动课则通过参观、仪式等实践活动完成。在教育过程中应以公民身份与法律、规则为基础,形成明晰的公民责任与义务,基于相应的法律义务与道德义务产生情景性的爱国诉求;应明确国家在公民道德、公民权利、公民义务等方面的核心价值观念,注重学生个体的理性反思能力培养;应明确公民爱国的具体要求与行动准则,即指导学生将爱国情怀落实到具体的社会实践中,并以此规范个体行为。

2. 促进多元民族文化整合,培养当代中华民族情感

民族的存在首先是一种文化存在,少数民族文化的保存、传承、发展和创新是对少数民族实施教育的基本使命。任何一种民族文化都是一个民族与周边民族进行跨文

① J. Habermas. Citizenship and National Identity [M]. //B. van Steenbergen, The Condition of Citizenship. London: Sage Publications, 1994:27.

化交流中创造产生的文明成果。从静态来看,民族文化是该民族在长期劳动创造中通过民族共同体成员的各类活动而表现并传承的价值观念、语言符号、行为习惯等要素的整体;从动态上看,它是本族成员在适应外部环境变迁进程中,本族原有文化在与其他各族、各类文化不断交流与碰撞中,对本族和他族的优秀文化成果进行继承并吸收,实现本族文化的兼容涵括、多元共生的创新发展过程。在这一过程中,文化的多元冲突与整合、文化的传统与现代化调适这两对基本矛盾构成了民族文化发展的文化根基或源动力。可以说,民族文化发展过程实质上就是各民族进行跨文化交流的过程,更是各民族文化遭遇并处理这两对基本文化发展矛盾的过程。而跨文化教育正是要指导和帮助各族成员在国家主导价值框架下对本族与他族多元文化进行自觉性整合。文化的"多元、整合"意味着跨文化教育涉及的文化内容与视野应是全球性的,是各民族、各国间的优秀文化成果,教育过程则是坚持本族优秀文化的民族性与时代性的有机结合,从而促进整个多元一体的中华民族文化得以传承、创新、传播。这两者是相辅相成的,"多元"要围绕"整合"去实施,而"整合"要结合"多元"来发展。①

要实现对本族文化与他族文化、世界文化的多元整合,实现本族传统文化与现代文化的合理交融,需要培养学生文化自觉和文化自主的能力。如前所述,文化自觉与自主是学生在充分认识本族文化并理解其他多种文化的过程中,经过自主适应,不断明确自身在多元文化世界中的位置,并与其他文化共同建立起各文化和平共处、共融发展的共处守则。② 这种能力的培养除了要具有理性的公民意识与开放的全球意识,更首要的是具有对本族群浓厚的归属感与情感。民族情感是人与生俱来且不容置疑的,是一个人对其家庭、族群或族群文化的情感与记忆。作为当今世界格局的基本治理单位,民族国家使每个人的民族或民族文化有了具体的疆域归属感,使他与现实生存世界的某个政治社会联系在一起。正如亨廷顿所言,依靠单纯的政治信条是不足以产生或维系国家认同感的,仅仅依靠政治意识形态建立的国家是没有生命力的。③ 仅仅通过共同的经济利益为基础而结合的共同体,若缺乏共通文化的向通性,是无法产生炙热的国家情感的,更勿论坚定的国家精神与信仰。缺少了以民族情感为根基的文化价值教育,失去对乡土情怀与族群情感的双向交流,而单纯依靠外在制度价值的单

① 哈经雄,滕星.民族教育学通论[M].北京:教育科学出版社,2001:581.

② 费孝通.跨文化的"席明纳"——人文价值再思考之二[J].读书,1997(10):16—25.

③ [美]塞缪尔·亨廷顿.我们是谁?——美国国家特性面临的挑战[M].程克雄,译.北京:新华出版社,2005:281.

向强制性灌输或同化，难以获得公民对国家的认同，甚至会产生反抗与冲突。国家认同的实现需要民族文化认同与政治制度认同的协调。因此，跨文化教育既要以法制、民主等主导价值观教育为前提与核心，同样需要以民族语言、历史、故事、风俗等课程培养民族文化情感。

因此，跨文化教育在文化使命方面应注重学生民族品格的塑造与民族精神的培育，应将民族的语言文字、历史人物、风俗传统、乡土知识等内容融入到课程与活动中，激发学生对本族文化的理解与热爱，培养他们的乡土情怀和对故乡的眷恋。在具体培养过程中，跨文化教育应以中华民族文化与历史知识为主要依托，兼顾民族风土人情方面的知识，逐渐熏染出对家庭、家乡的自然情感，以及产生对所归属的命运共同体的自豪感与忧患意识；以情感渗透方式增强个体的“中华民族”的身份意识和归属感，通过中华民族历史与文化课程濡化式地将民族情感与民族身份关联起来，使民族身份认同与情感教育互补并举，共同形成对族群—国家的责任感与使命感；注重对中华文化及其民族精神的理解、传承与传播，作为民族身份认同与情感渗透的重要媒介，中华文化将成为全球各地华裔与亲中友好人士所共享和共通的文明成果与文化空间，中华民族精神则是中华文化精髓和文化信仰的价值象征。

最后应注意的是，跨文化教育的双重使命决定了其在实践过程中会产生两种风格迥异的教育观念，即：一方面以中华民族这一群体归属为最终指向，以包括血缘、地域、信仰、语言等文化特质为基础，强调学生对民族的浓厚情感和对民族传统文化与精神的认同，有着传统的、本土的民族主义色彩；另一方面则以个体自由为本位，以包括自由、平等、民主等政治价值为基础，强调学生作为公共社会一分子而应具有的公民理性反思能力、民主建构参与能力，带有现代的、普遍的自由主义倾向。为此，跨文化教育使命的实现应是两种使命相互融合后的良性互动，而不是非此即彼地发展，既要认识、理解与接纳作为历史文化共同体的中华民族，也要赞同与支持作为政治共同体的中华人民共和国的选择。若片面地履行或加强任何一方使命而忽视另一方使命，或是将两者的理念与内容简单地一并实施，那么只能陷入极端民族主义与民族虚无主义的陷阱，或在跨文化教育实践中出现话语体系的混乱和价值观念的矛盾。因此，跨文化教育应注重以个人自主选择为基点，以民主法制为核心，以民族情感为纽带，培养具有批判理性意识和民族乡土情怀的爱国公民。

第九章　跨境民族地区跨文化教育研究之二:西南边境学校的跨文化教育

如前所述,本书涉及的跨文化教育是指对持有某一文化的受教育者进行关于其他民族、族群文化(包括国内不同民族间以及不同国家族群间)的教育活动。尽管在研究伊始,本书已经对跨文化教育进行了界定,但在教育实践中,跨境地区的跨文化教育并不能像理论中界定得那样清晰。跨境民族地区跨文化教育因其同时具有跨国境、跨民族的教育文化属性、政治属性甚至经济属性,所以绝不同于普通民族地区的跨民族文化教育、民族团结教育,也不同于一般意义上全球化时代下的跨国教育、国家认同教育。伴随着不同地区、国家在经济、政治上的不同发展,同一民族的文化相应地出现不同的走向,对于保持着原有文化习性的少数民族成员来说,以汉族文化为基础的主流文化教育可能属于跨文化教育;而对于现实中已经在现代化、全球化进程中被主流文化所同化的新一代少数民族学生来说,少数民族文化教育或邻国文化教育、其他国外文化教育很可能都应该是跨文化教育。因此,对于跨境民族地区的跨文化教育现状的研究,研究组主要是考察当地学校的教学、课程等多种教育活动情况,双语教育教学的基本状况,教师跨文化水平及多元文化校园环境等方面,并了解跨境地区的外籍学生和少数民族学生是否具有基本的跨文化知识、态度、能力,并形成对世界、国家、民族的不同层面的认同。

一、西南跨境民族地区跨文化教育背景概述

通过选取广西和云南几个典型的边境县进行深入调查,同时结合已有研究资料,调研组发现,许多跨境民族的文化在长期的国家主流文化、其他少数民族文化以及本族文化的相互濡化或部分涵化过程中已经形成了自身独特的当地族群文化。这些跨

境族群有的虽受到国界线分隔，但仍维持着原有的族群认同。如在云南德宏州边界的学校中有许多汉族、傣族的缅甸籍学生，在“一寨两国”的特殊政治与文化地缘条件下，同一村寨中的两国村民表现出同样的生活习惯与民族文化认同；甚至还有因历史战乱原因而移民到缅甸的许多华人，尽管他们的后裔在生活方式上已经与原本族地的生活有所差异，但并未妨碍其在意识上归属为有着自身独特特征和清晰的社会和人口分布边境的族群。

另一方面，也有许多在种族、文化等客观文化特征上相同或相似，但缺乏共同体想象的族群不属于同一个民族。同样位处我国西南的跨境民族则因跨境而居，在不同的社会制度、族群政策与主流文化导向下而朝着不同方向发展，逐渐走向文化与民族的分化，最终成为两个不同族群。这两个族群虽然有着极其相似的文化、起源、语言，在民族文化上有着基本的共识乃至认同，但由于他们在各自民族的政治和经济中有着不同的族群认同观念，最终产生了两种民族各自的民族认同感，并随着历史发展而渐行渐远乃至形同陌路。如广西大新县、龙州县的中越跨境村落中，虽然国界两侧的村民有着外界看来同样的语言、习俗，甚至有不少通婚情况，但是彼此却有着清晰的族群边界和明确的国家认同。① 通过对广西和云南几个跨境县的调查比较发现，跨境民族地区的跨文化教育虽然在教育资源和方式上有所差异，但总体上仍然存在着民族地区、跨境地区的一些基本的发展共性与困难，主要表现在双语教育、课程设置、学校师资等方面。

（一）跨境民族地区教育需求的差异性

从整体上看，跨境地区多是边远山区，远离经济文化中心，由于交通条件限制和历史原因，经济、教育等方面的发展滞后于国家沿海或中部地区。同时，受到地区产业结构和民族文化传统的影响，不同地区或民族的教育发展截然不同。一方面，受到民族的文化传统或信仰传统的影响，在不同跨境地区的同一民族的学生表现出同样的教育观念。如，云南跨境地区的傣族是信仰佛教文化的，很多男孩会选择去寺庙学习，这与同一地区的其他民族在教育观念和需求上表现出许多差异。

另一方面，不同地区产业结构差异决定了人们不同的生产生活方式，进而决定了该地区的教育发展状况。调研组通过对云南西双版纳州、德宏州和广西宁明县、龙州

① 梁茂春.“跨界民族”的族群认同与国家认同——以中越边境的壮族为例[J].西北民族研究，2012(2)：40—52.

县的教育发展状况调查对比发现，经济薄弱固然是很重要的因素，产业结构的失衡才是其根本原因。云南的西双版纳州和广西宁明县，都是第一产业为主的县，尽管两个地区在经济水平、人均收入和民族文化等方面差异较大，但是两个地区的当地居民都基本处于纯农业经济时代的生活、生产方式以及价值观念。当地居民在生活上对教育既没有任何期待，在就业和生产中也没有任何教育需求，这就决定了当地教育与教学一直处于被动的运转状态。正如宁明县教育局工作人员在访谈中谈到的，附近还有部分过山瑶族村落，他们长期生活在不通道路的高山中，有时一两个月也不下山一次，他们满足于在丛林中的自给自足生活，这种原始狩猎的生产、生活模式决定了他们更加缺乏接受教育的渴望和需求。相反，调研组在龙州县与德宏州的调研中明显感到一种教育发展的希望和力量。拥有甘蔗、旅游、边贸等不同产业资源的龙州县和靠近缅甸大量玉石、珠宝、木材资源的德宏州，多样且均衡的产业结构使边境两岸的人们在边贸生活和生产中有了各种需求，对教育尤其是跨境文化教育更是提出了不同层次和内容的要求，如两国居民希望学习对方国家的语言，都希望接受高等教育等。

（二）跨境民族地区教育资源的短缺性

我国实施的九年义务教育以及推行的教育优惠政策极大地改善了我国“老、少、边、山、穷”地区的教育发展状况。然而，受教育机会的均等并不意味着他们在现阶段能得到同等质量的教育资源和教育对待。跨境民族地区在教育资源配给方面表现出与其他农村贫困地区的共性问题，即教育资源的城乡布局、地区布局、学校布局存在极大的不平衡。跨境地区教育资源的短缺状况无疑对当地学校教育质量有着直接的、不良的影响，使教育发展与经济发展在相互影响中继续陷入恶性循环。教育资源短缺主要表现在办学经费不足、办学条件落后与师资队伍短缺。目前，边境教育存在几方面问题：一是校舍破旧，尤其在教学点有一些“三无学校”，即无围墙、无厕所、无运动场；二是师资力量严重短缺，教师老龄化严重；三是办学管理不到位，长期处于无序状态。

基于边境地区“一户一哨所”的特有政治因素，在学校布局与教育资源整合方面不能按照其他农村地区的标准进行学校撤并，否则，居民将因教育资源内陆集中而向内地迁移，导致国境线在现实中无形萎缩。为此，在缺乏特殊资源扶持的情况下，边境乡镇一级的学校表现出教育资源的严重匮乏情况。以广西宁明县××中心小学为例，该校有 423 位学生，23 位老师。其教学楼门口挂着“××乡中心小学家长学校”的牌匾，为教室与宿舍合并使用，有的教室仍为移动板房。该校的基础设施并不完善，学生的洗澡水用三口大锅来烧，仅有一台电视机供学生观看，存在电线杂乱的现象等。在该县另一个小学的教学点，仅有一位临退休的老师，共 14 名学生(见下图)。其中，学前班有 7 名学生，一年级有 8 名学生，二年级有 6 名学生。学前班与一年级同在一个班，二年级的为一个班。教学点是一座面积不大的房子，一分为二，共有 11 张课桌，二年级教室还放着煮早餐用的锅等炊具和一台电视机。平时老师给学生们煮早餐，在星期一、星期三、星期五的时候给学生们买豆奶和蛋糕作为营养餐。这位老师在教学点任教有十年了，当前每月收入为 2 400 元。教学点处在公路边的一个小山头上，公路上无减速带、安全警示、学校标志等交通举措来确保学生上下学的安全问题。

(宁明县××小学教学点)

(教学点教室)

(三) 跨境民族地区教育环境的复杂性

跨境地区的教育环境相较于其他农村地区更为复杂，主要表现在语言的差异、民俗文化及社区风俗的影响。语言差异方面，在跨境地区，无论是本国学生还是跨境读书的小留学生，他们在家庭和社区所使用的语言主要是当地的方言，而这与我国学校教育中的教学语言，即普通话形成了语言上的差异，进而造成学习障碍。语言是思维的工具，思维能力的提升需要依靠语言能力的发展。生长于跨境民族地区的学生，将在自然成长环境中已经习得的当地方言作为他们的第一语言，而在学校则需要形成第二种语言，即汉语的思维方式。学校教育完全采用汉语进行教学、评价，这使得许多当地的或邻国来就读的孩子在小学一至三年级都在一定程度上出现因语言障碍引起的学习困难。调研组发现，由于当地学生在平时许多主流文化传播渠道中自然习得了不少汉语，因此当把汉语作为一门语言知识进行学习时相对轻松。但当需要运用汉语作为思维工具时，则产生学习困难。如在德宏州边境村的一个小学中，调研组发现当数学教师直接用汉语授课时，许多学生表现出似懂非懂的情况；而当有少数学生遭遇听不懂的问题时，若老师及时用当地方言(傣语)进行辅助解释，全体学生的神态和反应明显快了许多。当调查组访谈个别学生关于汉语教学时，他们都认为汉语文好学；又问及“平时课间为何不喜欢用汉语”时，他们回答“因为很难翻译”。为此，若能对小学生，尤其是小学低年级学生进行过渡性的双语教学，会极大帮助学生对主流文化的学习和融入，反之，则会直接影响学生尤其是外籍小留学生的学业提升。如，在德宏州的调研发现，当地许多缅甸学生从学前班开始就在中国读书，刚开始因教师不懂傣语和缅语，而与教师之间存在语言沟通障碍，这使得教师的教学管理和教育效果也大打折扣。但随着年龄的增长，语言环境的熏陶，同学间学习小组用方言进行相互帮助，到了高年级后中缅学生完全能正常交流，与老师也能很好地沟通对话。同时，访谈组从与当地学生、老师的访谈以及自身观察中发现，受调查学校中绝大部分的缅甸籍学生因为要同时接受本国的和中国的教育，普遍比当地学生尤其是汉族学生的年龄要大 2—3 岁，表现却比普通少数民族学生更加沉默和自卑。

在民俗文化及社区风俗的影响方面，一个民族的文化直接决定了民族成员的思维模式与行为方式，不同民族的习俗、历史、信仰、语言等文化要素则直接影响了他们教育选择和教育价值的观念。从地缘文化的角度看，作为最远离一个国家文化中心的区域，边境地区的少数民族文化是受国内主流文化影响最小或是最边缘的文化，同时也是对当地居民最有影响力的文化。跨境地区的教育也因为其不同地区的少数民族文化而受到不同程度的影响。如，云南德宏州的傣族全民信仰小乘佛教，他们强调遇事顺其自然，不强求，溺爱孩子而不强调刻苦求学。许多傣族学生家庭对于孩子的教育都是以学生自觉性来决定，若自觉性强，则不断支持其升学；反之，若学生不努力学习，家长和教师通常也只能听之任之。这样自然随性的教育方式本需要一定的正确引导和良好的学习环境，然而，云南许多边境地区是毒品重灾区，社区中常有许多不良的社会现象、不健康的影视音像制品，使这些“随性而为”、“自发生长”的傣族学生因好奇心或从众心理而沉迷于各种不良行为，最终造成大量学生厌学或弃学。同时，随着物质生活水平的提高，云南许多口岸边贸地区的家庭在生活水平上得到极大提升，当地的傣族学生逐渐滋生了贪玩享乐的思想，配以传统信仰中顺其自然的想法，许多学生学习的注意力不在学习上，逐渐出现厌学、逃学等现象。傣族中小学生的整体学习氛围差，由于学生从低年级开始跟不上学习进度，因此学习基础非常薄弱，很多都是只想混到初中毕业了事。在对德宏州瑞丽市当地的以及缅甸籍华人傣族学生的访谈中知道，不少同学都不打算继续就读高中，而是完成义务教育，具备了基本的读写算能力以及跨境交际能力后，帮助家里或亲戚打理玉石、木材生意。

二、西南跨境民族地区跨文化教育课程概况

课程是文化的载体，传递文化是课程的基本使命之一，每一个少数民族的文化都有着特殊的价值和丰富的内涵。每个民族都在自己生存、延续和发展的过程中逐渐形成了一种体现自己独特知识体系的内容和形式，即本土知识。[①] 这种知识体系是该民族的信仰、道德、习俗、历史以及个人内心民族文化心理结构的综合反映，为本族成员提供了形成世界观、人生观、价值观的基本视角和基础。可以说，无论是通过显性或隐性的课程，对本民族文化知识体系的学习、对本族文化的认同以及理解本族或他族文化知识的能力都是少数民族地区学校教育的基本职能和使命。伴随着主流文化与非主流文化的不断融合，对于跨境民族地区的学生来说，他们更多是处于主流文化与本族文化相互融合后的一种文化背景中，这意味着国内主流文化教育、当地的乡土文化教育以及少数民族文化教育对于他们都会是一种跨文化学习体验。正如费孝通先生说的，人们理解多元文化的前提是要先认识自身的文化，这样才能在多元化世界中确立自己的位置，才能与其他文化相互交流和相互认可。[②] 跨境民族地区的跨文化课程的实质就是通过接触本族或其他族群的历史、经验及价值观念，让少数民族学生有机会了解自己的文化和尊重他族的文化，促进优势族群与劣势族群学生进行平等的文化交往，消除文化偏见。西南跨境地区的跨文化教育主要涉及跨文化课程资源开发、课程内容选择与课程教学实施三部分。

（一）跨文化课程资源的开发

跨文化课程开发主要涉及课程资源开发与课程内容选择。一般来说，西南跨境地区多为多民族杂居的少数民族地区，蕴藏着富含自然、社会、人文等要素的条件性与素材性课程资源。跨文化课程的开发既可以是将当地的乡土文化资源横向地融入到学校教育的不同学科中，在提升学生对本土文化以及学科兴趣的同时，拓宽他们的文化认识；也可以是针对某一学科在内容逻辑上进行选择和重组，使得这门学科能适应当地少数民族学生的能力与特长。而在实践中，更多是纵向开发与横向开发相结合，结合当地的文化资源对现有学科进行挖掘。如语文课，跨境地区的语文课既要注重传递国家所要求的主流文化意识，提升语文听说读写的基本能力，同时还可以结合当地的少数民族英雄故事、传说、历史等民间文学，或是当地的寓言、歌谣、民族舞蹈等内容，

---

① [美]克利福德·格尔茨.文化的解释[M].韩莉，译.南京：译林出版社，2008：49.

② 张冠生."人们现在有一种需要"——费孝通教授近读访谈[J].博览群书，1998(3)：4—5.

通过校本教材、主题参观、主题作业等不同方式或途径实现跨文化资源对主要学科的渗入。

其中，跨境地区语文科目的跨文化课程资源主要包括这几大类：语言资源，包含两国对于各类事物的名称、俚语、言语、当地传说、故事、戏剧等；教材资源，包含两国在当地互通的各类教科书、工具书、报刊等；影视资源，包括两国的电视、广播、音响作品等；社区资源，包括当地各种双语布告牌、民族简介栏等，以及其他各类图书馆、博物馆、历史遗迹、民俗文物等。这些文化资源都因跨国境和少数民族两方面要素而表现出不同于其他地区的丰富内涵与特点，将这些资源有效融入到日常学科教育中，能帮助学生对不同国家和民族的文化产生兴趣并学会欣赏。如在调研中发现，许多跨境地区学校的校园中会有当地的民族文化墙、民族文化宣传栏等，更有一些用双语甚或三语书写的文字标识，以及学校与家长共同精心设计的少数民族学校服饰。通过校园环境、服饰等隐性课程设计来不断加强民族文化对学生的熏陶、感染，从而增强学生的认同感（如下图）。

（德宏州某边境村落小学生的民族校服）

（德宏州某小学的校园板报）

（德宏州某小学的校园板报）

（二）跨文化课程内容的选择

课程内容选择方面，跨文化内容必须是具有鲜明民族特色的，且必须依据学生身心发展特点与智力水平进行文化要素分配。通常来说，针对小学低年级学生，更多是强调梳理基本的道德规范，课程主要融入关于民族礼仪方面的内容；针对小学高年级学生，应更多强调树立正确的民族观，多以民族节日、民族仪式等作为课程内容；针对初中学生，为梳理正确的国家观，多以边境民族文化、中华民族文化、地方知识等为课程内容。不同年龄阶段学生逐渐深入接触本民族的文化以及主流文化，从而逐步认识到本族文化与主流文化的共性与差异性，形成理性的跨文化的态度与能力。

然而，在实践调研中发现，当前跨文化教育在跨境地区普遍存在许多不足。一是在课程设计上对地方性、民族性知识重视不够。教材中绝大部分内容都是以城市生活为背景设计的文化教育。例如，对于小学低年级学生的礼仪文化，教材与课程中并没有体现出当地少数民族的文化礼仪，而是完全采用城市化背景中的主流文化礼仪，包括乘坐电梯、听音乐会、超市购物等环境的礼仪常识。这些内容大多体现城市家居环境，并不能真正指引小学生在日常生活中的行为习惯，更不能很好地让他们认识到自身文化特色。相反，因为课程内容的民族特色与地方特色过于薄弱，会让小学生从小错认为自己民族是缺乏礼仪文化的民族，从而产生文化的自卑。

二是课程内容的表达方式刻板，且说教味过浓。跨文化教育在边境地区主要背负了政治与文化和谐认同的使命，所以除了将民族文化融入各个学科外，还会通过一些课程如思想与品德来开展。然而，这些课程教材的活动设计与文章正文都使用对行为规范进行简单对错判断与道德评价的说教模式，这常会导致小学生对这些课程没有太多兴趣，同时，还会因过于简单而刻板的道德行为判断而对自己日常生活中的行为产生质疑。如许多课文中对学生在学习上不刻苦努力、顺其自然的行为和态度进行负面批评，但这却与傣族地区小乘佛教文化中的教义有所相悖，因此需要把握对行为进行道德判定的尺度以及需要教师在教学中引导学生合理思考。

三是传统文化与现代文化的联系不够紧密。跨文化课程应是以对本民族优秀传统文化的情感和认同为基础，并接受主流文化、世界文化的现代化熏陶。而目前跨境地区跨文化课程普遍过于注重文化的专业性知识传递，而忽视了引导学生处理传统文化与现代文化的联系与冲突问题。如不少教材为了充分说明民族传统文化，大量采用体现 20 世纪 80 年代的民族地区原始风貌的影音资料，使学生认为本民族的传统文化必须是落后的、久远的、非城市化和非现代化的。然而，在现代化进程中，所有民族的文化都在不断地演进和发展，优秀的民族传统文化或地方传统文化事实上具有许多现代甚或“后现代”要素。如傣族服饰对于现代服饰文化有何积极意义和价值，缅甸饮食文化与中国当地饮食文化的联系与区别等，这些内容不但贴近云南傣族边境地区的生活，引发学生兴趣，而且能增强他们对自己地区与民族文化的自豪感。

(三) 跨文化课程教学的实施

在跨文化课程实施方面，绝大部分受访学校都会根据跨文化课程的主要内容不同而分配不同任务给各学科教师，如小学初级阶段主要是关于本民族的文化礼仪和传统美德、风俗，这主要是对小学生民族情感与行为养成方面进行教育，多由学生的班主任以及了解当地民族文化知识的教师兼任；小学高级阶段涉及许多民族历史发展和人文地理，历史老师或有一些亲身经历的老教师会成为主要人选。对于跨文化教育方面，这些教师都比较注重少数民族学生的个性与特长，给予学生相对自由的选择与发展空间；教学方式上也都尽力避免单纯的知识传授，而会注重在一些实践活动中让学生对民族文化进行体验、生成、感悟、认同。

调研组发现西南跨境地区的跨文化课程主要有四种教学模式，即：讲授模式、案例分析模式、主题探究模式以及实践活动模式。前三种主要在室内课堂进行，而其中的讲授模式是最广泛的教学模式。该模式主要是通过一些当地的乡土教材或国家统一颁发的民族团结教育教材（见图）开展讲授教学，学生通过书本知识学习，能在短时间内高效地接受大量民族文化信息，但难以内化到学生，尤其是小学生的个人行为修养或文化认识中。案例分析模式是教师在开展跨文化教学时结合现有音像材料和身边的生活案例，对当地存在的一些文化现象，如，民族英雄故事、民族饮食等进行分析，在分析过程中教授学生如何去挖掘生活中的民族文化要素和如何正确认识和对待这些文化现象。由于这些案例和材料都取自于学生生活场景，教学比较形象、生动，容易激起学生的兴趣与共鸣，但是这对教师的当地文化积累与材料捕捉能力要求较高。主题探究模式主要是教师结合之前的讲授方式，将学生分成若干学习合作小组并布置一些文化主题任务，学生通过组内与组间的相互讨论、调研、论证等不同环节实现对跨文化教育内容的自主探究学习，这样可以锻炼学生的自主学习能力、合作能力、创新能力等。最后，部分有条件的学校会鼓励学生开展具有当地民族特色的社团活动或社会实践活动，例如，龙州县某中学长期举办以当地民间乐器天琴弹奏为兴趣活动的社团，以及德宏州某边防小学与边防部队实施警校共建活动。后者包括：每天一次文明礼仪督查；每周一次国防、安全、法律基础知识课程，文化补课与谈心活动，以及“汉语、缅语、傣语”选修课程学习；每月一次组织困难儿童聚餐，邀请寿星与官兵过一次集体生日；每学期一次警校联谊活动；每年一次的慰问活动和身体检查。①

（德宏州教科所编制的傣文教材）

（陇川县某校采用的乡土教材）

同时，根据在广西与云南的跨境民族地区学校中的调研发现，跨文化课程的开展普遍面临校园文化单一和师资水平不高两个共性问题。校园文化是学校文化的主要体现，也是跨文化隐性课程的主要内容。少数民族学生带着家庭固有的本民族价值观、道德观进入到学校，却普遍遭遇到大一统的校园文化，因而会出现文化不适应现象。调研组发现，虽然许多跨境村落和地区的家庭房屋都极具民族特色，但走入当地学校，都是统一的教学楼、宿舍楼，整体规划与全国其他地区无任何差异。而在校园共同开设的文化活动方面，绝大多数学校在跨文化课程进行文化选择时缺乏对当地民族文化特点的挖掘，而是遵循普通内地学校的普遍做法。从日常课程设置中可以看到，学生并没有在真正意义上参与到学校活动中。大多数学校限于观念、财力、师资等不同原因，在学生课外活动中开设的活动寥寥无几，一年只有诸如六一、运动会等一两次大型活动，且学生对这类活动参与度较低。如，德宏州接受访谈的学生当被问到“学校最有意思的活动是什么”时，许多学校的学生回答“运动会”；而被问及“当地最有意思的活动或节日呢”，学生则有许多答案，“点灯节”、“泼水节”、“光明节”，这些多为缅甸的民间节日，在跨境地区中有的同学熟悉，而有的学生不熟悉却很感兴趣。

教师数量不足、质量不高、老龄化、结构性缺编等问题是广大农村地区、民族地区

---

① 柳翔浩．和合视域下跨境民族地区中学生国家认同教育研究[D]．重庆：西南大学，2013：107．

的共性问题，它们同样存在于跨境民族地区学校之中。通过访谈得知，当前跨境地区学校教师普遍面临几个问题：一是教师数量不足问题，这是当地教育质量薄弱的主要原因。由于教师数量不足，通常面临一个或两个教师包一个班所有课程的情况，教师精力有限，根本无暇进行教学反思或接受进修培训。相应地，教师专业素质不高是第二个问题。目前，虽然有许多国培、区培等各种教师培训机会，但是由于培训缺乏系统性，且培训实效性较低，加上许多教师本职工作过于繁重，培训反而成为一种额外负担，培训效果并不理想。此外，由于跨境民族地区的特殊性，该地区教师对多元文化能力以及双语教学能力也有很高的要求。在调研中发现，所有学校都没有能力在小学低年级聘请或培养过渡型双语教师，许多老师都只能根据自身能力自行开展最基本的双语教学活动。如，当访谈中问到面对刚来华而不会汉语的缅甸学生如何进行教学时，瑞丽市某校校长谈道：老师上课还是会按照我们大纲的要求，按照我们的进度走，课下就安排几个小朋友来增进交流。每个班里都有既会汉语又会缅甸语的学生，老师就会提前安排他们与还不会汉语的缅甸籍学生坐在一起，这样对于老师讲的不会的内容，他们下课后翻译给缅甸学生听。

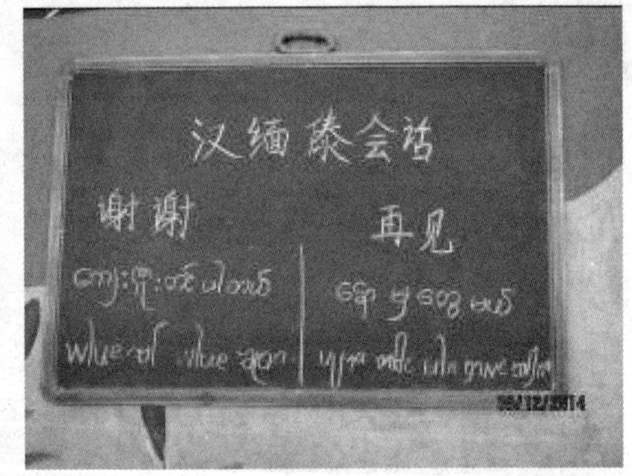

（教师教孩子简单的缅甸语、傣语、汉语）

三、西南跨境民族地区跨文化教育发展的思考

总体来说，限于经济与社会发展水平，西南跨境民族地区跨文化教育整体上表现出广大农村经济发展落后地区各级各类教育所共有的一些教育特性，如，教育经费短缺、师资水平低下且资源不足、教学设备与环境资源相对匮乏等问题。在跨文化教育课程开展方面也因为资源以及观念的相对落后而逐渐呈现出一些其他地区跨文化教

育开展中也存在的共性问题，如，过于关注知识传授而忽视情感培养，过于强调机械的记忆容量式评价而忽视行动与过程的考核，过于依赖仪式化的教育灌输而忽视生活化的文化浸透等。作为社会矛盾在教育领域的反映，这些复杂教育问题的解决将是一个长期的过程，需要伴随着社会结构、物质水平与精神文明的综合发展而逐步完成。结合跨文化教育的理论内涵与实践探索，从跨境民族的文化特性与教育特性方面可以形成跨文化教育发展的两个基本认识。

（一）坚持跨境民族跨文化教育的文化共生

教育文化的发展与变迁是民族共同体教育文化与各民族教育文化在不断适应社会与生产力的变革进程中自我改造并相互渗透的过程。不同民族文化在不断相互交流中，逐渐形成了一种异质共存、兼容并包、互融共生的文化形态，即文化共生形态。对于我国这样多民族国家文化背景下的跨文化教育，文化共生就是要突出各民族教育要素之间的异质共存，强调教育过程中各种关系的和谐与相融，注重协调本民族与其他民族文化相互关系的文化认同，以及民族文化传统在现代化发展中的文化选择与文化适应。

具体而言，跨境民族跨文化教育是通过对各民族优秀文化和中华民族优秀文化的传承与创新，培养跨境民族成员获得适应现代社会的身心能力，促进跨境地区各民族的稳定团结、共同发展。这就决定了跨境地区跨文化教育的发展必须关注教育文化自身所特有的民族性、地域性以及文化选择所带来的矛盾性与多元性。通过客观、辩证地进行文化反思，在特定的文化传统环境中进行“文化自觉”。文化共生路径下的跨文化教育就是培养学生对自身文化的反思，突破情感与地域局限后理性看待自身文化，传递并弘扬自己民族的优秀文化传统，充分汲取他族文明成就，实现自身文化品质的改造与提升。①

一方面，文化共生的跨文化教育就是要实现传统与现代文化间的重构和共融。传统文化在面对生产力大发展的现代社会时普遍面临的是文化身份的重建与认同问题。跨境地区各族成员在对民族文化的认识过程中，逐渐加深对包括本族在内的境内外各族文化的理解与认同，并在此基础上实现本族文化的重构与创新。跨文化教育在这一过程中可以有效引导并协助跨境地区各族成员理性认识本族（或本国）与他族（或他国）的文化优劣，促进对本族优秀传统文化的认同与热爱，以及对他族优秀文化的尊重

---

① 孙杰远.文化共生视域下民族教育发展走向[J].教育研究，2011(12)：64—67.

与接纳。正如联合国教科文组织提出的："如果各国想要促进人的全面发展，他们就必须清楚他们过去是谁，现在如何，最后想要变成什么样子，并在此基础上设计他们的未来。每一个民族都有它的根，它的物质和精神上的渊源可以一直追溯到历史蒙昧时期，每一个社会都要尊重它的传统。一个民族必须了解自己的价值系统、信仰和其他文化元素，这些文化元素对于各民族成员认识自己、彼此相互交流至关重要。"①

另一方面，文化共生的跨文化教育能促进不同民族间的跨文化交流和互融。在当今世界性的信息化、跨文化图景中，任何一个民族的文化都无法人为地或先天地孤立其他文化，而是面临不同文化间的碰撞、交流与互融。这就要求跨文化教育的改革与发展必须对学生所具有的民族文化场及其相应的文化习性有准确的把握。所谓文化习性，是指在特定文化环境引导下，个体在后天的模仿与修炼中逐渐获得的具有本民族文化特性的心理品质。文化习性的获得，是每一个个体在其特有文化背景下进行文化濡化的过程，从而使这个个体能对本民族的文化传统内核有所感知与理解，并以此形成自身的文化适应力与民族价值观念体系。可以说，在教育活动中，学生的文化习性是培养跨文化适应力的基点。学生跨文化适应力的培养首先是跨文化情感的培养，跨文化教育应该帮助学生拓展跨民族文化视野与体验，理解、鉴赏其他民族文化的发展及精神实质，养成自尊、自爱、平等、开放的文化态度。只有实施民族间的多元文化教育，才能有效消除不同民族间因文化变迁而形成的文化经验差异、价值观分歧以及文化认同困境等，从而提升学生的文化自觉，以民主、尊重、宽容、容忍、平等、自由的文化观看待本民族的文化和他族文化。

最后，在现实背景中，跨境民族的地理与人员分布特点决定了境内外各民族一直处于多文化交融的生活状态。不同文化的交流要出现创新和传承，需要各族成员有稳定的文化尊重态度以及较高的多元文化素质，这就要求跨文化教育承担多元教育使命。而要保证中华民族文化能团结共生于现代化与全球化下的社会发展进程中，需要跨文化教育具有多元一体化教育功能，即在注重国家一体化教育的同时，提倡和发扬各民族的文化教育传统，通过多元文化教育来发展民族文化教育事业，通过国家一体化教育来确保民族享有现代教育的权利，增强中华民族各民族的凝聚力。② 多元一体的跨文化教育首要体现为对主流政治文化与价值的认同，以及对自己民族文化的传

---

① 联合国教科文组织，世界文化与发展委员会. 文化多样性与人类全面发展——世界文化与发展委员会报告[M]. 张玉国，译. 广州：广东人民出版社，2006：34.

② 王鉴. 试论中华民族多元文化与一体化教育观的形成与发展[J]. 广西民族研究，2002(4)：40—47.

承。根据主导文化的价值性准则与现代性要求对本族优秀文化进行选择、传承与创新，而多样化的国际间、民族间文化交流以及对民族共同体优秀文化的学习可以帮助各族成员吸收、借鉴其他文化，同时向其他民族传播自己民族的优秀文化，从而提高本族文化的生存力和竞争力。这样，通过跨文化教育的开展，各族优秀文化的发展最终相互融合成为中华民族文化。可以说，跨文化教育的过程本身也是中华民族文化不断被选择、传承和弘扬的发展过程。

（二）坚持跨境民族跨文化教育的自主建构

跨境民族地区对跨文化教育有着显著要求，一方面由于跨境民族的地域和民族特殊性，需要在跨文化教育中不断增强学生的中华民族意识，加强中华民族品格和民族精神的塑造；另一方面则要求适应主流文化、政治和经济的发展节奏，增强学生作为国家公民参与全球化竞争与现代化事业建设的公民意识与素质。为此，跨文化教育在实践过程中会因为其政治与文化两方面的不同使命而形成两种风格迥异的教育观念，即：一方面以中华民族这一群体归属为最终指向，以包括血缘、地域、信仰、语言等文化特质为基础，强调学生对民族浓厚情感，及对民族传统文化与精神的认同，有着传统的、本土的民族主义色彩；另一方面则以个体自由为本位，以包括自由、平等、民主等政治价值为基础，强调学生作为公共社会一分子而应具有的公民理性反思能力、民主建构参与能力，带有现代的、普遍的自由主义倾向。在教育目的上，前者将对本民族、族群共同体的归属和情感作为最终目的，而后者将社会集体、民主法治的参与积极性与能力作为培养目标；在教育方式上，前者主要通过包含特殊情感的语言、故事将价值观进行隐形渗透，而后者则是显性传递关于民主、法制、人权等方面的观念、知识，并以此训练和培养理性反思与实践参与的能力；从文化属性上，前者是文化传统的承续，而后者是现代文明的产物。

因此，在跨文化教育实践中常会出现两套教育理念、教育目标和内容重心同时并存的现象，虽然两套理念具有一定的内在一致性，但在实施过程中更凸显出张力和冲突。由于在实施中没有很好地厘清两种教育观念之间的基本界限、内在差异，更缺乏使两者进行融合的一个立足点，而只是简单地将两种不同价值体系的观念和内容一并列出，这必然造成学生在跨文化教育实践中出现话语体系的混乱和价值观念的矛盾。这一现象在跨境民族地区的转型社会背景下表现得尤其明显，即当地社会普遍面临着从家族本位、小农经济、宗法关系为基础的传统伦理体系向公民本位、市场经济、契约关系为基础的现代伦理体系的转变。因此，如何将跨文化教育的两种使命在跨境地区实践中进行有机融合将是当下面临的主要问题，也是在很长一段时间内跨文化教育发展的思考路向。

塔米尔曾在《自由主义的民族主义》中提出，文化与民族的归属是建构的，是每一个体所与生俱有的文化与民族身份选取权利，也是个体自由追求其生活方式的基本权利，其共同建构组成了每个民族的权利。所以，民族权利的正当性应当与每个民族的辉煌或屈辱历史相分离、与其能否或曾经获得领土无关，所有的民族都应享有平等权利。① 依据这个观点，跨文化教育中所强调的民族身份、公民身份都应该是个体在理性认知的基础上进行自主选择的结果，而并不是完全由其血缘、地域、宗族等天然纽带所决定，即使这种选择空间可能很小，但在个体由被动接受其身份转为对自我身份进行主动发现和建构时，该民族所赋予的身份意义将完全不同。在基于道德优先性的自我选择过程中，个体可以在以情感渲染为主导的民族文化教育与以理性认知为内容的公民意识教育过程中自主建构出符合自身的民族与公民身份。为此，当跨境民族、跨境地区人们都具有了理性的自我身份认识，超越了狭隘的民族主义或极端的普遍主义观念，成为真正民主社会中的自主公民，才能对内共同结成多元稳固的国家共同体，对外形成开放和睦的全球政治与文化生态。

① 耶尔·塔米尔.自由主义的民族主义[M].陶东风，译.上海：上海译文出版社，2005：7.

第十章　跨境民族地区跨文化教育研究之三：云南德宏州的田野调查

伴随着主流文化与非主流文化的不断融合，对于跨境民族地区的学生来说，他们更多是处于一种主流文化与本族文化相互融合后的文化背景中，这意味着国内主流文化教育、当地的乡土文化教育以及少数民族文化教育对于他们都会是一种跨文化学习体验。正如费孝通先生说的，人们理解多元文化的前提是要先认识自身的文化，这样才能在多元化世界中确立自己的位置，才能与其他文化相互交流和相互认可。[①] 跨境民族地区的跨文化教育的实质就是通过接触本族或其他族群的历史、经验及价值观念，让少数民族学生与跨境地区的外国留学生有机会了解自己的文化和尊重他族的文化，促进优势族群与劣势族群学生进行平等的文化交往，消除文化偏见。为此，调研组在我国西南跨境地区选择了云南与广西两省，分别在基础教育、高等教育两类教育层次选取典型学校作为个案，针对边境学生与跨境留学生两个主要受教育群体进行调查研究。

我国陆地边界线长约 22 800 公里，海岸线长达 1.8 万公里，有 14 个陆地相连的邻国，与 6 个国家隔海相望，是世界上边界线最长、邻国最多、边界情况最复杂的国家之一。我国有 9 个省区与别国接壤，分别是辽宁省、吉林省、黑龙江省、内蒙古自治区、甘肃省、新疆维吾尔自治区、西藏自治区、云南省和广西壮族自治区。云南省的国境线全长 4 060 千米，约占我国陆地边境线的五分之一，与其接壤的国家分别是越南、老挝和缅甸。云南省有 16 个跨境民族，占全国跨境民族的一半左右，是全国跨境民族最多的省份。云南省德宏傣族景颇族自治州瑞丽市主要有 5 个跨境民族，与缅甸相邻，两国边境民间交流频繁，且当地少数民族还保持着较为完整的传统文化。本章通过以云南

① 张冠生．“人们现在有一种需要”——费孝通教授近读访谈[J]．博览群书，1998(3)：4—5．

德宏州瑞丽市的部分学校为研究个案，较好地挖掘并分析了我国西南跨境民族地区跨文化教育的现状、问题与特性。

一、个案调查区域的选择及基本情况

关于田野选点，汪宁生先生在《文化人类学调查：正确认识社会的方法》中建议："这个地点要有一定数量和人口，有较长的历史（不是新寨子），有较方便的交通条件，接近市场和集市，最好还是原来的政治文化中心，或较多保存传统文化，受外界影响较少的地方。"[①]选择调查地点，要考虑这个地方是否具备一定的历史底蕴、传统文化特色和政治经济基础，是否具有区域代表性，最好能够窥一斑而见全貌。费孝通先生在《江村经济》中也提到："为了对人们的生活进行深入细致的研究，研究人员有必要把自己的调查限定在一个小的社会单位内进行。"[②]所以，要选择一个适合研究边境跨文化教育的调查区域，需要考虑许多因素，比如它的区域位置、社会经济形态、民族文化和国家边界影响等，选择一个具有代表性的田野点才能使调查研究紧扣研究问题，顺利展开调查活动，由此得出的调查结果才具有学术意义和社会意义。

（一）个案选择的理论和现实依据

本次调研以边境地区的跨文化教育为主题，调查区域选择在德宏傣族景颇族自治州瑞丽市，原因主要有以下几点：

1. 德宏州瑞丽市的区位特色

德宏傣族景颇族自治州地处我国西南边陲，位于云南省西部中缅边境，是云南省8个少数民族自治州之一，其北面、西面和南面均与缅甸接壤，国境线长达503.8公里，约占整个中缅边境线的四分之一。全州除了梁河县之外，其他县市均有国境线，有24个乡镇、600多个村寨与缅甸村寨相邻。德宏傣族景颇族自治州辖瑞丽市、潞西市、龙川县、盈江县和梁河县，首府驻在芒市，距省会昆明的陆地距离有649公里。德宏州与缅甸山连山，水连水。早在汉代时，中缅之间就有了商贸往来。德宏是西南丝绸之路的必经之地。这条西南丝绸之路横穿德宏，从四川成都开始，途径云南大理、保山、腾冲，从德宏出缅甸到达印度。这条通道既是中印两国最早的联系纽带，也是我国西南各族往来或迁徙的重要通道，还是沟通中外贸易的重要桥梁。西南丝绸之路商贸往

① 汪宁生. 文化人类学调查：正确认识社会的方法[M]. 北京：文物出版社，1996.

② 费孝通. 江村经济：中国农民的生活[M]. 北京：商务印书馆，2001：11.

来频繁，使得我国与东南亚诸国有了紧密的经济联系和文化交流。如在元明时期，沿西南丝绸之路中缅贸易最多的便是食盐和棉花。伴随着盐棉贸易的发展，到缅甸的华人人数不断增加，在德宏有许多人为中缅商贸服务。德宏优越的地理位置使其成为了我国通往东南亚和南亚诸国的重要门户之一，如今在边境贸易中正发挥着越来越重要的作用。在德宏傣族景颇族自治州，有两个国家级口岸和两个省级口岸，分别是畹町和瑞丽、陇川章凤和盈江小平原，还有许多民间历史形成的商贸通道。

德宏州瑞丽市的区位优势十分显著。瑞丽市是我国向西南开放国际大通道战略建设的重点，是我国连接东南亚、南亚的重要门户和"桥头堡"。1978 年，瑞丽被批准为国家一级口岸。1992 年国务院批准瑞丽为边境开放城市，享受沿边经济开发区政策。从瑞丽经缅甸九谷和木姐可直达缅甸的腊戌，那里有飞机和火车到缅甸中心城市曼德勒和仰光。1991 年，姐告大桥通车，与棉被公路干线相连，构成了中缅便捷的交通网络，是中国与东盟自由贸易区的最前沿，是连接中国西南与东盟大市场的重要枢纽。综合以上因素，瑞丽市区位特殊，其社会经济条件具有开放性的特征，相对应地，瑞丽市的教育研究具有前沿性和国际性。

2. 德宏州瑞丽市的民族特色

从公元前 5 世纪开始，傣族先民就已在德宏生活。在公元 47 年，达光王国将王城迁至今天的德宏梁河县北部。明末清初，由于战争和屯垦戍边等原因，景颇族、傈僳族、汉族等民族相继迁入了德宏地区。

跨境民族是指分别在两个或两个以上国家里长期居住，但又保留了原来共同的某些民族特色，彼此有着统一民族认同感的民族。跨境民族地区是指跨境民族聚居的边境地区。一般认为，我国的跨境民族的形成原因有两点：一是自主迁徙形成的，二是划界形成的。德宏州的跨境民族多数为后者。886 年，缅甸沦为英国殖民地。1894 年，清政府与英国订立了《续议滇缅界务商务条款》，该条约的签订使中国丧失了 62 万平方公里的领土。除此之外，中缅两国还存在几段未定边界的地区。新中国成立后，未定边界的问题亟待解决。1960 年，本着和平协商、公平合理的原则，中缅两国合理地划定了中缅边界，签署了中缅边界条约。在国界划定后，云南原有民族的传统分布特点并没有发生太大的变化，但也因此形成了跨境民族这种社会现象。

瑞丽市是典型的跨境民族聚居地。傣族、景颇族、阿昌族、德昂族和傈僳族是德宏州瑞丽市的 5 个主要跨中缅边境而居的民族，分别与缅甸边境的掸族、克钦族、迈达族、崩龙族和傈僳族为同一民族。如德宏州瑞丽市银井寨的傣族，长期以来他们生活在共同的地域之内，其语言文化和生活习俗都基本相同，在划定国界后，形成了“一寨两国”的特殊现象，寨子里的百姓语言相通，习俗相同，往来密切。由此可知，云南原生态的跨境民族依然保持着其原本的民族文化和心理特质，并不受国界线等客观因素的影响。独特的民族环境使得瑞丽的教育研究具有民族性。

（二）调查区域的基础教育情况

1. 德宏州基础教育概况

在解放前，德宏州的教育事业还十分落后。解放前夕，德宏辖区内只有100多所小学和时办时停的教会学校、私塾小学，仅有5 000多名在校学生、200余名教员，全州90%以上的人处于文盲状态。[①] 1949年新中国成立后，在党的指导和政府的关怀下，德宏州的社会经济发展迅速，教育事业也随之发展起来，建立了完整的教育体系，形成了地方教育特色，并取得了良好的效应。

2013年，德宏州共有各级各类学校459所，学生229 193人，教职工15 064人，其中：幼儿园121所（含民办幼儿园96所），在园幼儿40 768人，教职工2 009人，专任教师1 217人。小学143所，教学点118个，在校学生104 418人，教职工6 911人，专任教师6 874人。特殊教育学校1所，在校学生224人，教职工34人，专任教师26人。普通中学62所，其中完全中学2所（含民办1所），高级中学6所，九年一贯制学校6所，初级中学48所。初中在校学生48 289人，教职工3 549人，专任教师3 530人；普通高中在校学生16 087人，教职工1 169人，专任教师1 110人。中等职业学校7所（中等职业技术学校1所，职业高中6所），在校学生11 592人（含师专中职、职院中职、技工学校学生数），教职工688人，专任教师586人。高等教育学校2所，德宏师专在校学生6 256人，教职工413人；德宏职业学院在校学生4 983人，教职工291人。教师进修学校5所。[②] 同时，全州中小学仪器器材设备总价值达8 751万元。计算机教室233个，生机比达23∶1；多媒体投影教室838个，远程教育站点357个；图书总数278.07万册，小学生均图书15.4册，初中生均图书20.1册，高中生均图书15.5册。[③]同时，州政府大力推动教育补偿政策，确保农村义务教育段学校学生营养改善计划和农村寄宿生生活补助实现全覆盖，使广大农村学龄儿童“有学上，上得起学”。如，2013年全州下达学前教育家庭困难助学金99.36万元，惠及学生3 312人；下达义务教育阶

① 德宏州教育局.德宏教育事业统计分析资料[Z].2008年.

② 德宏州教育局.2013年度德宏州推进义务教育均衡发展情况汇报[Z].

③ 德宏州教育局.2013年度德宏州推进义务教育均衡发展情况汇报[Z].

段家庭困难寄宿生生活补助费 8 081.27 万元，惠及学生 72 217 人。[①]

2. 瑞丽市基础教育概况

《瑞丽市中长期教育改革和发展规划纲要（2010—2020 年）》提出的主要任务之一是巩固提高义务教育发展水平，高度重视民族教育，进一步加大对民族聚居区中小学校的扶持力度，提高办学水平和教育教学质量。在不通或少通汉语的少数民族聚居地区，开办双语幼儿园、双语学前班，解决少数民族儿童不通或少通汉语的语言桥梁问题。同时，加大通晓少数民族语言的教师的培养培训，为少数民族聚居区学校双语教学提供师资保障，多形式、多渠道开展民族文化传承教育。2013 年，瑞丽市坚持优先发展教育，全力推进教育均衡化发展，荣获"云南省教育先进县市"称号，农村义务教育阶段营养改善计划和困难寄宿学生生活费补助实现全覆盖。

瑞丽市在 2012 年完成了中小学布局结构调整、农村义务教育薄弱学校改造、农村寄宿制学校建设、农村现代远程教育项目等。2013 年，该市稳步推进教育均衡发展，使得城区"大班额"和"择校"问题逐步得到了缓解。目前，瑞丽市的主要学校有 19 所，其中职业学校 1 所，中学 5 所，小学 13 所。

本章的跨文化教育调研定点在德宏傣族景颇族自治州瑞丽市，从该市的中小学中选择了两所学校进行深入访谈，重点研究。这两所学校为姐告国门小学和瑞丽市第三民族中学。

（1）姐告国门小学

姐告国门小学于 1970 年建校，地处姐告经济开发区，距离中缅边境线仅 50 米，毗邻缅甸国家级口岸木姐市，是一所名副其实的国门学校。校园面积 14 131.92 平方米（21.2 亩），建筑面积 3 728 平方米。截至 2014 年 12 月，全校共有 37 名教师，其中少数民族老师占一半。每个年级两个班，有 800 余名在校学生，其中本地学生有 547 名，缅籍学生有 120 多名，还有一些外地学生，多来自福建、广东、四川和贵州等地。学校以强师兴校为目标，积极推进教育教学改革，形成了"学风正、教风严、管理规范"的集体，获得了"云南省平安校园"、云南省"红领巾示范学校"、"预防未成年人违法犯罪试点校"、德宏州"绿色学校"、"文明学校"等荣誉称号。2012 年 12 月，姐告国门小学被云南省教育厅、云南民族事务教育厅评为"民族团结教育示范学校"。

姐告国门小学的办学规模不断扩大，办学条件不断完善。校门口和教学楼的建构

---

① 德宏州教育局.2013 年度德宏州推进义务教育均衡发展情况汇报[Z].

具有傣族建筑的风情特色，屋顶坡直且陡，金色装饰点缀在红色瓦面边上，造型美观。校园里只有一栋4层的教学楼，集教室、办公室和多功能室为一体。每个班级的人数在50—70之间，各班都配备了多媒体设备。学校里有语音室、电脑室、实验室、图书室、少先队室等各种功能室。在教学楼前有一片宽阔的活动场地，下课后学生们在这块场地上尽情玩乐，跳绳、打羽毛球、玩游戏等。在教学楼的背后有两幢四层高的教师周转房。学校里有一个标准田径场、一个乒乓球场、一个室外健身场地和两个篮球场。

姐告国门小学始终贯彻“教育无国界，大爱无亲疏”的理念，积极接收缅甸跨境求学的小学生。缅籍学生同样享受我国义务教育的“两免一补”、“免费营养早餐”的优惠政策。除了语文、数学、音乐、美术等常规课程，根据地方教育要求，姐告国门小学一、二年级设置了地方与学校课程，从三年级开始增设英语、民语、民族大团结、研究性学习等特色课程。除了课堂教学，学校十分重视思想品德教育、艺术教育和实践体验教育，开展了许多实践活动，活动主题有爱国主义、校园安全和国防知识等，举行过防震自救演练、禁毒防艾教育、反邪教教育、国防教育等活动。学校注重培养学生的兴趣爱好，学生的课余活动丰富，如开展演讲比赛、风筝比赛、绘画比赛、运动会、远足等。

（2）瑞丽市第三民族中学

瑞丽市第三民族中学建于2002年，占地面积130亩，建筑总面积12 028平方米，是瑞丽市最大的半寄宿制农村初级中学，也是一所美丽的国门学校。截至2014年12月，学校有109名教师，学生1 300多名，其中60%以上是傣族学生。共有28个班级，其中初一10个班，初二10个班，初三8个班。全校有52名缅籍学生。学校拥有出色的办学条件和教学质量，2006年，昆明华文学校授权该校开办华侨大学昆明预科部境外学生大学先修班。同时，该校与深圳的耀华实验学校对接，每年选送优秀的缅籍学生到这所华侨学校读高中，国侨办负责这些缅籍学生的学费和生活费。

瑞丽市第三民族中学占地广阔，整体规划整齐，一条宽阔的主干道横贯校园，运动区、教学区、休闲区、宿舍区划分分明，校园绿化美观，环境怡人。校园主干道的两侧整齐排列着宣传栏，主要是学生活动剪影和教师队伍建设内容，如新生军训、篮球比赛、校运会、艺术节等。从这些剪影中可以感受到在校学生的勃勃生机和丰富多彩的校园生活。运动区包括田径场、篮球场、乒乓球场和室外健身场地。穿过运动区，校园主干道的左侧为教学区，学校有两幢教学楼和一幢实验楼。实验楼是中央财政边境学校建设项目之一，包括生物实验室、物理实验室、图书室、舞蹈室等多功能室，实验设备齐全。主干道的右侧为休闲区和宿舍区，休闲区里绿树成荫，一条小道弯弯曲曲，石桌石凳摆在树下，景色优美。宿舍区里男女生宿舍楼各一幢。由于缺少教师资源，瑞丽市第三民族中学并没有设置少数民族课程和双语教学。跨文化教育主要体现在少数民族学生和缅籍学生的学习历程上。

二、瑞丽市中小学跨文化教育的现状与问题

人类的一切教育活动都是建立在某种特定文化基础之上的，教育是文化传承的载体。换句话说，每一种教育都与特定的民族文化紧紧相连。在多民族杂居的民族聚居地区，跨文化教育十分普遍，在家庭、学校、社会中都可发现跨文化教育的结果。"跨文化教育"在《教育大辞典》中有三种注释：(1)在多种文化并存的环境中，同时进行多种文化的教育，或以一种文化为主兼顾其他文化的教育；(2)在某个文化环境中生活成长的学生，到另外一个语言、风俗习惯和价值观、信仰都不同的文化环境中去接受的教育；(3)专门设置跨文化的环境，让学生接受非本民族语言风俗、习惯和价值观的教育。瑞丽市多个少数民族聚居和同一民族跨境而居的特点，在一定程度上决定了它教育环境的多元化。① 根据瑞丽市的特殊情况，本章所探讨的"跨文化教育"主要围绕《教育大辞典》中的第一、二种注释来展开，并限定于学校教育范畴，基本要求是实现受教育者拥有丰富的跨文化知识，具备平等、尊重、客观的跨文化态度，最终目的在于增强受教育者的国家政治认同和文化认同，以维护边疆稳定和祖国统一。"使属于不同文化、人种、宗教、社会阶层的集团，学会保持和平与协调互相之间的关系从而达到共生。"② 本章紧紧围绕本次调研主题，从跨境学生受教育状况、国家认同情况、跨文化课程设置、跨文化教学实施等方面来探讨在当地上学的学生(包括中国学生和缅籍学生)接受跨文化教育的情况。

(一) 跨境学生受教育状况

2008年，云南省财政厅利用中央财政的2亿元专项资金在省内启动了边境县国门学校建设工程，一座座崭新的国门学校拔地而起，成为了中国边境线上一道动人的风景。国门学校代表着中国良好的形象，国门教育的兴盛促进了边境地区的发展，并保障了国家边境的安稳。随着边境国门学校的办学条件不断改善，当地少数民族子女的受教育问题得到了解决，并吸引了缅甸的孩子过来就学。随着我国经济的崛起，许多东南

---

① 顾明远.教育大辞典[M].上海：上海教育出版社.1998：196.

② 王军.世界跨文化教育理论流派综述[J].民族教育研究，1999(4)：66—73.

亚国家的家长乐意将孩子送到中国读书,尤其是华侨华人。在中国教育惠民政策照顾下,地理位置相近、校园环境良好的国门学校成为了许多华侨华人的首选。目前,瑞丽市各中小学几乎均有缅籍学生就读。在瑞丽市就读的外籍学生,在义务教育阶段与国内学生享受同等待遇,如"两免一补"、"营养早餐"等惠民政策,平等参与各种评优奖励和助学金评选,共享教学资源。学校实行民族语言和汉语结合的双语教育,促进不同民族、不同国籍学生之间的交流,在一定程度上消除了同学之间的语言不通问题,缩短学习差距。这些政策措施使中国学生和缅籍学生在学校中和平共处、快乐学习、健康成长。

同时,通过调研发现,缅甸籍学生来华就读主要受以下几方面因素影响。(1)国家教育政策和环境因素。我国实行九年义务教育"两免一补"政策,同时云南省实现了农村学生免费营养餐与寄宿生补助的覆盖,并有社会各界人士对边境国门学校的资助。缅甸跨境学生与我国的学生享受同等待遇,对一个家庭来说,学生的教育成本大大降低,家长的负担较轻。自2008年云南省启动了边境县国门学校建设工程后,边境学校的环境焕然一新,教学设备不断完善,教学质量不断提高,在教育政策与学校环境的吸引下,缅甸家长更乐于将孩子送到中国接受教育。(2)历史因素。抗日战争期间,中国远征军支援英殖民地缅甸,对抗日本军队。战争结束后,有一部分人员留在当地发展,成了华侨。但他们依旧保留着中国的语言习惯和文化习俗。受祖辈影响,其后代亲近中国文化,自愿到中国接受教育。在划分中缅国界线时,有些村寨被一分为二,但他们的社会、经济、文化等方面相同,国界线的影响不明显,且边界相对模糊,两国居民往来频繁。(3)社会经济因素。在基础设施、经济建设条件等方面,中国边境县优于缅甸。瑞丽流动人口多,玉石市场十分繁荣,口岸贸易量大,经济活动活跃,吸引了不少外地人到瑞丽发展。有不少缅甸人到瑞丽务工,在瑞丽的餐饮、美容等行业中都能看到缅甸人的身影。(4)家庭因素。从事中缅边贸往来的缅甸家长将孩子送到中国的学校,部分人的目的是让孩子多掌握一门语言,学习中国文化,将来有助于继承发展他们的事业。或者是家长到中国工作,孩子就随家长来到中国生活学习。在缅甸华人家长的观念里,中国比较富有和稳定,他们希望孩子到中国学校学习汉语,以后可以在边境上做生意。出生于华侨家庭的孩子,受其父辈祖辈的观念影响,有些小小年纪就接受了中文教育。(5)个人因素。有的学生出于自身的愿望和需求,希望将来能到中国工作和发展,或者是为了将来生意沟通交流方便,到中文学校学习汉语。

(二)国家认同状况

跨境而居的同一民族拥有共同的血缘亲缘、宗教信仰、语言文字,这些根基性的文化因素决定了一个人的文化活动和行为方式，是民族认同的核心内容。这种先天性的民族认同在一定程度上制约着国家认同意识的形成和稳定。在多民族地区，人们要有坚定的国家认同意识才能使跨境民族在面对境外敌对势力、宗教势力、恐怖势力时依旧保持着理性的判断，做出正确的选择和行动，维护边疆的安稳和谐和祖国的统一。所以说，跨境民族认同意识多元化问题在本质上是文化认同与政治认同关系的问题，如何协调整合这两者的关系，对民族团结、社会和谐、国家稳定有重要意义。长期的实践经验表明，协调两者关系的方式之一就是接受学校教育。民族地区的学校教育一方面提高了少数民族的整体素质，培养了大批优秀的少数民族干部和专业技术人才，极大地促进了少数民族地区经济社会的发展。另一方面，学校教育塑造了少数民族人员的价值观和意识形态，通过语言文化教育和思想政治教育来提高少数民族的民族认同感和国家认同感。学校不仅是传授知识的场所，对于培养学校学员的自我意识、群体意识、社会意识也发挥着重要作用。学校教育在不同民族、不同国籍的群体之间起到文化整合作用，经过三级课程的系统学习和主题教育活动的共同培养，学生会形成较为清晰的政治认同取向和稳定的文化认同意识，塑造学校成员的民族认同意识和国家认同意识。毫无疑问，跨境民族都有一个基本的国家身份认同意识，但由于跨境民族地区地理位置较为偏远、封闭，而境内外的跨境民族基于历史原因和社会原因交往密切，通婚、互市、节庆聚会等十分频繁，这使得跨境民族的本民族意识十分牢固，而国家意识相对比较薄弱。在调查组咨询这方面问题时，瑞丽市第三民族中学的书记直言："甚至有好些学生都不觉得自己是缅籍学生，我们把这些孩子放在班级里，不抽出来，你们是不知道的。刚才那几个学生有几个就是华侨学生，同学们也分别不出，缅籍傣族的学生连语言都一样。"

从民族团结层面来说，这是一种好现象，但深入思考会发现，"不觉得自己是缅籍学生"、"语言一样"、"分别不出来"在一定程度上表现了学生们的民族意识更为强烈，国家认同意识作为重要的国民意识遭到弱化。国家认同实质上是一个民族确认自己的国族身份，将自己的民族自觉归属于国家，形成捍卫国家主权和民族利益的主体意识。①

从国家层面上来说，我国国家实力雄厚，边境县社会经济较缅甸发达，政策的倾斜和边贸的发展极大地推动了边境的富强。国家实力的强弱影响着跨境民族地区群众

① 贺金瑞，燕继荣. 论从民族认同到国家认同[J]. 中央民族大学学报(哲学社会科学版)，2008(3)：5—12.

对国家的认同。在瑞丽国门学校的调查中发现,缅甸的学生和家长对中国的认同度较高,其原因推测为三点:一是瑞丽发达的边贸经济的吸引,二是中国边境的稳定,三是我国惠民教育政策、先进的学校办学条件和优良的办学质量。多数缅籍学生对中国怀着一颗感恩的心。姐告国门小学的校长告诉访谈者:"像六一儿童节,可以入少先队,只要缅甸的学生写申请,我们也给他们加入,80%的缅甸小朋友都愿意戴红领巾。我们也从来没有想过国家层面、文化之类的东西,我们就觉得,一个小孩子在这边上学,百分之八九十都可以戴红领巾,这是老师对他的一种肯定,所以只要他愿意。在六一儿童节的时候,我让缅甸的学生组成一个小团体,合唱一首歌。唱完之后,我就问能听得懂缅甸语的家长,问他们在唱什么。结果那些家长说,他们唱的是感谢的意思,感谢周围的人。"

虽然境内外的跨境民族由于政治归属上的国家不同,有着不同的国家认同,但这并不影响境外的跨境民族对我国的认可,可以说,跨境民族学生拥有基本的国家认同意识。

从民族层面上来说,跨境民族的国家认同是存在认同危机的。根据有关数据分析研究表明,跨境民族地区的学生在国家认同上存在民族差异,汉族学生的国家认同度高于跨境民族学生的国家认同度,跨境民族的国家认同容易受到境外同一民族的浸染和同化。学校教育对培养跨境民族学生的国家认同具有关键意义。在调研过程中也发现,学校基本都不会强调学生国籍的差别,着重宣传境内外的跨境民族是一家人的理念,加深了学生的民族认同感。

谈及爱国主义教育时,云井小学的校长提到:"这是一个比较难办的问题。按照中国的惯例,一般小学生都要求入队成为少先队员。但在这个学校里,学校并不会强制要求缅甸学生一定要成为少先队员,所以该校的学生是否佩戴红领巾是由个人意愿来决定的,体现了一种包容性。"

对我国小学生而言,佩戴红领巾具有教育意义和纪念意义,代表的是中华民族历史的光辉。这所学校的做法使我国学生的国家意识和政治意识在无形中淡化。民族认同的过于强化和国家认同的故意弱化会成为我国的国家安全隐患,所以很有必要通过政府宣传和学校教育来引导少数民族从民族认同上升到国家认同,加强跨境民族地区少数民族的国家意识。

(三) 跨文化课程设置情况

课程是为了实现培养目标,有选择、有目的、有计划的教育活动,是学校教育的核心内容，集中体现了我国的教育思想和教育理念。课程设置必须符合国家新课改标准，同时学校的课程结构应该是由各种课程类型构成的统一的有机结合体。基础教育的课程既要符合社会政治经济发展的客观需要，同时有必要结合地方特色推广地方课程，通过地方课程满足地方的社会发展的现实需要，有助于实现素质教育的目标，有助于学生的全面发展。在新的课改计划中，对传统科目所占的比重进行了适当的下调，如语文和数学；综合实践活动和地方课程则分别拥有了6%—8%的课时和10%—12%的课时。这个调整反映了我国基础教育的基本思想，着力于调动学生的主观能动性，培养学生对家乡、对社会、对国家的责任感和使命感。

瑞丽市是少数民族聚居区，民族文化多样，民族特色显著。近年来瑞丽市政府高度重视发展民族文化教育。在义务教育阶段，开设地方课程和语言特色课程，广泛开展爱国教育和民族团结教育，对弘扬民族文化、增强民族认同和国家认同具有重要意义。

1. 爱国主义教育

爱国主义是中华民族的优良传统，是各族人民共同的精神支柱，是社会主义精神文明建社的重要组成部分，是动员和鼓舞中国人民团结奋斗的一面旗帜。我国的《爱国主义教育实施纲要》中提到，爱国主义教育的基本原则包含了振奋民族精神，增强民族凝聚力，树立民族自尊心和自豪感，巩固和发展最广泛的爱国统一战线的教育目的。爱国主义的教育内容非常广泛，主要包含历史和传统文化教育、中国国情和党的基本路线教育、社会主义现代化建设教育、国防教育和国家安全教育、民族团结教育和"一国两制"方针的教育等内容。爱国主义教育的开展在于培养受教育者的国家认同感，具备清晰的国家认知。根据一个人的心理认知发展规律，爱国教育的培养重点对象在于青少年。在青少年这个阶段，"儿童除了对自己国家有偏爱感情之外"，还产生了"初级的民族自尊心和国家自豪感"①。国家认同教育是爱国主义教育的核心，培养国家认同意识是实施爱国主义教育的深层缘由。

在跨境民族地区，爱国主义教育显得尤为重要。首先，跨境民族地区对于国家的国防具有战略性的意义。两国相接的边境地区极具敏感性，"一户一哨所，一人一哨兵"是我国国防理念在边境地区的现实要求。开展爱国主义教育活动，有利于培养边民的国家意识，重视国家边防安全，警惕外来敌对势力的侵蚀，形成良好的政治觉悟。其

① 柳翔浩. 和合视域下跨境民族地区中学生国家认同教育研究[D]. 重庆：西南大学，2013.

次，由于自然地理原因和历史原因，我国边境的少数民族形成了沿边聚居跨境分布的格局。跨境民族的心理认同具有两重性：一是对自身民族族源、文化的心理认同。族群认同的根基论表明，族群认同主要来源于根基性的情感联系，这种族群情感纽带是“原生的”，是“自然的”。对于族群成员来说，原生性的纽带和情感是根深蒂固的和非理性的，甚至是下意识的、超越时空的。[①] 瑞丽市境内外的少数民族，在历史上和现实中实为同一族源、语言相通、习俗相同的民族，他们具有深刻的民族认同感。通过调研发现，当地跨境民族的民族认同感普遍大于国家认同感，在日常社会交往中不会刻意地去强调国家身份的差异，而饮食、服饰、节日等都是相同的。二是对国籍所在国的心理认同。场景论（又称工具论）是族群认同理论之一，它提出族群认同具有多重性以及多变性的特征，认同是不稳定的、有弹性的，既可以是自己选择的，也可以是强加的。[②] 国家认同是一种在国家环境中采取手段或措施以实现政治诉求的、有目的培养的主观意识，受现实的政治、经济、文化因素的影响。在边境地区加强爱国主义教育，对于加强和稳固边民的国家认同十分有利，有助于维持边疆稳定和构建社会主义和谐社会。所以，爱国主义教育对于跨境民族地区具有必要性和紧迫性，而且有必要从小抓起。

瑞丽市的姐告国门小学重视培养学生的爱国情怀，姐告国门小学的一名老师在访谈中被问及爱国主义教育时提到：“开学的第一周，我们请来检查站的官兵上爱国主义教育（课）。上个学期，学校召集所有的学生去学习边境爱国主义知识，并安排班会课开展爱国主义教育主题班会。我们把每个学期的第一周定为安全周，会请好多单位来上课，如消防队、工商等，上安全、爱国、法律法规这方面（内容）。教学中会有教案，每个单元都有爱国主义教育，由班主任来教，平时贯彻得多。”学校将爱国教育与少先队活动相结合，与检查站合作，通过少先队活动培养学生的国家意识，增强学生对国家和民族的认知。此外，根据学校学生来源的特殊性，使缅籍学生更加了解和适应中国的生活，学校对缅籍学生开展了目的性教育。姐告国门小学尹校长告诉我们：“比如有一次给缅甸孩子讲边境法，出入境要怎么做，中国政策是什么，通过孩子来传达给家长。我们还带这些孩子去参观边防站，让他们有更直观的认识。”

要切实达到爱国主义教育目的，首先要培养学生爱家乡的情感。当地小学的课程表上通常都有“地方与学校课程”或“地方教材”等类似名称的地方课程。地方课程使

---

① 兰林友.论族群与族群认同理论[J].广西民族学院学报（哲学社会科学版），2003(3)：26－31.

② 罗彩娟，梁莹.族群认同理论研究述评[J].广西师范学院学报（哲学社会科学版），2014(4)：6－12.

用乡土教材，通过老师上课或学生阅读的方式使学生对本地的社会、经济、文化有基本的了解，课程内容具有明显的地域性、民族性、针对性和开放性。地方课程立足于当地实际，服务于当地社会，紧密结合当地的经济、文化、社会的发展现状，通过课堂教学来激起当地学生的主人翁意识和社会责任感，通过学习来培养当地学生对本土文化的认同和尊重。德宏州陇川县的拉影国门小学的地方教材为《爱我陇川》，由陇川县教育局编制。

（拉影国门小学的民族团结教育教材和地方教材）

2. 民族教育

目前在国内，民族教育普遍上被定义为少数民族教育，指除汉族外的55个少数民族实施的教育。我国是社会主义国家，肯定了少数民族办教育的自主权利，强调了国家有帮助少数民族发展教育的义务。狭义来说，我国民族教育的主体应该是民族本身，客体是特定民族的成员本身。少数民族教育，首先应该是少数民族自己的教育。在少数民族教育中，少数民族不仅是受教育的对象，而且还是办教育的主体；少数民族教育是统一的国民教育中的一个组成部分。可以说，民族教育是指对一个有共同语言、共同地域、共同经济活动以及表现于共同民族文化特点上的共同心理素质这四个基本特征的稳定的共同体进行文化传播，以及培养该共同体成员适应本民族文化的社会活动。本书中的民族教育根据调研实际情况可定义为民族地区自发组织对本民族文化的教育活动和民族地区学校开设的民族教育课程，尤其是民族团结教育和民族文化教育。

少数民族师资是民族教育的重要组成部分。据了解，姐告国门小学的37名教职工中，少数民族教师占了一半以上，他们多为当地的傣族和景颇族，因此该校具备了开展民族教育的重要师资条件。

在谈及民族教育课程时，姐告国门小学的一位老师说：“我们学校本来就位于少数民族地区，很多老师也是少数民族教师，我们学校每周四下午有一节民族课，主要以傣族教学为主。有一个专门的老师为傣族的学生上这个课。就是每到那节课的时候，其他班的傣族学生也可以来一起参加，少数民族学生愿意学这个。其次我们在班会、班级活动方面对少数民族团结教育这块也给予大力的支持。”

民族团结教育是德宏州全州实行的课程，由国家提供免费教材，从三年级开始设立，主要讲民族的起源、民族风俗等，课程形式通常为课堂学习、主题班会和少先队活动。如陇川县的拉影国门小学的三、四年级在双周的地方课程上学习教材《中华大家庭》，五、六年级学习教材《民族常识》。

姐告国门小学将民族团结教育贯穿于整个教育教学活动当中，通过主题队会、主题班会和黑板报等宣传形式使民族教育深入学生日常的学习生活当中。如"手拉手"活动是学校汉缅傣学生建立友谊的重要活动之一，他们从实际交往行动中树立正确的民族观，促进各民族学生间的友好关系；在"民族团结"的主题班会上，班主任通过图片欣赏、学习国家民族政策、介绍少数民族风俗习惯等方式，让同学们在学习中树立正确的祖国观，增强学生维护民族团结、维护国家统一、反对民族分裂的责任感。

民族文化教育是民族教育的重要内容之一。姐告国门小学每周四下午有一节民语课，主要以傣族教学为主，由学校的傣族教师专门为傣族的学生上课。每到这节课，三至六年级的各班傣族学生集中起来学习傣族的语言和风俗文化。姐告国门小学的一位老师说："最能体现少数民族文化特色的就是德宏州推广的课间操，它是当地民族舞蹈的集合，包含了傣族、景颇族、阿昌族、傈僳族的舞蹈因素。"

文化艺术节上的民族舞蹈和民族乐器表演等加深了学生对民族文化艺术的理解，让他们亲身体验民族文化艺术的魅力，对民族文化有一个直观的感受。

民族文化教育不能仅仅依赖于学校，各民族自发组织的本民族教育是我国民族教育的重要补充。民族教育有两种方式：一是学校的正常教育，二是本民族组织的教育。

> 瑞丽市第三民族中学的一位老师向笔者讲述了民间组织的民族教育情况："我们上课的时候经常会有学生请假，他们的寨子要求他们去学习本民族的语言文字，都是民间组织的，主要集中在傣族、景颇族。晚自习的时候学生交请假条回去学本民族文化，但学生人数不多，大概1%，比较少，我们班两个同学左右。假期里学的人数比较多一点。住校生很少会晚自习请假回去学的。（村寨的学习）很短暂，一批一批地办，一期个把月那样子，然后好几个月才开始一期，没有那种专门的资金，都是自助的，学习那些基础的语言文字。"

民间组织的民族教育体现了一个民族的凝聚力，是民族文化传承的方式，是老一辈人对年轻一辈的寄托和希冀。

3. 双语教育

2002 年,《国务院关于深化改革加快发展民族教育的决定》强调:“要尊重和保障少数民族使用本民族语文接受教育的权利,加强民族文字教材建设;编译具有当地特色的民族文字教材,不断提高教材的编译质量。”《国家中长期教育改革和发展规划纲要(2010—2020 年)》也指出:“尊重和保障少数民族使用本民族语言文字接受教育的权利。国家对双语教学的师资培养培训、教学研究、教材开发和出版给予支持。”这是从国家政策层面保障了少数民族使用本民族语言文字接受教育的权利,体现了国家对双语教学的重视。

语言是文化的载体,寄托着人们对自身所属民族的历史与文化的深厚感情,一个民族的文化往往通过语言文字来传承。双语教学是社会发展到一定阶段的产物,是一个人或一个民族为了和另一个民族交际或学习而产生的。瑞丽市多民族聚居的社会环境决定了当地语言的多样化。汉语、傣语、缅语是在瑞丽最常听到的语言。在这种多语环境中,为了使彼此间顺利沟通交流,保障社会的稳定与和谐,双语教学势在必行。双语教学是人们学习民族语言、传承民族文化的最有效方式,双语课堂是人们有意识构建语言环境并进行系统学习的场合。

国内学校设置双语课程是由地域环境、民族环境、语言环境所决定的,双语课程的开设有利于不同民族、不同国籍的人群在共同的环境里交流,构建一个和谐的沟通机制。

姐告国门小学主要以傣文教学为主,该小学的一位老师说道:“我们有专门学傣文的老师。我们学校情况比较特殊,傣族学生不是很多,但是也有,所以我们按照学校的特点开设这个课程。从简单的文字开始教起。”

(图为姐告国门小学傣文课堂和傣语教材)

来华就读的缅籍学生所接受双语教育的情况比较特别，多数情况下，他们不仅仅是在一个校园学习语言，而是在两所学校接受两种语言、两种文化的教育。缅籍学生跨境过来学习，中国学校与其原本的语言环境、教育环境有差别，许多缅籍学生选择同时上中文学校与缅文学校。缅文学校是当地华侨子女、缅籍学生补习的学校，其教学制度及管理方式与缅甸相同，分为十个年级，其中一至四年级为低年级，五至八年级为中年级，九至十年级为高年级，设立十种科目，包括缅文、数学、历史、科学等。上完十个年级后即可考大学。本次调研接触到的缅籍学生的跨文化教育情况大致分为两种（详见下文案例）：一种是从小随父母到中国，在中国接受中文和缅文教育；另一种是在缅甸接受中文和缅文教育，达到一定程度后才到中国求学，年龄偏大。老师们普遍反映，缅籍学生在学习上非常刻苦认真，生活上很懂礼貌。

案例一

学生A是姐告国门小学一名四年级的缅籍学生，出生在缅甸瓦城，十分活泼开朗。5岁的时候随父母来到中国，今年11岁，现在和父母一起居住在姐告，父母在中国做玉石生意。她同时上中文学校和缅文学校，课业多，学习时间长。一天的学习时间（北京时间）安排大致如下：

姐告国门小学	缅文学校
7:50—11:30	11:30—13:30
14:00—17:00	18:30—23:00

学生A到缅文学校学习缅语的原因是打算以后回到缅甸读初中。缅文学校的科目比中国的多，当问到她学习是否有压力时，她坦言："星期天都没有，我们七天都不可以休息，压力超大。"她在姐告国门小学读四年级，但已经是缅文学校的八年级学生了，成绩优异，每科多是九十多分、一百分。中国的课程与缅甸的课程有重复教学的，如数学、英语等，她觉得在缅文学校学过了，再在姐告国门小学里学同样的知识就比较轻松了。"我最喜欢英语和数学，还有历史。因为我想学英语，所以我努力学习。"学生A笑眯眯地谈起她喜爱的科目。问她以后回到缅甸后会不会忘记中文，她答道："不会忘记的，因为我拿了一本小书，有时间就看呗。就是有汉语意思也有缅语意思的那种小本子，就看那个。"她很感谢中国能让她来学知识，并交到了许多朋友。还有一些缅籍学生是受家庭环境影响，从小就受到

中国文化的熏陶，这些学生多出生于缅甸华人家庭。

案例二

学生B是瑞丽市第三民族中学一位初二的缅甸籍汉族华侨学生，18岁，今年才来到中国读书。她的父亲从小就教她中文，每天都要写一篇或两篇毛笔字，并在父亲指导下学习《百家姓》和《三字经》。在缅甸时同时上中文学校和缅文学校的课程，完成了缅甸十年教育和中文学校的六年小学教育，近期拿到了缅甸大学的入学通知书。出于父母和自己的意愿到中国学习，她说："由于我是汉族嘛，必须要学自己的语言，所以两边都学。"为了不耽误缅甸的学习进度，在缅甸申请停学一年，然后到瑞丽市第三民族中学从初二开始学习。问及学习是否吃力时，她回答："比起(缅甸)那边的话，这边有点轻松。那边还要分三种语言来读，英语要看、缅语要看、汉语也要看。一天到晚都是父母老师安排下来的，要读什么科目全部安排下来。在这里学习有空闲时间，那里没有空闲时间。"父母都居住在缅甸，由于家和学校的距离较远，她寄宿在学校里，只有放长假时才回家。等初中毕业后，她将同时进行中国的高中学业和缅甸的大学学业。

4. *存在的问题*

在学校课程设置方面，爱国主义教育、民族教育和双语教育对巩固民族团结、促进边境贸易、保障边疆稳定起到了积极推动作用。但从跨文化教育层面来说，依旧存在一些问题：

(1) 课程缺少教师资源，教师压力大。在人们的认知里面，边境地区的教育比较落后，在边境搞教育，教师的压力很大，主要在安全管理和提高教育教学质量问题上。尤其是教育教学质量提高这方面，由于班额太大，人一多，老师对学生的关注会相对减少；另一方面，缅甸学生没有语言基础，学校缺少双语教师资源，只能通过学生教学生来克服语言障碍。从积极意义上来说，学生教学生培养了孩子互助的精神。但是这种方式在一定程度上影响了教学质量，拖住了教学进程，教师的教学压力大。而且由于大部分老师不会缅语，不能与缅甸的孩子很好地沟通。

对于缅籍学生能否跟上学习进度这个问题，姐告国门小学校长无奈地说："对于缅甸的孩子，能帮就帮，实在跟不上了就让孩子自己去定位。”

关于双语教育问题，瑞丽市第三民族中学的一位老师坦言：“政府想推动这方面的课程，但是没有资源啊，像我们这个辈分的知道这些民族语言文化的都很少了。”

(2) 学生存在文化断层、知识不连贯、思维转换困难的现象。一点语言基础都没有的少数民族学生或缅籍学生，在课堂上一句话都听不懂，但还要跟着同步教材走，学习很吃力。

瑞丽市第三民族中学一位接受访谈的缅籍学生说道：“数学跟缅甸教的是一样的。但是大多数语言不同，有时候不会联想到一起。在学校里教的有点不懂又想不出来的话，有时候学生们在一个宿舍里互相讨教，懂的同学用缅语翻译，说清楚是缅文学校教过的，在课本哪一页。教完了之后，大家才反应过来原来是这个，就懂了。”笔者想让一位缅籍学生介绍一下缅甸的英雄，但她无法说出英雄的名字，她解释道：“我们不会讲，我们只会说缅甸语，不会说中文。”

(四) 跨文化课程实施状况

通过观察、访谈、收集材料，调研组总结发现姐告国门小学的教学模式为：以学生为主体，老师引导课堂，激发学生的学习兴趣，鼓励学生“自主学习，互动交流，探究发现”。以该校的民族团结教育为例。

民族团结教育首先由上课老师制订好教学方案，提出教学目标、重点与难点、教法与学法和教学准备，在教学过程中积极引导，比如播放歌曲视频、图片展示等，激发学生的上课兴趣。其次，指导学生阅读，结合课文内容，正确向学生传达课文思想，让学生基本认识我国的56个民族，再深入讲解各民族的人口分布、风俗习惯、语言文字等，让学生对自己的民族和其他民族有具体的认知。再次，鼓励学生课堂交流，给学生一个自我表达的空间，引导学生思考提问，进行师生互动，让学生在交流过程中再次对民族知识有进一步的感知，激发学习兴趣。学生们在交流中增进感情，使学生学会尊重各民族文化，培养学生的团结互助意识。最后，由老师总结归纳，对课文进一步延伸，教导学生“我们都是一家人”的思想，培养学生的民族自豪感和祖国自豪感。还可以进行课后活动，让学生搜集材料，制作手抄报，让学生对民族团结教育有一个更为具体、直观的认识。

双语教学也是由老师先制订好教学计划，通过学习傣语歌曲等激发学生的学习兴趣，再由老师从基本的声母、韵母教起，同时积极构建傣语学习环境，巧设情景，将生活与课堂相结合，积极与学生对话，让学生在潜移默化中习得傣文。

但是由于双语教师资源不足，许多汉语零基础的学生在学习上比较困难。姐告国门小学的老师反映："最大的困难是学习语文啊，刚开始他们学汉语很吃力、很费劲，老师问的问题他们都不是很懂。"

由于语言不通，学生对其他科目的课文认知比较滞后，通常都会在下课时间询问同学，以这种方式来掌握知识。学生的认知能力和讲解能力毕竟有限，有可能导致有语言障碍的学生的知识结构并不完整，甚至感觉越学越难。少数民族学生厌学情绪普遍。在访谈过程中，发现有部分学生计划读完初中就去找工作。

三、瑞丽市跨文化教育发展的思考与展望

在全球化发展的大背景下，跨文化教育是当今教育研究的热点问题，它强调了社会中不同民族的文化群体的独特价值和地位。跨文化教育是多民族聚居地区发展到一定程度的必然产物，发展跨文化教育可以使学生学习民族的优秀文化传统，体会其他民族的文化魅力，真正实现民族文化的传承，同时培养学生的民族认同感和国家认同感，维护民族地区的"平等、团结、互助、和谐"。对瑞丽市跨文化教育发展状况的考察将有助于形成对跨境民族地区跨文化教育核心问题的思考。

（一）对瑞丽市学校跨文化教育的思考

1. 对双语教学的反思

瑞丽市的跨文化教育尚处于发展状态，各学校都在将民族文化引入到学校课堂学习当中，教材是基础，关键还在于师资。通过对瑞丽市学校教育状况进行归纳，发现教师资源的缺乏使得学校的教学质量不能稳步提升和发展。双语教师资源稀缺，从而引发学生思维转换难、教学质量低、教师教学压力大等一系列问题。

调研发现，瑞丽市的双语教育实为一种过渡型的双语教育模式，简单来说，其实质是一种"学习辅助工具"。中国学校的主要课程都是用普通话来授课，对汉语基础差的学生来说，这极大地阻碍了他们对课堂知识的学习和吸收。而双语教学通过民族语言的简单学习，让学生掌握了从语言结构上转换信息的手段，最终回归到汉文化的学习，跟上教学进程，提高学习成绩。双语教学不应该只是一门语言的学习，民族语言的内

涵是民族文化，双语教学应当与民族教育结合到一起，使学生不仅能够融入到主流社会当中，而且能够很好地传承和发展本民族的优秀文化。

瑞丽市的一些学校由于教育经费不足，师资短缺，无法开展双语教育课程，或者相关师资培养培训没有保证，双语教育能力不足。在跨境民族地区学校，双语教育有其存在的必要性和紧迫性。学生与学生之间、学生与老师之间、老师与老师之间都是通过语言这个工具来建构彼此间的关系。如果没有共同的语言，那么学生的学习会受到影响，教学的进度会受到影响，增加了学生的学习压力和教师的教学压力。那么，如何把握教学质量和教学特色的统一呢？语言是友谊的桥梁，是文化的桥梁。双语教学的受教育者不应当局限于学生，还应该对教师进行相关的语言培训和文化培训。如此一来，不仅能有效解决知识传授过程当中的语言障碍问题，提高教学效率，还能增进师生间的感情，弥补师资空缺，保持学校的特色教育，加强师资队伍建设。

2. 对学校教育和认同意识的反思

在我国研究中，影响我国少数民族从民族认同到国家认同的不利因素总体归纳有三点：各民族经济收入差异明显，各民族文化差异性导致的矛盾，民族教育文化上的差异。前文提到过，学校教育能够塑造少数民族的价值观和意识形态，通过语言文化教育和思想政治教育可以提高少数民族的民族认同感和国家认同感。当地境内的跨境民族的民族认同与国家认同关系有待进一步加强，重点是学校教育。瑞丽市学校的跨文化教学理念注重强调"我们都是一家人"，学生和平相处、互帮互助，形成了安全、和谐、共进的校园文化环境。整体而言，民族团结、民族认同教育已然深入人心。然而，我们应该清醒地认识到，如果一个多民族国家的各个民族只停留在民族认同的培养，那么这很有可能会阻碍国家认同的建立，这就要求加强学校的思想政治教育，强化学生的国家意识和公民意识。在正视多民族国家民族认同与国家认同矛盾的基础上，正确处理民族认同与国家认同的关系，使得国内少数民族成员在其原有民族认同的基础上形成并维持超民族的国家认同，是现代国家寻求统一和发展的必由之路。① 学校的教学人员应在中国特色社会主义思想的指导下，正确认识两者关系，通过组织学校教学活动来整合两者关系，使两者充分联系、有机结合，让学生从实际上理解民族认同与国家认同的关系，避免民族认同和国家认同之间出现不协调、不互补的问题，进而导致冲突与矛盾的发生。

---

① 贺金瑞，燕继荣. 论从民族认同到国家认同[J]. 中央民族大学学报(哲学社会科学版)，2008(3)：5—12.

（二）对瑞丽市学校跨文化教育的未来展望

如何应对和把握跨境民族地区跨文化教育的长期发展，使其切实符合经济社会发展的需要，这是摆在我们面前的问题。

首先，继续深化发展地区经济。瑞丽市政府要继续深化改革，适时进行经济结构调整，用心发展边贸，积极建设瑞丽重点开发开放试验区，拉动瑞丽市经济增长。经济基础决定上层建筑，稳定的经济基础能为教育发展提供有力的保障。

第二，促进教育公平，合理配置教育资源，重点向农村、边远、贫困、民族地区倾斜，是我国实现教育均衡发展的重要内容。在国家政策的倾斜照顾下，公共教育资源要继续向边疆和少数民族聚居区的学校倾斜，进一步改善学校教职工的工作生活条件和学生的学习生活条件。

第三，加强对外交流。根据产业发展需求和区域经济发展的实施要求，结合瑞丽与缅甸毗邻的实际，探索开展多种形式的对外合作交流，如加强和境外华文学校的交流，加大中缅文化交流等。

第四，加强民族内部沟通。在多元文化的民族聚居地区，学校教育、家庭教育和社会教育是不同文化之间沟通和了解的途径。一个族群要通过与其他族群互动，感受到异文化才能形成对自身民族的认同感。瑞丽市是多民族聚居区，民族文化多样，关系复杂。要使各民族间互相尊重、和谐共处，加强民族团结教育和爱国主义教育非常重要。在学校里，推动党的民族理论和民族政策、国家法律法规的学习，使其进教材、进课堂、进学生头脑，引导广大师生牢固树立祖国观、民族观、宗教观，实现从民族认同走向国家认同。

第五，加强国门学校建设和管理，努力提高教育教学质量。提升教师的多元文化素质，完善教师培训管理机制，实施灵活教学，支持学校开发少数民族文化课程，加强民族文化教育与其他学科的联系，积极推动民族文化的教育和传承。争取使国门学校成为办学条件一流、师资队伍一流、管理水平一流、教学质量一流的优质学校，成为面向东南亚的教育辐射的“桥头堡”。

第十一章　跨文化高等教育研究:广西民族大学跨境跨文化教育

如上所述,跨文化教育是指在两种文化之间进行的一种教育。在当今社会快速进入信息时代的进程中,通过国家、地区之间的跨文化教育,传播本民族优秀文化价值,交流共享文化创新成果,提升国家文化软实力和国家或地区的影响力,这几乎是世界各国文化发展战略的共同选择。

一、跨文化高等教育

由大学的社会角色所决定,中国的高等教育不仅肩负着中华民族文化传承和创新的历史使命,而且还应承担中华民族文化国际传播的重要任务。而实际上,新中国成立特别是党的十七届六中全会以来,我国高等学校一直以高度的文化自觉和自信活跃在跨文化教育的国际舞台上,充分发挥自身的资源优势、地域优势,各显神通,各尽其能,多形式、多渠道推动中华民族文化的国际传播和交流。其中,比较具有典型意义的、影响比较深远的,也是效果比较显著的是留学生教育和孔子学院。

随着我国对外开放的扩大深入、综合国力的增强和国际地位的不断提升,我国高等院校在国家汉语国际推广领导小组办公室(下文简称国家汉办)的直接指导和大力支持下,采取"请进来,走出去"的形式:一方面,积极主动与世界各国寻求合作,在世界各地开办孔子学院和孔子课堂;另一方面,通过展示自身的文化特色和魅力,努力吸引越来越多的外国留学生前来进修汉语和学习专业,在世界各地掀起了学习"汉文化"的热潮,打造了一道"跨文化高等教育"的风景线。

广西的独特的区域优势和跨境文化现象,使得广西跨文化高等教育具有明显的独特性:跨境跨文化高等教育。在地理位置上,广西是中国西南地区的沿海沿边的少数民族自治区,与越南毗邻,邻近老挝、泰国、柬埔寨等东南亚国家,与这些国家的民族语言文化同根同源；在经济发展方面，广西的总体情况、消费水平与这些国家现阶段还不是很悬殊，求学成本不高，有利于邻近经济欠发达国家的青年学生来接受中国高等教育。近些年，来广西高等院校留学的越南、泰国、老挝、缅甸、印度尼西亚等东南亚国家的留学生人数每年超过一万人，并且还在逐年增加。本章以广西民族大学为例，探讨和分析我国西南跨境民族地区高等学校跨文化教育的特色和特点。

二、广西民族大学跨文化教育优势和特色

广西民族大学位于广西壮族自治区首府南宁市，创办于1952年，原为中央民族学院（今中央民族大学）广西分院，1953年改名为广西省民族学院，1958年更名为广西民族学院，2006年更名为广西民族大学，是国家民委和广西壮族自治区人民政府共建高校，也是“十二五”时期广西壮族自治区重点建设高校。学校有着得天独厚的跨文化教育资源和环境，是一个“天然”的跨境的跨文化教育场域。不同民族的大学生和来自不同国家的留学生——这些具有不同文化背景的受教育者在一起相互学习、相互尊重、友好和睦共处，形成了多元文化和谐共生的格局。

近年来，广西民族大学本着“民族性、区域性、国际性”三性合一的办学理念，充分利用与东南亚海陆相接的区位优势，语源、风俗相近的人文优势以及服务民族工作和民族地区经济社会发展的政治优势，大力发展跨境的跨文化高等教育，并且以此作为自身的办学特色和定位。为了促使该目标的达成，学校紧紧地扭住学科建设这个龙头，抓住东盟语言、专业学科的师资建设的关键，在理论上和实践上努力探索跨文化教育的规律，关注国际、国内跨文化教育发展的经验做法和走向，坚持内涵发展与规模拓展有机统合、齐头并进，使学校的跨境跨文化高等教育的特色日益凸显，从而提升了学科发展的综合实力和学校的社会影响力。学校曾荣获“全国先进基层党组织”、“全国党的建设和思想政治工作先进普通高校”、“全国民族团结进步模范集体”、“全国文明单位”等荣誉称号。时任国家主席的胡锦涛同志2006年11月出访越南时，亲切接见了学校在越南讲学、留学的师生代表；习近平主席2010年5月到学校考察工作，深入课堂看望了东南亚国家留学生，勉励他们珍惜机会，努力学习，学成回去报效国家，服务人民，做维护世界和平、传播两国人民友谊的使者。2013年学校派去印尼孔子学院的两位汉语教师在雅加达受到习近平主席和夫人彭丽媛的亲切接见。李克强总理2013年10月访问泰国和越南期间，鼓励广西民族大学在泰国、越南交流的学生努力学习，用所学知识为祖国服务。广西民族大学作为一个民族综合高等院校，其在跨境民族

高等教育方面的鲜明特色，对东南亚社会各界产生了深刻的影响，在国内也受到称赞。

建设东盟学科群，培养外向型人才。今天，广西民族大学的东盟学科已是学校学科建设中最具特色的学科之一。广西民族大学是中国与东南亚国家最早建立合作交流关系的大学之一，是中国首批“国家外语非通用语种本科人才培养基地”。从1964年开设东盟国家语种专业以来，已有近半个世纪的历史。开设初期设有越南语、泰语、老挝语，随着改革开放的不断深入以及形势发展的需要，学校陆续增加了柬埔寨语、缅甸语、印尼语、马来语等语种，加上原有的英语、法语，东盟十国的官方语言已经开设齐全，成为全国开设东盟语种最齐全的大学。学校依托东盟语种优势，增设了一批与东南亚政治、经贸、文化、旅游等相关的学科专业，并形成了东盟语言文化、东盟经贸商旅、东盟政治法律等三个系列的东盟学科群。自1999年中国—东盟博览会永久落户南宁开始，广西民族大学以服务国家外交战略、服务中国—东盟自由贸易区、服务广西经济文化社会的发展为宗旨，大力实施国际性大学发展战略，充分利用毗邻东南亚的地域优势以及亚非语言文学、民族学等自治区重点学科的优势，创建了以东盟学术研究和政策与信息咨询为主的东盟学院。南宁“两会一节”及各种大型活动中到处活跃着广西民族大学志愿者的身影，大批师生为展会提供服务，担任高级联络官、翻译和志愿者，学生利用自己所学的东南亚语言为中国和东盟各国参展商的交流合作提供服务。同时博览会等活动也为广西民族大学的学生提供实践平台，让学生在实践锻炼中巩固知识、增长才干，培养了大批外向型人才。广西民族大学逐步成为广西乃至国家对外交流与合作的重要窗口和基地。

传播中华文化，促进与东盟各国人文交流，培养知华友华人士。学校与17个国家、地区的137所高校和机构建立了实质性的交流与合作关系。学校与东南亚国家高校开展教育合作比较早，设立各类奖学金，大力发展留学生教育，自2009年起每年招收东南亚留学生逾千人，到2014年达到了近1 400人。在广西的高校国际教育中具有其特有的优越性。学校每年也向东南亚国家派出留学生2 000多人，双方学校高层互访、互派教师留学生、开展科研合作等。学校先后与泰国玛哈沙拉坎大学、老挝国立大学、印尼丹戎布拉国立大学合作建立了3所孔子学院。学校为中国—东盟自贸区、北部湾经济开发区及区域经济社会发展提供人才支持和智力支撑，是首批“国家外语非通用语种本科人才基地”、“中国—东盟法律培训基地”、“中国—东盟旅游人才培训教育基地”、“东盟国家汉语人才培训中心”、“海外汉语教师来华培训项目”执行学校、“中国支持周边国家汉语教学重点学校”、“中国政府奖学金留学生接收高校”、“汉语水平考试(HSK)高等考点”、“汉语作为外语教学能力认定考试点”、“孔子学院奖学金生接收院校”和“国际汉语教师志愿者项目”培训和选拔院校。泰国教育部在广西民族大学建立了泰语水平测试点。柬埔寨国家元首西哈努克亲王,越南国家主席陈德良、副总理范加谦,泰王国诗琳通公主,老挝总理波松及国会主席巴妮·雅陶都等东盟国家政要都曾来校参观访问。学校积极开展国际合作与交流活动,多层次地开放办学,增强了学校的办学活力,提高了学校的国际化程度,具有鲜明的跨文化教育的特色,是跨境民族地区高校进行跨文化教育的典型。

(一) 东南亚留学生教育

高等学校留学生教育的目的是多元的,而不是唯一的。从跨文化教育的目的取向而言,留学生教育就是要培养学生了解、理解和容纳中华文化,促进两国人民感情交流,成为两国友好关系的桥梁和使者。而对于广西民族大学当前的跨境民族留学生教育来说,除了上述目的取向以外,还有其特定的使命:通过跨境民族留学生教育,加深与邻国的民族感情,建立和加强跨境成员的文化交流,维护跨境民族之间的和平相处,友好往来,保证边境安全和稳定。跨境跨文化高等教育要达到这一目的,需要在实施留学生教育的过程中,施行有目的、有计划的课程教学和给予生活上的关心帮助。虽然东南亚国家大多与我国是邻国,有着相同或相似的民族、民俗甚至语言文化,但对来自这些国家的留学生来说毕竟是从自文化转入他文化的学习环境中,他们不仅在语言文化、社会交往上需要转换,而且在生活环境和生活习俗习惯上也需要调整适应,通过转换、调整和适应最终达成文化融合。

1. 留学生跨文化适应

跨文化适应是指个体在新的环境中改变自己原有的行为方式和风俗习惯以适应新环境的文化。人在一定的社会文化背景中成长,其社会生活经验、思想认识无不打上特定社会的烙印。因此,一般来说,如果一个来自不同文化背景的人要参与到另外一种社会文化当中,就必须对自己的原有经验和社会认知不断地进行调整、改变以适应新的环境。留学生的跨文化适应包括个人的日常生活与思维方式,文化碰撞与调适,理解与接纳,为人处世与沟通交流等方面。

(1) 日常生活的文化适应

留学生从自己的祖国来到中国学习和生活,进入到一个陌生的环境,需要有一个包括日常生活的文化适应期。从心理学的角度上说,通常人在陌生的环境里,可能产生焦虑、急躁、不安等心理状况,以致各种能力会有所下降。留学生日常生活的文化适应在留学生活的初期是非常重要的，是留学生接受跨文化教育的第一道“门槛”。据留学生管理办公室的老师介绍，有个别留学生刚到学校几天就觉得很难适应这里的生活，直接回国了。

留学生日常生活适应包括对气候、饮食、住宿等方面的适应。访谈发现，尽管东南亚留学生和南宁地理位置邻近，民族、民俗文化、语言文化乃至生活文化相近，在适应校园生活方面相对欧美等留学生来说可能容易一些。但他们毕竟是在自己的国家成长起来的，国家特定的社会文化熏陶，使他们的世界观、价值观，乃至思想方法、生活习性都已经趋向固定，这些客观存在会使得部分留学生产生不同程度的适应困难问题。如气候适应方面，东南亚国家大多属于热带气候，出现寒冷的概率较小，抗寒能力不强的留学生较难适应南宁冬季室内室外一样寒冷的环境，冷热交替很容易患上感冒、发烧等疾病。饮食方面，由于国家间饮食文化存在差异，东南亚国家多以清淡、酸甜味食物为主，习惯冷饮，这与中国人的饮食习惯不同。在中国生活一段时间后，留学生们会尝试各种中国食品，有些学生还会喜欢上这里的特色饮食，如有些留学生刚到学校的时候觉得南宁的“老友粉”过于油腻，但往往回国后就会想念“老友粉”的味道。而一些信奉伊斯兰教的留学生，他们在饮食上有很多禁忌，只能去清真食堂用餐。

来自印尼的J同学是一位穆斯林，她偶尔会去学校的清真食堂就餐，也自己买菜做饭，她说：“但我们不买杀好的鸡或让别人帮忙，因为我们在杀鸡之前要祷告，而且我们也不喝酒。”

（图为留学生寝室）

住宿方面，大多数留学生对学校的寝室安排是比较满意的。学校将留学生和中国学生分开在不同的楼栋居住。而为了照顾留学生的宗教信仰、饮食和其他生活习俗，减少学生情感上的烦恼，往往会把一个国家的留学生安排在一个寝室里面。

留学生对这个细节的安排表示十分满意，他们在访谈中表示，回到寝室，感觉就像回到家里，不用担心语言问题。但由于东南亚国家对居住环境的卫生要求比较高和特殊的爱好，有一些留学生反映学校住宿设施配套不够完善，不能全部满足双人间的配置，和他们本国的住宿习惯不符，因此形成较大的心理落差。

> 柬埔寨留学生H说："我们寝室是4个人住，配备有空调、电视机、电热水器，条件挺好的，但是我不习惯上下铺的床位，睡觉要爬上爬下的，没有安全感。"

(2) 社会交往的文化适应

人的年龄与跨文化社会交往认同程度和适应程度有密切相关。一般来说，年纪越小越容易适应。据统计，东南亚留学生中98%以上的年龄分布在18—26岁，这个年龄段的大学生思维活跃，接受能力、独立能力、交际能力、适应能力都较强，在跨文化的适应和社会交往方面是比较积极的。

留学生入学动机也会影响他们在社会交往中的文化适应性。调查发现，自愿出国留学的学生往往会更主动、更积极地去适应学校环境，展开社会交往。经过调查和访谈，我们了解到东南亚邻近国家学生来华留学的动机主要有以下几种：一是受中国主流媒体中华文化传播的影响，对汉语产生兴趣；二是未来谋职的需要或者当前正在广西谋职的需要；三是受已经来中国留学的朋友的影响；四是中国政府奖学金的吸引。

这些来华留学的学生动机和原因各不相同，但却可以从中看出最根本的原因是改革开放三十多年，中国综合国力大大提升，对外经济快速发展，中国和平外交政策深入落实以及中华文化对于周边国家的影响力日益广泛，使得周边国家的青年学生对学习掌握中国文化十分向往。以下是几位留学生的自述：

> ——我从小就爱看中国的电影、电视剧，一边听他们的声音一边看字幕，还模仿里面的对话，我最喜欢《西游记》。在缅甸英语本科毕业后，校长推荐我到中国来留学。
>
> ——我在越南是一位高校教师，本科学习英语和俄语专业，由于工作的需要，申请到中国读中国现当代文学专业博士。
>
> ——我的一些到过中国留学的朋友回国后介绍中国的情况，使我对中国经济、文化非常感兴趣，而且我从小就学习汉语，在老挝一直用不上，所以就决定来中国留学。
>
> ——一次刚好看到中国政府对柬埔寨留学生优惠政策宣传，全免学费和住宿费，每月还有1 000元人民币的补助。我的家庭经济情况不太好，我也很想出国

开阔眼界，这个政策很吸引我，所以我就报考了。最后非常幸运地成为当年10个获得中国政府奖学金的人员之一。

——我希望能学好汉语和工商管理专业知识，将来如果有好的工作机会，想留在中国工作。

一般而言，来自东南亚国家的留学生的人际交往适应程度是比较好的，大多数不同国别的留学生之间、留学生和中国学生之间以及留学生与中国老师之间的关系都比较融洽。采访交谈中，很多留学生表示中国朋友很和善、友好，乐于助人，十分愿意结交中国朋友，经常和中国老师、同学交流，时常参加中国学生组织的文艺、体育活动。有时候也邀请中国老师和同学来参加他们留学生组织的派对。他们在学习生活中遇到困难时，中国的老师、同学给予了最大的帮助。几乎所有的留学生都认为和中国朋友交流是适应中国文化，成为"中国通"最有效的方式。但担心语言沟通、社会交往的文化差异等原因，也使一些留学生特别是刚到中国的学生产生心理障碍，虽有结交中国朋友的愿望，行动上却缺少勇气和果敢。

柬埔寨留学生H很有兴致地讲述了他和一个中国同学的故事："我刚来中国的时候汉语水平不好，而且很贪玩，下课就跟同学跑到外面去，很少花心思在学汉语上。也因为自己贪玩导致汉语不如其他同班同学，不免常常有气馁的情绪，经常想放弃学汉语。后来在英语角认识了赵同学，她是一个很上进的女孩，读英语专业，因为经常一起参加活动我们成了很好的朋友。她跟我说，'你来留学就是来学习的，学习才是你的任务'，还给我介绍了一些学习汉语的方法。也是听了她一席话，我才有了重新学习汉语的激情。当然学习汉语是个循序渐进的事情，之后的学习生活也常常碰壁。每当遇到困难时，赵同学都会给我加油，让我有学习下去的动力。照着她说的边看中国电影边练习口语的方法，我的汉语水平真的提高了很多。"

语言是社会交往的基础。留学生到中国学习，首先遇上的问题是语言问题。即使是原来在本国通过各种渠道学习过汉语且基础已经比较好的学生，来到中国学习，其语言环境变了，在国内是以本国语言为主的，而今是以中国语言为主了；学习中，原来更多是适应母语教材而今是汉语教材；原来教师上课以母语为主汉语为辅，而今是汉

（图为中国学生和印尼学生组成的印尼语俱乐部）

语教学了。这种语言环境的转变，使他们在学习中难以衔接原有认知结构，不能调动先前的经验，从而难以顺利同化知识概念，造成了学习上的困难。留学生要从一种语言环境过渡到另一种语言环境，必然会遇到原有语言文化规则习惯的干扰和影响，会使他们产生畏难情绪，感到力不从心。大多数留学生表示在学习生活过程中遇到的最大困难是语言问题。

我们在采访的过程中遇到一位到中国学习了三年的缅甸留学生，很多问题他都无法完整回答，只能微笑害羞地说“对不起”，可以想象他日常的学习生活会遇到多少烦恼。一位老挝留学生说：“特别是成语的运用，有时摸不着头脑，经常用错，闹笑话。比如说，在组织班级活动时遇到一些困难，经过各方面的沟通和调整，问题终于得到了解决，同学们都很开心，这个时候我用了“兴高采烈”这个成语，其实想表达的是“皆大欢喜”这个意思。虽然都有一种高兴、开心的情绪在里面，但不同的词语所表达的意思千差万别。”

公共秩序意识和风俗习惯的适应。公共秩序意识和风俗习惯适应属于价值观念层面的文化调整。家有家规，国有国法。总体上说，留学生遵守中国法律的意识是很强的。留学生中鲜有违反中国法律，胡作非为的。但是对于学校的规章制度、教学生活秩序、校园文化就不容易理解、认同甚至接受，对于中国社会核心价值也不太容易理解和认知，从而造成各种各样的误会或迷惑，甚至冲突。比如，男女生的交往关系、公共场所和私人场所的区分、交际方式、自我为中心的“差序格局”等；又比如一些国家留学生不习惯遵守学校作息制度，经常凌晨三四点钟才休息，白天睡觉，不惜旷课。很多时候他们为了庆祝家乡的传统节日，会在寝室喝酒、唱歌狂欢到天亮，这样就会影响到一些作息时间正常、喜欢安静和规律生活的其他国家的留学生，由此经常引起一些小“摩擦”。这是各国文化差异导致的一些冲突或不和谐。

柬埔寨留学生H就认为：“Y国学生晚上吵闹，影响到其他同学休息，我觉得学校应该严格管理，对留学生和中国学生一样要求，如果不遵守纪律，就应该处罚。”

公寓管理员W阿姨说：“因为他们是留学生，我们也不好以强硬的态度去管理，而且我们叫不出他们的名字。一般去说的时候，他们会停下来一会儿，我们一走他们又开始闹起来。”

公寓管理员W阿姨还谈道：“有的寝室个别留学生毕业回国，我们会安排新生和老生混合住在一起，有的老生是不欢迎有新同学进来的，会找各种理由拒绝这个外来者。如果条件允许，其他寝室有空余的床位，我们也会重新安排新生入住；如果条件不允许，没有空床位，我们只能强行安排新生入住。但是，在老生不欢迎的情况下，新生也是很不愿意住进去的，会顾虑被老生排挤。这个问题在中国学生中就很少见到，中国学生很少会抵触新生的加入，一般都服从老师的安排。相比之下，中国学生更遵守学校的规定和安排。”

2. 留学生教学

课程教学是留学生跨文化教育的主渠道。广西民族大学把跨境留学生的跨文化教育的多元目标融合在课程的设置上，落实到教学过程、课外活动和留学生事务管理之中。

(1) 明确课程设置目标

学校在设置东南亚留学生教育的课程时，一方面参照国家关于全国来华留学生的课程标准和要求；另一方面结合留学生的实际和需求，遵循他们的学习发展规律，开设符合他们汉语学习或专业学习的具体要求的课程，并针对不同国家、不同学习特点的留学生实行因材施教。随着学校招收留学生的规模不断扩大，各级、各类求学需求的东南亚留学生都来了。为了满足各国留学生的多样化求学要求，学校近年来已经从最开始招收学历和非学历的语言生，发展到招收以汉语为第二语言的专业教育留学生，专业设置涵盖经、贸、商、旅、行政管理、文学艺术、计算机等，从培训到学历教育，从本科专业到硕士、博士研究生教育，规模越来越大，专业越来越全，类别越来越多，办学层次越来越高。

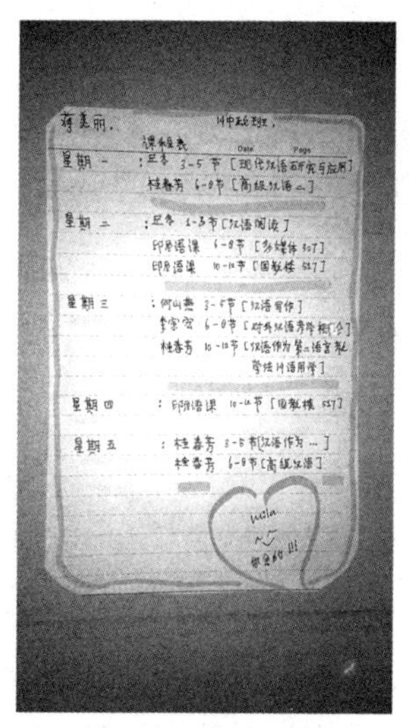

课程表

星期一：3-5节［现代汉语研究与应用］

6-8节［高级汉语二］

星期二：1-3节［汉语阅读］

印尼语课 6-8节［多媒体307］

印尼语课 10-12节［国教楼527］

星期三：3-5节［汉语写作］

6-8节［对外汉语教学概论］

10-12节［汉语作为第二语言教学法和语用学］

星期四：印尼语课 10-12节［国教楼527］

星期五：3-5节［汉语作为…］

6-8节［高级汉语］

（留学生自制课程表）

（留学生教材）

（2）因材施教的教学形式

通常，留学生在学习中最常见的问题就是语言的适应问题。不同程度的语言沟通困难，以及语言的应用、书写汉语等方面的暂时困难会影响他们的学习信心和兴趣。此外，由于来校的留学生生源结构复杂，层次多、国别多，不同国家的留学生文化背景和汉语学习能力不同，例如越南、日本、韩国等国家的留学生学习汉语比较快，因为越南、日本和韩国也同属于汉字文化圈，尽管越南文字进行了改革，但他们对汉字仍然比较熟悉。而泰国、柬埔寨、印度尼西亚等国的留学生则不同，因为他们国家的文字是拼音文字，属于非汉字文化圈，学习掌握汉语就相对较慢。所以，在广西民族大学担纲留学生教育的教师通常会经过一定形式的选拔。这些教师不仅教学经验丰富，教学效果好，而且需要有境外学习或工作的经验，比较了解他国文化，懂得跨境跨文化教育的规律，理解跨境留学生的文化差异和心理特征，以利于对各种情况的留学生进行个别辅导，实施因材施教。

“我最喜欢上语法课，因为能听得懂，觉得最难的是音韵课。除了最基本的三十六个字母、韵部表特别难记忆以外，还有很多知识特别难理解，如：阴阳对转与旁转、反切的条例，这两个部分说的变化条件和情况都不是很明白，上课总是处于一种晕晕乎乎的状态。”印尼留学生L说。也有个别留学生反映教师上课没有照顾到有外国留学生同堂上课的情况：“我觉得老师上课节奏很快，没有因我们是留学生就放慢速度，有些听不懂，但也不好意思提问，所以对问题时常是一知半解。”

调查显示，大部分留学生对于学校教学质量表示满意，也比较喜欢和适应当前中国教师使用汉语进行留学生教育的教学模式。特别是语言教学中，学校里教汉语的教师教学经验都较为丰富，上课的形式符合留学生的实际需要，在较活泼、轻松的环境中进行听、说、读、写的训练和讨论。一些掌握双语的教师，会针对留学生本国语言的发音特点来教学，使留学生在短期内就能够掌握汉语拼读的方法。

汉语水平考试(简称 HSK)是一项国际汉语能力标准化考试，重点考查汉语非第一语言的考生在生活、学习和工作中运用汉语进行交际的能力。一般而言，东南亚留学生中，通过 HSK 三级的考生就基本上可以用汉语进行日常生活、社会交往，从事非专业的学习和勤工俭学的工作等。通过 HSK 六级的考生可以比较轻松地阅读理解和处理中文信息，以口头或书面的形式用汉语流利地表达自己的见解，可以比较顺利地进行本科专业甚至研究生的专业学习了。据访谈得知，广西民族大学的东南亚国家留学生 HSK 考级的积极性和通过率都较高，一般本科生和研究生五级通过率达 90%以上，其他语言生的三级通过率也达 70%—80%。但是，语言考级是一回事，语言应用又是另一回事。留学生们也表示，目前在校的留学生较少能通过六级考试。即便通过了，也还有许多留学生觉得在用汉语学习专业时仍然有很多困难：有些留学生表示上课时常会听不懂老师讲的课；有些虽然听懂了但很难用汉语表达清楚自己的思想；有些需要借助词典才能基本读懂课本内容；有些上课做笔记时索性先用母语或英语记下了，课后再进行翻译。这也就是为什么东南亚留学生上课参与课堂互动普遍不太积极的原因。

(3) 留学生管理

留学生管理是服务于跨文化教育目的的重要环节。良好、周到、热情的人本管理，会让东南亚国家的留学生们对学校的师生们、对中国人民产生友好的感情，以及对中华文化的认同接纳。不是教育胜似教育。广西民族大学招收来华留学的东南亚学生时间较长，形成了一个管理服务的良好传统，也积累了比较丰富的经验，为每一位从这里毕业走出去的东南亚留学生留下了深刻的印象和美好的记忆。特别是，学校为了整合学校分散的涉外教育资源，构建统一的国际教育管理服务平台，凸显国际性办学特色，开拓了更广阔和可持续发展留学生教育的空间，2005 年 3 月成立了国际教育学院。学院的建成旨在通过日常的、高品质的管理服务来提升学校国际化办学水平，提高服务于中国—东盟国际外交战略、服务于广西经济社会发展的能力。

实践证明，广西民族大学国际教育学院建成十多年，其既定目标已经部分达成。但随着学校国际化办学进程的推进，对外招收东南亚留学生的规模持续扩大，当前这样的留学生管理体制和机制日显不足。

> 国际教育学院的老师认为："当前我们学校在留学生日常事务管理服务上，还存在管理资源分散、协调管理机制不全、管理方法手段滞后等一些问题。国际教育学院是管理留学生的主要部门，负责全校留学生的招生、学籍、签证等日常管理和语言生的教学工作。各有关二级学院负责本专业本科生的教学工作，而学籍管理、教学管理归属于教务处，研究生的学籍管理和教学管理归属于研究生院，后勤管理中心负责留学生的宿舍管理。这些职能部门和学院之间相对独立，由于沟通问题，在管理工作中难免会出现不到位、缺位或者重复管理的现象。有时候，关于一个留学生的事务处理会涉及二级学院、国教院、教务处或研究生院等多个部门。由于分工过细，虽然各个相关部门职责明确，但留学生无法知道这些复杂的办事程序，有问题不知道找哪个部门解决。在他们看来很简单的问题，办起来却那么不容易。这在一定程度上影响了留学生管理服务的效率和质量。"

(4) 丰富多彩的课外活动

根据学生德育过程知、情、意、行的思想、道德品质形成的客观规律，留学生的跨文化教育也不止于简单的课堂教学活动或局限于师生交往，它还体现于留学生的整个校园生活之中。

在广西民族大学，这种跨文化教育是双向的，既有面向国内师生的，也有面向留学生的。通过组织跨文化交流互动的实践活动，促进东盟留学生和中国学生、教师之间的相互理解和尊重。东盟留学生为学校带来了丰富的颇具亚热带、热带特色的服饰、美食、艺术、节日民俗风情等各国文化。学校组织文艺晚会、演讲比赛、体育比赛、东南亚外语角、汉语口语大赛、泼水节等文化活动，留学们积极踊跃参与，增进了中国学生与东南亚各国留学生的交流。2007 年、2008 年，泰国驻南宁总领事馆与学校连续两年举办了“泰国文化周”，此后学校每年都举办“东南亚泼水节”，东南亚各国留学生与中国师生一起跳团圆舞，泼水祝福，品尝各国美食，观看各国电影，增进了各国师生对不同国家文化的了解，增进了相互间的友谊。学校还组织艺术团走出国门，到东南亚国家的高等教育机构和社会机构演出，展示中国民族表演艺术。2006 年 8 月，学校派出民族艺术团赴泰国演出，庆祝学校第一所孔子学院成立，先后在泰国碧武里皇家大学、玛哈沙拉坎大学、素攀国家大剧院和川登喜皇家大学举行演出，其中两场被泰国电视台现场直播，泰国总理、前总理以及两万多名观众现场观看了演出，泰国政府和人民给予高度赞誉。2011 年 12 月，由教育部主办、广西民族大学承办的“中国大学生艺术团”赴印度尼西亚、泰国、老挝等东盟国家举行文艺巡回演出，传播中国文化，受到了各国人民的热烈欢迎。

（东盟留学生节目）

在国内，广西民族大学则组织东南亚各国留学生到社会各界去展演他们国家的传统民族歌舞，分享他们国家的民族文化和民族风情。

老挝留学生 H 说：“去年暑假我很幸运参加了一个由广西外事办公室联合广西民族大学举办的中国文化培训班，主要培训中国文化、历史、哲学、地理、演讲技巧，培训后学员可以参加演讲比赛。经过认真而努力的准备，我获得了演讲比赛一等奖。通过准备比赛，我的汉语水平再一次有了质的飞跃，以前在班里我的汉语等级也不是很好，通过准备这个比赛我的汉语有了很大的提高。获奖表明了我的汉语有进步，但在培训过程中我也看到了我的缺点，所以我要继续努力，去改正这些缺点，把汉语学得更好。希望以后有更多这样的学习交流机会。”

（二）建设孔子学院

孔子学院教育属于文化交叉型跨文化教育，即在两种以上不同文化同时作用下所接受的一种跨文化教育。而且，这种教育还是异环境下的双语教学，即海外汉语教学。海外汉语教学是当今跨文化教育与传播的一项全新课题，与上述在国内进行的留学生教育不同，它是在脱离了本国汉语作为母语文化环境的背景下进行的跨文化教学活动。这种教学形式决定了作为教学活动的主体与主导者的互动模式，也决定着教师教学策略面临的挑战。此外，由于孔子学院本质上是一种海外汉语教学，在教育教学过程中还会存在教师与学生、学院与社会环境之间的利益博弈或文化冲突。但是，通过孔子学院提高中国文化的影响力来提升民族文化的自信，从而提升国家文化的“软实力”，已成为实现跨文化教育使命的重要抓手。

从 2004 年起，我国开始在世界各地兴办孔子学院和孔子学堂，截至 2014 年 12 月 7 日，全球 126 个国家（地区）建立了 475 所孔子学院和 851 个孔子课堂。① 各地的孔子学院（学堂）充分利用自身优势，开展丰富多彩的汉语教学和中华文化推广活动，逐步形成了各具特色的办学模式，成为各国学习汉语言文化、了解当代中国的重要场所，受到当地社会各界的热烈欢迎，掀起当地学习汉语和了解中华文化的热潮。广西高校与国外高校联合举办了 7 所孔子学院，其中 3 所由广西民族大学创办。广西民族大学在国家汉办（孔子学院总部）的授权批准下，2006 年起先后与泰国玛哈沙拉坎大学、老挝国立大学、印尼丹戎布拉国立大学合作建立了 3 所孔子学院。这 3 所孔子学院办得各有特色，虽然各方面尚处在起步阶段，但是在跨文化教育与传播方面已取得了明显的效果，在传播中国优秀传统文化和提高中国文化软实力方面意义非常重大。

1. 来自 3 所孔子学院的报告

（1）玛哈沙拉坎大学孔子学院

玛哈沙拉坎大学孔子学院是 2006 年 12 月揭牌成立的，建立 9 年来，学校一切从

① 国家汉办. 关于孔子学院/课堂[OL]. http://www.hanban.edu.cn/confuciousinstitutes/node_10961.htm.

无到有，从举步维艰到欣欣向荣。孔子学院首任中方院长黄秉生见证了学校的发展："当时除了在玛哈沙拉坎大学开设一个汉语专业本科小班之外，其他学校都没有汉语课程。教室里空荡荡的，一个学生都没有。教学设备简陋，没有电脑，没有投影仪，甚至连课桌椅都不全。"现在，玛哈沙拉坎大学孔子学院拥有建筑面积 1 000 平方米的独立教学办公楼，内设办公室、会议室、图书馆、多媒体教室、文化体验中心等，现代教学设施设备齐全。

玛哈沙拉坎大学孔子学院的师资队伍也在发展壮大，最初只有 2 名教师，2014—2015 学年度，已发展到公派教师 2 人，泰国本土汉语教师 1 人，志愿者教师 30 人，自聘汉语教师 3 人。经过几年的努力，学员人数也得到了迅速增长。在玛哈沙拉坎大学及玛哈沙拉坎府、加拉信府、黎逸府、亚梭吞府、武里南府共开设教学点 42 个，合作建立汉语文化中心 10 个，学员注册人数为 29 799 人，辐射的范围更广、更大，汉语教学质量也得到稳步提高。

玛哈沙拉坎大学孔子学院经过近 9 年的发展，在汉语教学和中国文化传播方面成绩斐然。该孔子学院承担了多所院校的汉语专业课或选修课教学工作，每年为数以千计的大学生提供汉语学习的机会；选派教师到玛哈沙拉坎府、黎逸府、加拉信府、亚梭吞府和武里南府 5 个府的 27 所中小学开展汉语教学工作，惠及学生一万多名；承接泰国东北部地区本土化汉语教师培训工作，参与培训学员年均 200 多人次，截至 2014 年底，学院共培训本土汉语教师 1 169 人。2014 年学院共举办 4 次 HSK 考试和 2 次 YCT(中小学生汉语考试)考试，考生人数共计 2 199 人。把孔子学院建设成为泰东北最大的中泰综合交流平台是学院十分重要的工作之一，尤其在组织泰东北地区政府官员、教育工作者、各院校师生赴华交流学习等方面成绩尤为突出。每年组织约 100 多名泰国学生到中国参加长、短期汉语学习和夏(秋)令营；2014 年，学院共组织 9 个团次 171 人赴华参观交流学习，从只申请国家汉办项目到自费赴华等多种形式，从教育领域扩展到经贸、政府间的交流等层面。学院在 2014 年协助促成黎逸市和防城港市结为友好城市，得到中国驻孔敬总领事馆的表彰。不断拓宽合作模式，走进泰东北社区，为当地普通社区民众开设了长期汉语培训班，定期到社区向普通老百姓介绍中国概况和中国文化。汉语服务社区已成为玛哈沙拉坎大学孔子学院工作的一大特色。组织泰东北地区汉语知识竞赛、汉语训练营、中国语言文化讲座、十大校园中文歌手比赛、中泰语翻译大赛、大学生中文辩论赛、中华才艺培训等综合文化活动。仅 2014 年，学院共举办各类活动 59 项，参与人数达 27 370 人次。其中一些文化活动已经成为学院的品牌项目，极大地提升了孔子学院的影响力。玛哈沙拉坎大学孔子学院办学得到了中国汉办及当地官员的好评与肯定。

(2) 老挝国立大学孔子学院

老挝国立大学孔子学院于2010年3月23日揭牌成立，由中国国家汉办、中国广西民族大学和老挝国立大学合作建立。老挝国立大学孔子学院作为国立大学的一个二级学院，已经融入大学的总体管理体系中。经过5年的努力，孔子学院现有总面积590平方米，开设基础汉语、口语、阅读和听力等课程，本部入学注册人数达到11 000多人，中学教学点学习汉语注册学员累计达1 500多人，各种类型的汉语培训班培训学员1 000多人，以上各类学员共计13 500多人。孔子学院本部入学注册总人数年增长率约为111.3%。老挝首都万象掀起了学习汉语的热潮。

在中老两国的共同推动下，汉语教学受到了老挝政府教育部门的认同。通过和教育部门的良性互动，老挝的汉语推广越来越顺利。老挝孔子学院还在万象市两所中学设教学点，孔子学院也是老挝首个HSK汉语水平考试点。在2012年组织的两次不同级别的汉语水平考试中，有129人参加了考试，10多人成功到中国留学。广西作为中国对接东盟的前沿和窗口，成为了中国每年接收老挝留学生最多的省区。广西每年接收的老挝留学生达数百人，很多留学生选择了本硕连读的学习方式。容玛拉是这些留学生中的一员。2010年6月，容玛拉申请到中国政府奖学金，成为广西民族大学的一名留学生。“我喜欢学习汉语，更喜欢中国文化。在老挝时，老师给我们上的中国文化课很有趣，是孔子学院圆了我的中国梦。我相信以后来中国留学的老挝人会越来越多。”容玛拉说。

孔子学院还积极开展各项文化交流活动，活动次数达到60余次，参加人数超过40 000人次，极大地促进了中老文化的交流，展示了孔子学院的教学成果。特别是2014年，配合全球孔子学院十周年庆祝活动，组织中老友谊文艺大联欢、太极体验、汉语体验、老中饮食文化节、汉字听写大赛、中国歌曲大赛等系列活动。孔子学院也积极参加中国驻老挝大使馆以及一些中国驻老挝机构的重要活动，如应邀参加中国驻老挝大使馆国庆招待会并在会上表演了融汇太极拳、书法和剪纸等中国传统文化元素的节目，获得社会各界的高度赞赏。此外，孔子学院每年还组织老挝高级领导干部访华团或教育工作者、老挝青少年夏令营团等到中国进行教育文化考察和学习。孔子学院长期开设兴趣特长班，如中国武术、太极拳、舞蹈、音乐、毛笔书法等，深受学生喜爱。

(3) 印尼丹戎布拉国立大学孔子学院

印尼丹戎布拉国立大学西加孔子学院于2011年11月26日揭牌正式成立。由于成立的时间尚短，孔子学院很多工作仍在起步阶段。目前，孔子学院在人员配备上已逐步到位，现设有印尼方院长1名，中方院长1名，兼职院长助理1名，孔子学院教师1名，汉语教师志愿者7名，本土汉语教师5名（包括外方院长和兼职院长助理）。丹戎布拉国立大学为孔子学院提供的教学和办公场地达270平方米，其中包括办公室、2间教室和2间语音室。

孔子学院现设有4个教学点：一是丹戎布拉国立大学师范教育学院中文系常规汉语课程专业教学点；二是丹戎布拉国立大学师范教育学院英语系、地理系、经济系等汉语作为外语课程教学点；三是阳光学院汉语作为外语教学点；四是西加省华文教育协调机构常规汉语专业教学点。孔子学院为教学点派出了汉语教师或汉语教师志愿者，制订了教学计划、课程大纲等，搞好常规汉语教学工作，辅导学生为推广中国文化而准备必要的教学活动。老师们在教学中表现优异，工作勤勤恳恳、兢兢业业，教学方法多样，师生关系融洽，深受欢迎。

孔子学院还为当地企业职工开展汉语培训服务，如为中资企业宏发韦立氧化铝公司举办了3期员工汉语培训班，为印尼南加里曼丹省中国海螺水泥有限公司举办了海螺公司员工汉语印尼语文化培训活动，还举办了印尼西加省汉语师资培训班。积极组织开展奖学金项目介绍和汉语水平考试辅导工作。迄今为止，获得中国政府和孔子学院奖学金到中国留学的学生有24名。与西加华文教育协调机构合作举办汉语考试，有700多名学生参加了汉语考试。汉语培训取得了很好的效果，如在印尼泗水举办的2013年"汉语桥"印尼赛区总决赛中，孔子学院选派的陈秀雅获得了非华族组冠军。2014年在印尼万隆举办的"汉语桥"印尼赛区总决赛中，孔子学院选派的选手杨丽华同学（Yoanna Afrimonika）荣获2014年"汉语桥"比赛印尼赛区总决赛非华族组冠军。

为了促进学生学习汉语的积极性，积极组织学生开展书法、作文、演讲、卡拉OK、诗歌朗诵、讲故事等比赛活动，还举办太极拳、太极扇等培训班，一些教师利用课余时间给学生教授中国民族舞蹈、剪纸、编中国结、制作香囊等。充分利用丹戎布拉国立大学孔子学院揭牌仪式、周年庆典和中国传统节庆的机会，积极宣传和推广中国文化，并注意中印尼两国之间的文化交流。组织举办了新春联欢会、春节表演、庆元宵系列文化、中国图片展、"汉语桥"比赛、端午节和中秋节等活动，积极邀请当地民众参与。

2. 3所孔子学院的经验和特色

（1）当地政府大力支持，我国政府高度重视和承办高校的积极配合，是办好孔子学院的首要条件。3所孔子学院的成立，得到了中国、泰国、老挝、印尼国家各级领导的高度重视。中国国家汉办主任、孔子学院总部总干事许琳女士在视察老挝国立大学孔子学院期间，充分肯定了孔子学院取得的成绩，表示将全力支持老挝国立大学孔子学院的建设和发展，努力将老挝国立大学孔子学院建设成为示范性孔子学院。中国驻老挝大使布建国认为："中老传统友好源远流长，建交近半个世纪以来各领域合作不断深入发展。孔子'和为贵'的理念是中华文化的精髓，老挝国立大学孔子学院的设立将进一步加强两国在文教领域的交流与合作，服务于中老全面战略合作伙伴关系的深化和发展。"老挝教育部副部长显登相信：孔子学院的开办将使更多老挝民众尤其是青年人从优秀的中国传统文化中受益，增进老中友好。印尼丹戎布拉国立大学校长谭林·乌斯曼表示："大家都了解学习中文的重要性。孔子学院将成为发展西加文教育的基地，可加强两国之间的文化交流。最重要的，它还可以解决中文师资缺乏的问题，因为孔子学院的工作，主要是培育华文师资。"

(2) 密切与当地华人组织机构的联系，取得他们的支持和帮助是孔子学院顺利开展工作的基础。玛哈沙拉坎大学孔子学院的首任中方院长黄秉生还记得，建院之初，宣传发动了 3 个多月却不见一人上门报名。黄秉生通过走访当地的华人华侨，在一位老先生的帮助下，联系教育部门和当地中小学，终于说服一所中学同意试教汉语一个学期，从此打开了孔子学院在当地的办学通道。印尼西加孔子学院和当地华文教育协调机构、孔教华社总会、黄氏宗亲会、山口洋的中小学校等保持密切的沟通联络，所开展的一些教学和文化推广活动一直以来都得到当地各界社团，特别是华人社团的大力支持和帮助。

(3) 积极为当地政府、社区、企业、学校服务，与当地居民加强互动，是孔子学院得以落地生根、开花结果的重要途径。孔子学院不仅为当地大学生、中小学生服务，也不仅仅为所在社区的公司职员、市民服务，同时还为所在国家政府部门服务。玛哈沙拉坎大学孔子学院走进泰东北社区，为当地普通社区民众开设了长期汉语培训班，定期到社区向普通老百姓介绍中国概况和中国文化，受到当地民众的欢迎。学院在 2014 年协助促成黎逸市和防城港市结为友好城市，得到中国驻孔敬总领事馆的表彰。迄今为止，老挝国立大学孔子学院已经为老挝国家行政干部学院培训了 2 期共 50 多名学员，国家行政干部学院是为老挝国家培养后备领导干部的学院，学员将服务于老挝重要的领导岗位。这意味着孔子学院在老挝的影响力已到达了政府的核心层面。西加孔子学院积极参与西加孔教华社总会举办的中华文化活动，向当地华社团体和各中小学举办的中华文化活动派出演出人员，向举办比赛活动的单位派出教师担任评委或指导教师,并邀请政府官员、华社领袖和代表、大中小学师生参加孔子学院举办的活动。

(4) 扎实办好汉语教育,创办一批有特色、受欢迎的文化品牌活动,是孔子学院传播中国优秀传统文化的重要使命。孔子学院不仅是教授汉语的语言学校,更是传播华夏文化和中国文明的平台。外国人学习汉语,了解中华文化,可以更好地消除因不同的文化背景与语境产生的误解和分歧。汉语教育的形式实际上承载的是华夏文化的传播,文化的共通和相互理解必将对世界多元文化及构建和谐世界作出积极贡献。① 3 所孔子学院除了认真推进汉语教学工作,还举办了一系列丰富多彩的文化交流活动,增进泰、老、印三国师生及民众对中国语言文化的了解。例如,举办春节文化系列活动、校园十大中文歌手大赛、中华才艺大赛暨中国舞蹈大赛、中国文学作品演示大赛暨中华服饰设计大赛、中华厨艺大赛、双语翻译大赛、大学生中文辩论赛、汉字听写大赛、汉语训练营、中文图书展、中国电影展、中华才艺培训等综合文化交流活动。这些活动贴近生活,形式活泼,符合汉语学习生的需要,学员们踊跃参加,积极参与实践,锻炼汉语表达能力和深入了解中华文化。

(5) 加强与当地主流媒体和华文媒体的沟通,积极宣传孔子学院和中国文化的形象,是提升孔子学院办学品牌效应的助动力。为了扩大孔子学院的影响力,3 所孔子学院一直十分重视宣传报道工作,重视通过媒体的传播达到宣传孔子学院,进而宣传中华文化的目的。此外,孔子学院还利用网络社交工具与师生民众进行互动,进一步提升了孔子学院的影响力。如中国新闻网、《广西日报》、汉办官网、圣才学习网、广西新闻网、广西民族大学网站、印尼中文《国际日报》和《坤甸日报》、印尼文报纸《坤甸邮报》、泰国《星暹日报》、新华社万象分社、老挝电视台、中国国际广播电台老挝分台等多家媒体参与报道相关活动,3 所孔子学院在当地具有较高的知名度。

(6) 建设一支熟悉中国文化,掌握汉语教学教育规律,有爱心、有耐心和奉献精神的汉语志愿者教师团队,是孔子学院不断向前发展的有力保障。汉语志愿者教师们不仅精通汉语、英语,及泰语,或老挝语、印尼语等,而且个个多才多艺,教学方式灵活多样。他们不仅教汉语,还教中国书法、戏曲、武术等,介绍中国文化。每逢中国传统节日,汉语教师们组织编排文艺晚会,制作各种中国特色的节庆美食,让当地人民感受丰富多彩的中华文化。在孔子学院总部/国家汉办举办的"最美汉语教师、志愿者"推选活动中,广西民族大学在老挝国立大学孔子学院的汉语志愿者王庆阳荣获"最美汉语

① 陈培爱,沈蓓蓓.跨文化传播视域下的孔子学院功能研究[J].新闻春秋,2013(4):54—59.

教师志愿者”称号。他深爱中华文化，擅长太极养生和中医推拿，热衷于中华文化的传播与推广事业。此外，他还将所学的太极养生和中医推拿应用到当地的教学和生活中去。他帮助久坐轮椅的老方院长夫人苏莎达减轻病痛，短短一个星期的推拿，苏莎达便奇迹般地站了起来，并且可以独自行走。新华社万象分社曾为此采访过苏莎达，并对该事件进行报道。从事多年对外汉语教学工作的陶红教授，曾担任老挝国立大学孔子学院首任中方院长，离任前获得老挝政府颁发的“友谊勋章”，她说：“我没想到自己会获得这么高的荣誉，我会继续为中老文化交流贡献自己的绵薄之力。”如今虽然退休了，但陶教授正在将孔子的《论语》翻译成老挝语，以便让老挝人民更深入地了解孔子，了解孔子学院，了解中国。

三、高等院校进行跨文化教育的思考与展望

国家形象是一种“软实力”，而文化是软实力的核心。所以，要提升一个国家在国际社会中的形象，归根到底就是要提升国家的文化影响力，传播国家文化价值。在我国，高等院校肩负着文化传承、创新与传播中华传统文化的重要使命，因此应主动担当起跨文化教育与跨文化传播的责任。然而，高等学校如何才能更好地履行这个历史使命呢？透过广西民族大学跨境跨文化教育的基本路径和成效、特色分析，我们认为在跨文化教育的发展上，高等学校在以下几个方面还有较大的提升空间。

（一）营造以人文关怀为基石的跨文化教育环境

如同一切有效的教育活动一样，跨文化教育不是单向的文化价值传播，而是教育者与受教育者双向的文化交流互动。通过有效的、良好的交流互动，使受教育者在认知、理解的基础上达到文化认同和接受。跨文化教育要达到这一目的，一个最基本的前提就是教育者在教育教学的过程中，首先必须坚持以人为本的教育理念，了解和尊重受教育者的本国文化及其价值取向。无论是“走出去”的孔子学院的汉语传播还是“请进来”的留学生教育，我们的教育教学都必须要像对待国内的孩子一样，关注到每一个受教育者个体的身心发展，根据他们的民族文化、风俗习惯以及由此形成的心理特征，在学习和生活上给予具体的指导和照顾。对待留学生更是要有耐心和爱心，他们大多都是 17 岁至 25 岁的青少年，远离祖国来华求学，情感上缺少亲友依靠，学校和老师应当理解他们远道求学的不易，在生活、学习和感情依靠上予以更多的呵护、关心。

其次，要关注留学生合理的利益诉求。管理干部和辅导员应当经常深入留学生当

中，倾听他们的建议和意见，及时帮助他们解决在语言学习、校园环境、饮食、住宿以及学习等方面适应上遇到的困难。如食堂增加东南亚口味的食品，办好清真餐厅等。

再次，应尊重文化差异，达成和谐共处。各国留学生共同生活在一个校园里，同吃一个食堂，同在一栋教学楼上课，同在一个运动场锻炼，彼此朝夕相处，这本来就是自然的跨文化教育的场所。但由于文化差异，这种环境也容易带来另一方面的问题：留学生与留学生、留学生与中国学生、住校教师与留学生之间对彼此生活习惯、某些行为方式产生误解，导致有时候为一些小事产生抱怨、摩擦甚至冲突。因此，在跨文化教育的高等学校里，以学校、教师为主导，全体师生包括中国的、来自其他各国的留学生共同参与，开展多种形式的多元文化交流活动，营造一个多元文化和谐共处、共生共荣的校园文化是十分重要的。

（二）确立以学有所获为旨归的跨文化教育目标

跨文化教育的目标不仅对于高等学校而言是多元的，对于来华留学生个体来说也是多元的，且是功利性的。留学生的多元、功利的留学目标主要包括学习掌握汉语，接受自己喜欢学科的专业训练，为学成回国能发挥自己跨国语言文化的优势，为自己将来的职业发展习得一技之长。因此高等学校的跨文化教育应当首先确立以留学生这些首要的留学目标为其基本的教育目标，体现教与学价值取向的一致性，在满足留学生的利益诉求的同时实现学校跨文化教育目标的最大化。忽略了这个根本，高等学校跨文化教育不仅无法达成自身发展的功利目标最大化，而且其重要使命，即通过传播中华文化，增进留学生理解并喜爱中华文化，培养亲华友华使者就难以实现。因此，高等学校在留学生教育过程中，扎扎实实做好每一个环节的工作，切实保证教育教学质量，最大限度地提高教学效能以满足来自各国留学生的诉求是十分重要的。根据上述案例分析，在保证和提高留学生教育教学质量中，加强以下两个环节很关键。

一是建立“导师制”或者互助式志愿者帮扶培养计划。如上分析，来自东南亚国家的留学生无论其原有汉语基础怎么好或者来校训练之后达到什么水平，一旦他们进入专业学习首先遇上的难题还是语言的适应问题，因为专业词汇与日常用语是不一样的。因此，个别辅导，因材施教，帮助他们渡过这个难关是提高教育教学质量的关键。学校可以出台一些有针对性的帮扶计划，安排教师做留学生的导师，或从相关专业较优秀的中国学生中选拔志愿者，对留学生进行专业课后辅导，帮助他们梳理专业知识的脉络和结构。必要时甚至可以采取“一对一”的辅导机制。这种培养模式，既可以帮助留学生适应专业课的语言环境，也可以使留学生对学校、教师和中国学生生成认同感和亲近感，与中国师生建立感情和友谊。这是留学生接纳中华文化，了解和亲近中国人民的基础。

二是改革教学模式。要加强实践性和趣味性，尽量尝试“体验式”教学。加强实践性教学，在我国高等学校的课程教学中几乎是“老生常谈”，但在留学生教学中仍然有其十分重要的现实意义。一般而言，留学生教学多是小班制，这在客观上有利于组织课堂的互动，也有利于实践性教学活动的开展。另外，相对中国学生，留学生更喜欢课堂参与。所以，在课堂教学中通过游戏、分组讨论、作业展示等方式，增强趣味性，语言课开展一些诗歌朗诵、歌曲演唱、口语竞赛等形式多样的教学互动，是很受欢迎的。

调查表明，很多东南亚留学生对中国传统民族文化饶有兴趣，希望在语言学习或学科专业学习课程之外，开设更多与中国传统民族文化艺术相关的兴趣班，让他们在完成语言学习和专业学习任务之余能学会更多中国传统民族民俗文化艺术和体育，甚至中国的烹饪技术。例如，在汉语专业的留学生中设置中国文化、中国概况等课程，把本地民族、民俗文化艺术融合到教学内容中，并结合教学内容组织留学生走出课堂，到现实生活中去体验中国传统民族文化；至于那些对民族特色有兴趣的留学生，还可以组织他们参加当地传统节日如中国的春节、壮族的“三月三”节、侗族的“冬节”、瑶族的盘王节以及中华民族传统的各种庆典活动，让他们身临其境地体验民族节日特有的文化气氛和文化魅力。

（三）丰富以校园文化为载体的跨文化教育内容

跨文化教育离不开校园文化资源的整合和支撑。因此，要充分考虑和发挥校园文化建设的重要性和特殊性，要大力引导留学生融入丰富多彩的校园文化的语言环境中，创造使用汉语的条件，从语言环境中学习语言，并增进留学生对中化民族文化和本国文化的了解和熟悉程度。

首先，要立足学校现状，从实际出发，在校园硬件设施、校风校纪等软件方面营造宽松、和谐、团结、友爱、互助的校园氛围。广西民族大学自身拥有良好的校园文化环境，如美丽的相思湖、富于民族特色和东南亚风情的建筑物、众多学习东盟小语种专业的学生、丰富多彩的民族文化和东盟文化活动等，构建了一个适合东盟留学生和中国学生平等、互助、团结、和谐的学习环境，可以沟通中国学生之间、中国学生与留学生之间、留学生之间的情感，增强他们对中国文化的认同和对异国文化的尊重和欣赏。

其次，要充分发挥校园文化的凝聚力和团结力的作用。让对中国文化有兴趣爱好的留学生加入学生社团，如武术协会、舞蹈协会、戏曲协会等，这些社团中有着中国传统文化的元素。通过参与学生社团的活动，留学生的汉语水平得到提高，也结交了中国朋友，还受到中国传统文化的熏陶。

第三，要充分发挥留学生会的独特作用。作为留学生的自治组织，留学生会的任务便是提高留学生的自我管理和自我服务水平，加强留学生间的沟通和联系，反映留学生的需求和愿望，有利于留学生开展文体活动、学术交流等校园文化活动。学校应该引导促进留学生会与其他学生组织的交流活动，搭建一些交流平台，共同组织开展积极健康的校园文化活动，在交流中产生文化的互相碰撞，进而互相学习、共同进步。

（四）提高学校跨文化教育管理的专业化水平

常言道，外事无小事。高等学校跨文化教育搞得好，对国家、民族是贡献；搞得不好，对国家形象是损毁。因此，高校的跨文化管理是一个重要领域，也是一个特殊领域，有其自身的规律和特点。把握好这些规律和特点，提高管理的专业化水平，是高等学校实现跨文化教育效益、效能最大化的重要途径。跨文化教育管理专业化包括管理队伍专业化和管理人员个体的专业化，以及促进、推动管理专业化的体制机制建设。在体制机制上，学校应根据管理工作的实际需要，整合校内资源，建设一个完整、联动、协调、默契的留学生管理体系；加强各级管理队伍的专业化建设，以适应留学生教育教学、校园生活管理的需要；提高从事留学生事务管理人员的入职门槛，并加大留学生事务管理各种各类岗位的专业化培训，增强其服务意识和教育功能，不断提高服务水平。

（五）加大孔子学院的资源投入

孔子学院是我国文化“软实力”在海外的一种体现和象征，因此孔子学院的对外形象在某种程度上就反映着国家的公共外交形象。国家汉办和国内合作院校一直致力于健全和完善孔子学院建设。作为孔子学院建设的主体之一，高等学校不仅重于创立，还要重于管理。如上所述，每个孔子学院都有其独到的发展环境和有利条件，学校可以根据每个孔子学院的实际，调配资源，实施管理，有所为有所不为地扶持它们发展。例如广西民族大学的泰国玛哈沙拉坎大学孔子学院就具备着天时地利人和的发展条件，当地政府支持，民众欢迎，他们试图利用地理优势把学院建设成具有中国园林特色的“孔子园”。学院建成后不仅成为玛哈沙拉坎大学校园里新的文化坐标，也将成为泰东北地区难得一见的中国式园林，对促进两国文化交流、扩大孔子学院的影响力具有举足轻重的作用。现任玛哈沙拉坎大学孔子学院院长说：“将来这里，不仅有园林、亭台楼阁、小桥流水，还会有很多中国文化元素，不管是当地学生还是群众来到这里，均可以亲身体验到中国文化。‘孔子园’建成后，不仅要成为玛哈沙拉坎大学乃至泰东北地区展现中国文化的窗口，更是中泰文化的‘交流之园’和‘友谊之园’！”

（六）注重协同创新，共同推动孔子学院发展

孔子学院是在国家汉办的直接领导和指导下跨境合作兴办的教育机构，某种意义上说，孔子学院的发展是各个利益主体的共同价值需要。所以，作为利益主体之一的我方高校，需要加强与国外合作方的沟通，共同研究学院建设发展规划，加强对孔子学院运行的指导和支持，有目的、有计划地把本校的一些民族文化特色传播到孔子学院，让孔子学院成为名副其实的中华文化教育传播基地。同时，国内合作院校还应加强与国家汉办等部门的联系，以获得国家汉办及孔子学院总部对学院的更大关注和支持。

后 记

本书是广西民族大学钟海青教授主持的国家社会科学基金 2011 年教育学一般课题“跨境民族教育研究”(课题批准号:BMA110095)系列研究成果之一。

本书是集体劳动和智慧的结晶:张进清研究员撰写第一章;欧阳常青研究员撰写第二章;欧以克研究员撰写第三章、前言、后记;张宏宇助理研究员撰写第四章;钟海青教授撰写第五章;钟海青教授、刘肖华讲师撰写第六章;张进清研究员、欧阳明昆讲师撰写第七章;王瑜副教授撰写第八章、第九章;王瑜副教授、曹桃撰写第十章;钟海青教授、周丽华副研究员撰写第十一章。全书由钟海青教授统一策划和设计,终审和定稿;欧以克研究员、王瑜副教授负责统稿。

中央民族大学博士生沙尔娜,以及广西民族大学硕士研究生尚紫薇、苏娜、甘孝波、张龙、韦筱毓、张宏宇、汪少贤等参加了课题研究的前期准备工作;张立玮、曹桃、谢冰、赵文敏、钟子文、童妙璇等硕士研究生则参加了课题调研工作,并分别整理了有关调研材料。

本课题研究得到了中央民族大学教育学院苏德教授的支持和帮助。在课题调研过程中,课题组得到了广西崇左市委黄克书记的关心和指导;广西崇左市委吴兆荣副秘书长、崇左市教育局许红深局长、广西教育厅基础教育处覃伟合副处长、云南教育厅民族教育处副处长何兆春为调研工作顺利进行做了大量的协调工作;广西崇左市大新县、龙州县、宁明县等县委、教育局、民委领导,云南德宏傣族景颇族州端丽市教育局领导,以及广西大新县硕龙镇一中、硕龙镇中心校、桃城镇一中,龙州县民族中学、金龙镇中学、金龙镇中心校、水口镇中学、水口镇中心校,宁明县寨安乡中学、寨安乡中心校、寨安乡板亮小学板就教学点、峙浪乡中学、峙浪乡浪洞小学,云南瑞丽市第三民族中学、姐告国门小学、姐相乡银井小学,云南陇川县民族中学、章凤镇拉影国门小学等学校给课题组予以接待和帮助，并提供了许多宝贵资料，为本书的撰写奠定了良好的基础。对于以上学校、领导和专家，我们衷心表示感谢！

本书在撰写过程中，参阅了大量的文献资料，有的直接录用有关部分，有的在注释中予以标明，有的可能疏漏，敬请各位专家学者多多包涵。录用各位专家学者的研究成果，我们深表谢意。

本书能够付梓出版，还要感谢华东师范大学出版社教育心理分社社长彭呈军先生的大力支持及编辑白锋宇女士的细致工作。

由于本书各章是由各位作者根据研究框架独立撰写而成的，不同作者对跨境民族教育的认识水平不尽一致，而且学术风格和文字表达方式各异，尽管我们在统稿时已尽可能做了进一步修改，但限于水平和时间，本书不足之处仍在所难免，恳请读者批评指正。

课题组

2015 年 10 月 10 日

图书在版编目(CIP)数据

跨境民族教育研究/钟海青等著.—上海:华东师范大学出版社,2015.10
ISBN 978-7-5675-4175-7

Ⅰ.①跨… Ⅱ.①钟… Ⅲ.①少数民族教育-研究-中国 Ⅳ.①G759.2

中国版本图书馆 CIP 数据核字(2015)第 244195 号

○"广西特聘专家"专项经费资助
○国家社会科学基金 2011 年教育学一般课题"跨境民族教育研究"(课题批准号:BMA110095)研究成果

跨境民族教育研究

著　　者　钟海青等
策划编辑　彭呈军
审读编辑　白锋宇
责任校对　王丽平
装帧设计　崔　楚

出版发行　华东师范大学出版社
社　　址　上海市中山北路 3663 号　邮编 200062
网　　址　www.ecnupress.com.cn
电　　话　021-60821666　行政传真 021-62572105
客服电话　021-62865537　门市(邮购)电话 021-62869887
地　　址　上海市中山北路 3663 号华东师范大学校内先锋路口
网　　店　http://hdsdcbs.tmall.com

印 刷 者　常熟市文化印刷有限公司
开　　本　787×1092　16 开
印　　张　17.75
字　　数　310 千字
版　　次　2015 年 12 月第 1 版
印　　次　2015 年 12 月第 1 次
书　　号　ISBN 978-7-5675-4175-7/G·8699
定　　价　48.00 元

出 版 人　王　焰